Romanistische
Arbeitshefte

49

Herausgegeben von
Volker Noll und Georgia Veldre

Michael Schreiber

Grundlagen der Übersetzungswissenschaft

Französisch, Italienisch, Spanisch

Max Niemeyer Verlag
Tübingen 2006

Bibliografische Information der Deutschen Bibliothek

Die Deutsche Bibliothek verzeichnet diese Publikation in der Deutschen Nationalbibliografie; detaillierte bibliografische Daten sind im Internet über *http://dnb.ddb.de* abrufbar.

ISBN-13: 978-3-484-54049-1   ISSN 0344-676X
ISBN-10: 3-484-54049-4

Druck: Laupp & Göbel GmbH, Nehren
Buchbinder: Nädele Verlags- und Industriebuchbinderei, Nehren

Vorwort

An deutschsprachigen Einführungen in die verschiedenen Ansätze der Übersetzungs-wissenschaft sowie an praktischen Lehrbüchern zum Übersetzen herrscht gewiss kein Man-gel. Das vorliegende Arbeitsheft, das sich primär an Studierende und Lehrende in den Studiengängen für Übersetzen und Dolmetschen sowie an einschlägig interessierte Roma-nistInnen richtet, unterscheidet sich von anderen Einführungen und Lehrbüchern vor allem in den folgenden Punkten: Es ist *sprachbezogen*, ohne sich auf ein einziges Sprachenpaar zu beschränken, denn es bezieht sich auf drei romanische Sprachen (Französisch, Italie-nisch, Spanisch) sowie auf das Deutsche (als Vergleichsgrundlage). Und es konzentriert sich auf ausgewählte *Grundlagen* aus drei Themenbereichen:

Das erste Kapitel ist den *historischen* Grundlagen gewidmet und bietet einen Abriss der Geschichte der Übersetzungstheorie und -praxis in Frankreich, Spanien und Italien mit ein-führenden Bemerkungen zur Übersetzung in der Antike und gelegentlichen Ausblicken auf die Frankophonie und auf Hispanoamerika.

Kapitel 2 gilt den *theoretischen* Grundlagen der modernen Translationswissenschaft (Übersetzungs- und Dolmetschwissenschaft). Der Schwerpunkt liegt auf französisch-, italienisch- und spanischsprachigen Autoren, welche in deutschsprachigen Einführungen ansonsten oft nur am Rande oder gar nicht behandelt werden. Ansätze aus der deutsch- und englischsprachigen Translationswissenschaft werden vergleichend herangezogen. Trans-lationswissenschaftliche Vorkenntnisse sind für die Lektüre dieses Kapitels nicht notwen-dig.

Das dritte Kapitel befasst sich mit Grundlagen der *sprachenpaarbezogenen* Über-setzungswissenschaft (unter gelegentlicher Einbeziehung des Dolmetschens) und zeigt anhand zahlreicher Beispiele sprachlich bedingte Probleme der romanisch-deutschen und innerromanischen Übersetzung auf. Elementare sprachwissenschaftliche Kenntnisse werden dabei vorausgesetzt.

Alle Kapitel enthalten gezielte bibliographische Hinweise sowie Arbeitsaufgaben, die zu einer vertiefenden Beschäftigung mit der Materie anregen sollen. Französische, italieni-sche und spanische Zitate werden aus Platzgründen nicht vollständig übersetzt, aber im Text paraphrasiert oder kurz zusammengefasst, damit die Argumentation auch für solche LeserInnen stets nachvollziehbar ist, die nicht alle dieser Sprachen passiv beherrschen.

Das Arbeitsheft basiert in großen Teilen auf Vorlesungen und Seminaren zur allgemei-nen und romanischen Übersetzungswissenschaft, die ich in den vergangenen Jahren in Hei-delberg, Stuttgart, Graz, Innsbruck, Köln und Germersheim gehalten habe. Für dieses Arbeitsheft wurde der Stoff komplett überarbeitet und aktualisiert. Die Gliederung orien-tiert sich z.T. an meinem Übersichtsartikel „Translation" im *Lexikon der Romanistischen Linguistik* (Schreiber 2001a). Dort finden sich auch bibliographische Hinweise zu weiteren romanischen Sprachen, die ich im Rahmen des vorliegenden Bandes nicht behandeln konnte.

VI

Für die kritische Lektüre von Teilen des Manuskriptes danke ich sehr herzlich Heidi Aschenberg (Heidelberg), Wolfgang Pöckl (Innsbruck), Lorenza Rega (Triest) sowie Sylvia Reinart und Holger Siever (Germersheim). Den Herausgebern der „Romanistischen Arbeitshefte", Volker Noll und Georgia Veldre, danke ich für die Aufnahme des Bandes in die Reihe sowie für die problemlose Zusammenarbeit, Volker Noll darüber hinaus für konstruktive Hinweise zur Konzeption und Ausführung des vorliegenden Arbeitsheftes. Dieses „ersetzt" den nicht mehr neu aufgelegten Band *Linguistik und Übersetzung* meines Lehrers Jörn Albrecht, dessen Lehrveranstaltungen und Publikationen ich mehr verdanke, als dies aus den Literaturverweisen in den folgenden Kapiteln deutlich wird.

Germersheim, im März 2006

Inhalt

VIII

1. Geschichte der Übersetzungstheorie und -praxis

Der folgende Abriss der Übersetzungsgeschichte im französisch- und spanischsprachigen Raum sowie in Italien kann keine Vollständigkeit für sich beanspruchen. Er soll vor allem das Verständnis dafür wecken, wie stark die in einer Kultur vorherrschenden Übersetzungsmethoden historisch geprägt sind. Behandelt wird die Zeit vom Mittelalter bis ins 19. Jh., da in dieser Periode Übersetzungspraxis und -theorie untrennbar miteinander verknüpft sind – ergänzt durch einen einführenden Blick auf die Antike (ohne den man die europäische Übersetzungsgeschichte nicht verstehen kann) und einen Ausblick auf die Übersetzungspraxis im 20. und beginnenden 21. Jh. Die moderne Übersetzungswissenschaft, die als nunmehr eigenständige wissenschaftliche Disziplin weniger eng mit der praktischen Übersetzungstätigkeit verbunden ist, wird in Kap. 2 behandelt. Die Geschichte des Dolmetschens, die schon aus rein praktischen Gründen weniger gut dokumentiert ist als die des Übersetzens, kann nur in Ansätzen erfasst werden.

Die Beschreibung ist möglichst allgemeinverständlich gehalten und setzt lediglich historisches Grundwissen, aber keine übersetzungstheoretischen Vorkenntnisse voraus. Die beschriebenen Übersetzungsmethoden werden dabei relativ grob mit vorwissenschaftlichen Kategorien wie *frei* vs. *wörtlich* (d.h. sinngemäß vs. formgetreu) bzw. *einbürgernd* vs. *verfremdend* (d.h. an die Normen der Zielsprache und Zielkultur angepasst vs. an den Normen von Ausgangssprache und Ausgangskultur ausgerichtet) klassifiziert.[1]

1.1 Antike

Auch eine noch so knappe Skizze der romanischen Übersetzungsgeschichte ist wenig sinnvoll ohne einen – wenn auch nur selektiven – Blick auf die antiken Übersetzungen ins Lateinische und die daraus hervorgehenden Übersetzungstheorien, denn einige Autoren dieser Zeit werden in den folgenden Jahrhunderten (z.T. bis heute) immer wieder zitiert. Die Übersetzungstheorien drehen sich meist um die Unterscheidung *frei* vs. *wörtlich*. In Bezug auf die Übersetzungspraxis sind zwei Phasen zu unterscheiden: die römischen Übersetzungen aus dem Griechischen und die frühen christlichen Übersetzungen. Aus der ersten Phase sei hier zunächst Cicero erwähnt. Cicero wird oft zitiert als jemand, der sich angeblich für ein freies, sinngemäßes Übersetzen ausgesprochen habe. Angeführt wird meist das folgende Zitat, das ich hier in deutscher Übersetzung wiedergebe:

> Ich habe also die herausragendsten Reden übersetzt, die die beiden wortgewaltigsten attischen Redner, Aischines und Demosthenes, gegeneinander gerichtet haben. Und ich bin dabei nicht wie ein Dolmetscher [*interpres*], sondern wie ein Redner [*orator*] vorgegangen, unter Wahrung des Sinnes und der Form, gewissermaßen der Redefiguren, aber in einer Ausdrucksweise, die unserer

---

[1] Zu einer differenzierteren Klassifikation von Übersetzungsmethoden vgl. Schreiber (1993: 66ff.).

eigenen Sprache angemessen ist. Dabei hielt ich es nicht für nötig, Wort für Wort wiederzugeben, sondern ich habe die Ausdrucksmittel insgesamt und ihre Wirkung [...] beibehalten. (Cicero, zit. nach Albrecht 1998: 54)

Cicero beschreibt hier im Rahmen seiner Schrift *De optimo genere oratorum* lediglich, was er mit den Reden zweier griechischer Rhetoren gemacht hat. Ob man mit fremdsprachigen Reden oder anderen Ausgangstexten generell so verfahren soll, sagt er nicht. Überhaupt ging es ihm wahrscheinlich gar nicht um einen Beitrag zur Übersetzungstheorie, wie Albrecht betont: „Es ging ihm um Rhetorik, nicht um Übersetzung" (Albrecht 1998: 56).

Von den Nachfolgern Ciceros sei hier lediglich noch ein weiterer wichtiger Autor erwähnt: der Rhetoriker Quintilian, der den Begriff der *imitatio* (Nachahmung) geprägt hat. Damit ist keine textgetreue Übersetzung gemeint, sondern eine freie Bearbeitung. Dies war in der römischen Literatur sehr üblich: Viele literarische Werke beruhten mehr oder weniger stark auf griechischen Vorlagen. Neben der reinen Nachahmung empfiehlt Quintilian sogar eine Verbesserung des Originals:

An die Stelle der einfachen künstlerischen Nachahmung (imitatio) tritt die Nacheiferung, die Rivalität, der Wettstreit (aemulatio, certamen), so daß nicht nur ein Werk von gleichem Wert und gleicher Wirkung wie das Original geschaffen werden soll, sondern, wenn möglich, etwas Besseres [...] (Kloepfer 1967: 24)

Aus der Periode der christlichen Übersetzungen der Spätantike ragt ein Vertreter hervor, dessen Übersetzungstheorie und vor allem dessen wichtigste Übersetzungsarbeit (die seit dem 16. Jh. als offizielle lateinische Version der Bibel anerkannte *Vulgata*) Jahrhunderte lang nachwirkten: der heilige Hieronymus (ca. 342–420). Auch von Hieronymus wird immer das gleiche Zitat angeführt (hier in der bei Störig abgedruckten deutschen Übersetzung):

Ich gebe es nicht nur zu, sondern bekenne es frei heraus, daß ich bei der Übersetzung griechischer Texte – abgesehen von den Heiligen Schriften, wo auch die Wortfolge ein Mysterium ist – nicht ein Wort durch das andere, sondern einen Sinn durch den anderen ausdrücke. (Hieronymus 1973: 1)[2]

Auch Hieronymus beschreibt an dieser Stelle lediglich seine eigene Vorgehensweise. „Modern" hieran ist jedoch, dass er gewissermaßen schon eine „textsortenbezogene Übersetzungstheorie" vertrat: die Bibel habe er Wort für Wort übersetzt (schließlich handele es sich um das Wort Gottes), andere Texte habe er sinngemäß wiedergegeben.

Abschließend sei darauf hingewiesen, dass es aus der Antike auch bereits Hinweise auf die Tätigkeit von Dolmetschern gibt. Die frühesten, rudimentären Zeugnisse stammen aus dem alten Ägypten. Ein wenig genauer weiß man über das Dolmetschen im alten Rom Bescheid:

---

[2] Achtung: nicht die erste, fehlerhafte Auflage von Störig (1963) verwenden!

Für den Staat waren Dolmetscher bei offiziellen Kontakten mit ausländischen Vertretern wichtig – zum einen aus praktischen Gründen, zum anderen aber auch, weil die Römer das Griechische und die Barbarensprachen aus Prestigegründen nicht verwendeten. So wurde auch dort, wo wegen der Kenntnis der Fremdsprache ein Dolmetscher eigentlich überflüssig gewesen wäre, mitunter ein solcher eingeschaltet, um auf diese Weise die Distanz zu den Barbaren zu vergrößern und das eigene Prestige zu erhöhen. (Kurz 1986: 217)

Ein weiteres wichtiges Aufgabengebiet war das Heeresdolmetschen, das auch den Einsatz bei Friedensverhandlungen umfasste (Kurz 1986: 218f.) und somit eine frühe Vorform des modernen Konferenzdolmetschens war.

1.2 Französischer Sprachraum

Ein aus übersetzungsgeschichtlicher Sicht nicht uninteressantes Phänomen liegt darin, dass die überlieferte französische Sprachgeschichte mit mehrsprachigen Texten beginnt. Dies ist kein Zufall: Die Emanzipation einer Volkssprache geht oft den Weg über mehrsprachige Texte. Der erste überlieferte „französische" Text sind bekanntlich die *Straßburger Eide* (842). Hierbei handelt es sich um Eidesformeln, die zwei Enkel Karls des Großen, Karl der Kahle und Ludwig der Deutsche, geschworen hatten, um sich gegen ihren Bruder Lothar zu verbünden. Die Brüder schworen in der jeweils anderen Sprache: Ludwig der Deutsche auf „Französisch" (bzw. Romanisch) und Karl der Kahle auf Deutsch. Eingebettet sind die volkssprachlichen Formeln in einen auf Latein verfassten Bericht. Aufgrund dieser mehrsprachigen Kommunikationssituation spricht Baum von der „Geburt des Französischen aus dem Geist der Übersetzung" (Baum 1995).

Auch für den ersten überlieferten literarischen Text in französischer Sprache, die *Eulaliasequenz* (ca. 880), gibt es einen anderssprachigen (hier: lateinischen) Paralleltext. In einer neuen Edition beider Texte kommen die Herausgeber allerdings zu dem Ergebnis, dass es sich nicht um Übersetzungen handele, sondern um nicht direkt voneinander abhängige Texte mit z.T. unterschiedlichen Quellen:

L'*Eulalie* romane (*Buona pulcella fut Eulalia*) et le *Cantica* (*Cantica uirginis Eulaliae*) sont des œuvres parallèles. Une analyse minutieuse du fond et de la forme a permis de découvrir que, contrairement à ce que l'on affirme souvent, elles ne sont pas une traduction l'une de l'autre. (Berger/Brasseur 2004: 8)

Auch wenn in diesem Fall wohl keine Übersetzung im engeren Sinne vorliegt, zeugen auch andere frühe Sprachdenkmäler, nämlich die *Reichenauer Glossen* und die *Kasseler Glossen*, die lateinisch-romanische bzw. germanisch-romanische Wortgleichungen enthalten, von der Notwendigkeit des Übersetzens in einer Situation, in der sich das Französische deutlich vom Lateinischen entfernt hatte und in der es Kontakte zu germanischsprachigen Sprechergruppen gab.

4

Wir machen nun einen Sprung von ca. 500 Jahren ins 14. Jh., zur ersten wirklichen Blütezeit der Übersetzung in Frankreich. Der aus sprachgeschichtlicher Sicht bedeutendste Übersetzer dieser Zeit war unbestritten Nicole Oresme, der im Auftrag Karls des Weisen, des bedeutendsten Mäzens von Übersetzungen seiner Zeit, u. a. Werke von Aristoteles (in der Regel über lateinische Zwischenversionen) in die französische Volkssprache übersetzte und das Französische um zahlreiche Latinismen bereicherte, welche er oft durch ein bedeutungsähnliches volkssprachliches Wort zu erklären versuchte:

> Der Übersetzer führt einen Latinismus ein und „erklärt" ihn im Anschluß durch ein volkssprachliches Wort, das das Verständnis des *mot savant* erleichtern sollte. So finden wir bei Oresme *agent et faiseur, puissance auditive ou puissance de oïr, velocité et hastiveté* [...] (Albrecht 1995: 21)

Nach Ansicht von Albrecht haben Oresme und seine Zeitgenossen (wie Pierre Bersuire) somit viel zur „Relatinisierung" des Französischen beigetragen.

Eine ausgearbeitete Übersetzungstheorie gab es im Mittelalter noch nicht. Die Vorworte der Übersetzer sind die wichtigsten Quellen einer übersetzerischen Methodenreflexion, welche sich meist auf die oben erwähnten Autoritäten wie Hieronymus stützt, wobei im Bereich der literarischen Übersetzung Bekenntnisse zur Wörtlichkeit überwiegen (die sich bei näherem Hinschauen oft als Lippenbekenntnisse entpuppen). In den Vorworten von Übersetzungen nichtliterarischer Texte finden sich dagegen nicht selten Hinweise darauf, dass der Übersetzer den Text gezielt an die Bedürfnisse eines breiteren Publikums anpassen wollte (Buridant 1983: 111ff.), denn Fachleute benötigten keine Übersetzungen, da sie Latein verstanden. Die frühen Fachübersetzungen aus dem Lateinischen ins Französische waren daher immer auch Popularisierungen.

Außerdem sei daran erinnert, dass es im mittelalterlichen Frankreich nicht nur Übersetzungen ins Französische gab, sondern auch ins Okzitanische, speziell ins Provenzalische, das ja aufgrund des Prestiges der provenzalischen Troubadourlyrik im Mittelalter eine hoch angesehene Literatursprache war. Buridant erwähnt in diesem Zusammenhang den als eine der ersten romanischen Grammatiken bekannten *Donatz proensals*, eine im 13. Jh. in Italien entstandene provenzalische Adaptation der lateinischen Donatus-Grammatik aus dem 4. Jh. (Buridant 1983: 95). Aus dem 13. Jh. stammt auch die älteste erhaltene okzitanische Übersetzung des Neuen Testaments; auch die erste französische Bibel, eine anonyme Kompilation, entstand etwa zur gleichen Zeit.

Wenden wir uns nun dem 16. Jh. zu. In diesen Zeitraum fallen mehrere Ereignisse, die für die Geschichte der Übersetzung von Bedeutung sind: Die Ausstrahlung der *Renaissance* auf Frankreich wirkte sich u. a. auf die Auswahl der Ausgangssprachen bzw. Ausgangstexte aus. Während des Mittelalters war das Lateinische die dominierende Ausgangssprache. Nun kamen zwei weitere wichtige Ausgangssprachen hinzu: das Griechische, das im Mittelalter keine große Rolle spielte (griechische Autoren, wie Aristoteles, wurden vorwiegend in lateinischen Übersetzungen gelesen) und das Italienische (aufgrund der herausragenden Rolle Italiens für die Renaissance). Eine wichtige technische Rahmenbedingung für die Verbreitung von Übersetzungen (wie natürlich auch von anderen

Büchern) war die endgültige Umstellung von der Handschrift auf den *Buchdruck*, die im 16. Jh. erfolgte.

Eine der tragischsten Figuren jener Zeit war der Buchdrucker und Übersetzer Etienne Dolet (1508–46), der aufgrund der Bücher der von ihm gedruckten Autoren (u. a. Erasmus von Rotterdam) und seiner eigenen Schriften mehrmals wegen Ketzerei angeklagt wurde. Zum Verhängnis wurde ihm ein kleiner Zusatz in einer Platon-Übersetzung, der angeblich die Unsterblichkeit der Seele in Frage stellte: Aufgrund dieser „ketzerischen" Übersetzung wurde Dolet am 3. August 1546 verbrannt. Dolet ist jedoch nicht nur wegen seines Lebenslaufes bemerkenswert, sondern er war auch der erste bedeutende Übersetzungstheoretiker Frankreichs. In seiner kleinen Abhandlung *La manière de bien traduire d'une langue en aultre* aus dem Jahre 1540 (abgedruckt in Cary 1963) stellte Dolet fünf Regeln für eine gute Übersetzung auf. Die ersten drei sind aus heutiger Sicht wenig spektakulär: Es ging dabei um das Verständnis des vollen Textsinns des Originals, um die ausgezeichnete Beherrschung von Ausgangs- und Zielsprache sowie um die Vermeidung von Wort-für-Wort-Übersetzungen. Besonders wichtig im historischen Kontext ist die vierte Regel:

> Le quatrième principe énoncé par Dolet est remarquable. Il met en regard les langues jeunes de son époque, dites vulgaires, et les grandes langues de l'antiquité classique, pour conseiller de ne pas se laisser envoûter par la richesse, la finesse, la variété de la langue de l'original et de suivre „le commun langage". (Cary 1963: 12)

Der Übersetzer sollte sich also möglichst gemeinverständlich ausdrücken und sich nicht an den Strukturen der Ausgangssprache orientieren. Konkret hieß dies insbesondere Vermeidung von lexikalischen und syntaktischen Latinismen (ähnlich hatte sich Dolets Zeitgenosse Luther geäußert). Die fünfte Regel Dolets ist ebenfalls relativ modern und bezieht sich auf die Beachtung der stilistischen Regeln der Zielsprache.

Der seinerzeit berühmteste Übersetzungspraktiker war jedoch nicht Dolet, sondern Jacques Amyot (1513–93). Amyot übersetzte vor allem aus dem Griechischen. Er wurde insbesondere wegen seines klaren und verständlichen Stils gelobt. In inhaltlicher Hinsicht passte Amyot seine Übersetzungen deutlich an die Zielkultur an. In der Übersetzung des griechischen Schäferromans *Daphnis und Chloe* von Longos findet sich z. B. eine Modernisierung der Esskultur: „Chez Amyot, les lits de feuillage sur lequel on mange allongé deviennent des sièges" (Mounin 1955: 135). Wegen seiner kulturell einbürgernden Übersetzungsmethode wurde Amyot von späteren Kritikern als Vorgänger der so genannten *belles infidèles* (s.u.) eingestuft.

Im Zeitalter von Reformation und Gegenreformation entstanden im französischen Sprachraum ferner zwei getrennte Traditionslinien der Bibelübersetzung (Albrecht 2006: 1397): eine protestantische (beginnend mit der Übersetzung von Lefèvre d'Etaples, 1530) und eine katholische (beginnend mit der *Bible de Louvain*, 1550). Bibelübersetzungen haben in den katholisch geprägten romanischen Ländern allerdings nie eine vergleichbare Wirkung auf die Zielsprache gehabt wie Luthers Bibelübersetzung auf das Deutsche.

Mit der Funktion von Übersetzungen für die Zielsprache und -kultur befasste man sich jedoch schon in der Übersetzungstheorie, allerdings bezogen auf literarische Übersetzungen. Der bekannteste Gegner von Übersetzungen im engeren Sinn war der *Pléiade*-Dichter Joachim du Bellay (1522–60), der in seiner programmatischen Schrift *La deffence et illustration de la langue françoyse* die Ansicht vertrat „Que les Traductions ne sont suffisantes pour donner perfection à la Langue Françoyse". Statt dessen empfahl er im Anschluß an Quintilian die *imitatio* (Nachahmung):

> Was die Übersetzung für die geplante Bereicherung der Sprache nicht zu leisten vermag, erscheint durch Du Bellays *imitatio*-Lehre gleichsam kompensiert: die in der „traduction" unerreichbare Nachbildung der sprachlichen Ausdrucksmittel wird nunmehr der *imitatio* anempfohlen. (Aschenberg 1994: 136)

Als „Gegenspieler" Du Bellays kann Jacques Peletier du Mans (1517–82) genannt werden, der in seinem *Art Poëtique* (1555) Übersetzungen, und dabei insbesondere das Verfahren der Lehnübersetzung als Mittel der sprachlichen Bereicherung empfahl: „Car le Traducteur pourra fere Françoese une bele locucion Latine ou Grecque" (zit. nach Aschenberg 1994: 139). Obwohl Peletier du Mans hier nur die klassischen Sprachen als Quelle nennt, haben auch Übersetzungen und Bearbeitungen aus dem Italienischen die französische Sprache und Kultur bereichert: Peletier selbst übersetzte (neben Marot) Sonette Petrarcas. Durch Übersetzungen und Nachahmungen sind zahlreiche Italianismen (gemeinsam mit den bezeichneten Sachverhalten) ins Französische gelangt, so z. B. nicht nur die Gedichtform Sonett als solche, sondern mit ihr auch der Terminus *sonnet* (Erstbeleg 1537).

Fast zeitgleich beginnt übrigens in einem völlig anderen Kontext die kanadische Übersetzungsgeschichte: 1534 entführte der Seefahrer Jacques Cartier zwei Irokesen nach Frankreich, um sie auf seiner nächsten Expedition als Dolmetscher einsetzen zu können (Delisle 1998: 356). Diese Form der „Ausbildung" von Dolmetschern war für Eroberungs- und frühe Kolonialzeit durchaus charakteristisch.

Fazit zum 16. Jh.: Die Übersetzung steht hier in Frankreich oft im Dienst der sprachlichen und kulturellen Bereicherung, da sich noch keine festen sprachlichen und literarischen Normen im Französischen entwickelt haben. Das sieht im 17. Jh. ganz anders aus.

Das 17. und z.T. auch noch das 18. Jh. gelten im Allgemeinen als Blütezeit der *belles infidèles*. Diese Bezeichnung geht auf eine Bemerkung zurück, die der Gelehrte Gilles Ménage angeblich über eine Übersetzung des bekanntesten Vertreters dieser Übersetzungsmethode gemacht hat: Nicolas Perrot d'Ablancourt (1606–64). Das oberste Prinzip der Übersetzungen dieses Typs war die absolute Anpassung an den *goût classique*, den sie gleichzeitig mit prägten und konsolidierten (Zuber 1968). Dies implizierte sprachliche und kulturelle Einbürgerungen verschiedenster Art. Als eklatantestes Beispiel zitiert Stackelberg die folgende, offenkundig im Hinblick auf das Pariser Salonpublikum vorgenommene „galantisierende" Hinzufügung in Perrot d'Ablancourts Tacitus-Übersetzung (*Germania*):

> nam primum in omnibus proeliis oculi vincuntur
> (denn als erstes werden in allen Kämpfen die Augen besiegt)
> car les yeux sont vaincus les premiers en guerre *comme en amour*. (zit. nach Stackelberg 1972: 48)

Nach Perrot d'Ablancourts eigener Aussage sollte dieser Zusatz „égayer la pensée de l'auteur", also Tacitus gewissermaßen „aufpeppen". Umgekehrt wurden jedoch Stellen, die als anstößig oder auch einfach nur langweilig empfunden wurden, in Übersetzungen dieses Typs gestrichen oder umschrieben. Perrot d'Ablancourt äußerte sich selbst zu diesem Verfahren in der Widmung zu seiner Lukian-Übersetzung (1654). Weggelassen oder geändert habe er u. a. Stellen mit pädophilem Inhalt sowie Verweise auf klassische Texte:

> Toutes les comparaisons tirées de l'amour, parlent de celuy des Garçons, qui n'estoit pas étrange aux mœurs de la Grece, et qui font horreur aux nostres. L'Auteur alegue à tous propos des vers d'Homère, qui seroient maintenant des pédanteries, sans parler des vieilles Fables trop rebâtües, de Proverbes, d'Exemples et de Comparaisons surannées, qui feroient à présent un éfet tout contraire à son dessein; car il s'agit icy de Galanterie, et non pas d'érudition. Il a donc falu changer tout cela, pour faire quelque chose d'agréable; autrement, ce ne seroit pas Lucien; et ce qui plaist en sa Langue, ne seroit pas suportable en la nostre. (Perrot d'Ablancourt 1972: 184f.)

Es ist sicherlich kein Zufall, dass das Zeitalter des Absolutismus und die sprachlichen und literarischen Normierungsbestrebungen im 17. Jh. mit der Dominanz einer einbürgernden, an den Normen der Zielkultur und den Geschmack der Leserschaft orientierten Übersetzungsmethode zusammenfielen:

> C'est le nombrilisme de la société de Louis XIV et sa volonté d'être le phare de l'Europe qui ont donné la priorité au lecteur français du XVIIᵉ siècle, et non plus à l'auteur classique. Mais c'était aussi rendre service à cet auteur que de créer les conditions les plus favorables à son intégration dans le Grand Siècle. (Balliu 2002: 36)

Im Übrigen waren die *belles infidèles* nicht nur für die Rezeption der entsprechenden Autoren in Frankreich ausschlaggebend, sondern auch für Rezeptionsvorgänge in anderen europäischen Ländern, da sie oft als Vorlage für „Übersetzungen aus zweiter Hand" dienten (vgl. Kap. 1.4).

Trotz des ausgeprägten Normbewusstseins wurden die *belles infidèles* im eigenen Land keineswegs kritiklos hingenommen. Zwiespältig ist die Haltung von Antoine Lemaistre – neben dem Bibelübersetzer Lemaistre de Sacy einer der wichtigsten Übersetzer der Jansenisten-Hochburg Port-Royal –, der 1656 zehn *Règles de la Traduction françoise* formulierte. Die erste Regel beginnt mit einem geradezu paradoxen Bekenntnis zu Wörtlichkeit und sprachlicher Einbürgerung:

> La première chose à quoi il faut prendre garde dans la traduction françoise, c'est d'être extrêmement fidèle et littéral, c'est-à-dire, d'exprimer en notre langue, tout ce qui est dans le latin & et de le rendre si bien, que si, par exemple, Cicéron avoit parlé en notre langue, il eût parlé de même que nous le faisons parler dans notre traduction. (zit. nach Balliu 2002: 139)

Auch Gaspard de Tende formuliert in seiner Abhandlung *De la traduction* (1660) Übersetzungsregeln, die einander z.T. widersprechen: So fordert er sowohl die Anpassung der Syntax des Zieltextes an die klassische Norm als auch die Bewahrung der stilistischen Eigenart des Originals (Schneiders 1995: 40). Eindeutiger ist Pierre Daniel Huets lateinisch

8

geschriebene zweibändige Abhandlung *De interpretatione* (1661; ³1683), die neben einer Darstellung berühmter Übersetzer (in Bd. 2: *De claris interpretibus*) eine eigene Theorie über die beste Art des Übersetzens (in Bd. 1: *De optimo genere interpretandi*) mit einer in ungewöhnlich scharfer Form vorgetragenen Kritik an der damaligen Übersetzungspraxis enthält:[3]

> „[...] *aliud est enim* [...] *ornate scribere; aliud accurate interpretari*" [...], „schön und gefällig schreiben ist nicht dasselbe wie genau übersetzen", schrieb Pierre Daniel Huet den Übersetzern seiner Zeit ins Stammbuch [...] (Albrecht 1998: 69)

Huet plädierte für eine „höhere Wörtlichkeit", die Abweichungen von der Wort-für-Wort-Übersetzung nur dann zulässt, wenn aufgrund der Strukturen von Ausgangs- und Zielsprache keine wörtlichere Wiedergabe möglich ist. Wenn auch dieser Aspekt von Huets Theorie konservativ erscheinen mag, so ist eine andere Aussage aus heutiger Sicht geradezu modern zu nennen: Huet wollte nämlich die Kunst des Übersetzens (*ars interpretandi*) als eigenständige, „freie Kunst" etablieren (DeLater 2002: 20f.). Er kann damit gewissermaßen als Vorläufer von Theoretikern des 20. Jh. angesehen werden, die sich für eine eigenständige Disziplin „Übersetzungswissenschaft" eingesetzt haben (vgl. Kap. 2.1).

Wie facettenreich das Zeitalter Ludwigs XIV war, zeigt sich im Übrigen in der Tatsache, dass es nun auch erste Schritte zu einer geregelten Dolmetscherausbildung gab, und zwar zunächst für den Kontakt mit dem Orient:

> C'est Colbert qui, en 1669 et à la requête du roi, fonde l'institution des *Jeunes de Langue(s)* ou *Enfants de Langue(s)*, dont le but est de former des interprêtes français pour traiter avec les Turcs sans avoir à craindre la trahison d'intermédiaires indigènes: toujours le mythe du *traduttore traditore*. (Balliu 2002: 172)

Im Zuge der Beziehungen zu orientalischen Ländern entstanden zwei Schulen für den Beruf des Dolmetschers (*drogman*): eine in Konstantinopel und eine in Paris. Die Schüler wurden oft bereits schon im Kindesalter rekrutiert, um in einer langjährigen Ausbildung nicht nur bis zu fünf Fremdsprachen zu erlernen, sondern auch Kenntnisse in verschiedenen „Sachfächern" (Geschichte, Geographie, Recht usw.) zu erwerben.

Kommen wir zurück zur literarischen Übersetzung: Auch hier wurde nun der Orient entdeckt. Wegweisend waren die *Mille et une Nuits* (1704–13) von Antoine Galland, die mehr als hundert Jahre vor der Druckfassung des arabischen Originals erschienen und zur Vorlage vieler „Übersetzungen aus zweiter Hand" (d.h. Weiterübersetzungen in andere europäische Sprachen) wurden. Während Galland zahlreiche Anpassungen an die Moralvorstellungen des französischen Zielpublikums vornahm, fand etwa zur gleichen Zeit eine Debatte statt, die Vorbotin einer Wende in der französischen Übersetzungspraxis war: die letzte Phase der *Querelle des Anciens et des Modernes*. Hauptgegenstand des Streits war zu diesem Zeitpunkt die Übersetzung von Homers *Ilias*. Der Standpunkt der „Anciens" wurde

---

[3] Bd. 1 liegt inzwischen in einer reichhaltig kommentierten englischen Übersetzung vor (DeLater 2002); diese Monographie enthält auch einen Abdruck des lateinischen Originaltextes.

dabei von Madame Dacier vertreten, die 1711 eine – gemessen an den Maßstäben ihrer Zeit – bemerkenswert treue Prosa-Übersetzung der Ilias vorlegte. In zahlreichen Anmerkungen versuchte die Übersetzerin, Homer dem zeitgenössischen Publikum nahe zu bringen; z. B. verteidigte sie ausführlich die von ihr z.T. euphemistisch übersetzten Grobheiten der Homerschen Helden wie Achilles: „car il n'est nullement necessaire que le héros d'un poëme soit un honeste-homme" (zit. nach Cary 1963: 51). Madame Daciers Widersacher war Antoine Houdar de la Motte, der 1714 als Vertreter der „Modernes" eine nach den Regeln der französischen Klassik erstellte, von 24 auf 12 Gesänge gekürzte Versbearbeitung der Ilias folgen ließ. Dabei benutzte der des Griechischen unkundige „Übersetzer" eine lateinische Ausgabe sowie die von ihm kritisierte Prosaversion Madame Daciers als Vorlage.

Bis in die zweite Hälfte des 18. Jh. finden sich noch zahlreiche weitere Übersetzungen des einbürgernden Typs. Ein Wandel zeigt sich bei den Ausgangssprachen: Die Bedeutung der Volkssprachen nahm ständig zu, wobei nun aufgrund des wachsenden Prestiges der englischen Sprache und Literatur die Übersetzungen aus dem Englischen im Mittelpunkt stehen. Eine zentrale Rolle spielten die Shakespeare-Übersetzungen. Dabei standen die 1745–48 erschienenen Übersetzungen von Pierre-Antoine de la Place noch ganz in der Tradition der *belles infidèles*:

> Hamlets Vater stirbt bei ihm [De La Place] nicht in einem „Obstgarten", sondern in einer „Grotte". Der neue König redet seine Frau nicht – wie bei Shapespeare [sic] – mit „Gertrude", sondern mit „Madame" an. Stein wird zu Marmor, „sweet Hamlet" zu einem „noble Prince". (Stackelberg 1971: 589)

Auch Voltaires frühe Shakespeare-Übersetzungen enthalten noch einbürgernde Züge. Interessant ist die Begründung hierfür, die Voltaire im Vorwort von *La Mort de César* gibt: „Shakespeare était un grand génie, mais il vivait dans un siècle grossier; et l'on retrouve dans ses pièces la grossièreté de ce temps, beaucoup plus que le génie de l'auteur" (zit. nach Münzberg 2003: 265). Voltaire wollte also das Genie des Autors quasi von den Grobheiten seiner Zeit abtrennen. Ästhetisch und moralisch bedingte Einbürgerungen finden sich weiterhin auch bei der Übersetzung klassischer Autoren. 1771 erschien z. B. eine Übersetzung der Gedichte Catulls, in der der Übersetzer, Alexandre Masson de Pezay, ein Kussgedicht an den Jüngling Juventius („Ad Juventium") im Rahmen einer sittlich begründeten „Geschlechtsumwandlung" einfach in „A Juventia" umbenannte (Wetzel 2002: 188).

Ferner sei auf die wachsende Bedeutung des Fachübersetzens im 18. Jh. hingewiesen. In Frankreich gab es zahlreiche Übersetzungen philosophischer und wissenschaftlicher Abhandlungen aus dem Englischen. Ein anderer Übersetzungstyp im gleichen Sprachenpaar entstand in Kanada: Nach der Übernahme der französischen Gebiete durch Großbritannien (1763) mussten zahlreiche Verordnungen der neuen Kolonialmacht vom Englischen ins Französische (die Sprache der Mehrheit der Siedler) übersetzt werden (Delisle 1998: 357f.). Von kurzer Dauer war ein besonderer Typ der Rechtsübersetzung in der frühen Revolutionszeit in Frankreich: Von 1790 bis 1792 galt eine Vorschrift, der zufolge alle Erlasse in die in Frankreich gesprochenen Regionalsprachen zu übersetzen seien. Dieses Vorhaben stieß aber auf enorme praktische Probleme und wurde bald von der radikalen Einsprachig-keitspolitik (mit Bekämpfung aller nichtfranzösischen Varietäten) abgelöst.

Auch im Hinblick auf die Entwicklung der Übersetzungstheorie war das 18. Jh. eine Zeit des Umbruchs. In den Vorworten von Übersetzern überwiegen zunächst noch die Be-gründungen für die Anpassung des Originals an den *bon goût*, während sich im letzten Jahrhundertdrittel die Verfechter einer sprachlich und kulturell „verfremdenden" Überset-zungsmethode mehren (Konopik 1997). Schneiders weist darauf hin, dass auch in der Dis-kussion um das *génie de la langue* übersetzungstheoretische Gedanken formuliert wurden, so z. B. von Condillac, der sich in seinem *Essai sur l'origine des connaissances humaines* (1746) skeptisch zur Übersetzbarkeit von Gedichten äußerte: „De tous les écrivains, c'est chez les poëtes que le génie des langues s'exprime le plus vivement. De-là la difficulté de les traduire" (zit. nach Schneiders 1995: 75). Und in Bezug auf das individuelle Genie eines Schriftstellers empfiehlt der Enzyklopädist d'Alembert die „kongeniale" Nachdichtung durch einen ebenbürtigen Autor: „Les hommes de génie ne devroient donc être traduits que par ceux qui leur ressemblent & qui se rendent leurs imitateurs, pouvant être leurs rivaux" (zit. nach Schneiders 1995: 141).

Im frühen 19. Jh. findet unter dem Einfluss der deutschen Romantik (Berman 1984) – u. a. von Schleiermacher, der gefordert hatte, der Übersetzer solle den Leser dem Autor an-nähern und nicht umgekehrt – eine Abkehr von der einbürgernden Übersetzungsmethode statt: „Das Ende der ‚belles infidèles' [...] kündigt sich im letzten Drittel des 18. Jahrhun-derts an und ist in den dreißiger Jahren des 19. Jahrhunderts besiegelt" schreibt Stackelberg (1971: 585). Als Paradebeispiel zitiert er Chateaubriands sprachlich „verfremdende" Prosa-Übersetzung (1836) von John Miltons Versepos *Paradise Lost* (1667), die sich in Wortwahl und Syntax eng an die englische Vorlage anlehnt, wie bereits aus einem kurzen Ausschnitt deutlich wird:

Two of far nobler shape, erect and tall,
Godlike erect, with native honour clad,
In naked majesty, seem'd lords of all;
And worthy seem'd [...]

Deux d'entre elles, d'une forme bien plus noble, d'une stature droite et élevée, droite comme celle des dieux, vêtues de leur dignité native dans une majesté nue, paroissent les seigneurs de tout, et sembloient de l'être. (zit. nach Stackelberg 1971: 595f.)

Im Bereich der Übersetzungstheorie betont Madame de Staël in ihrer Abhandlung „De l'esprit des traductions" (1816) die Funktion von Übersetzungen für die Bereicherung und Erneuerung der zielsprachlichen Literatur (D'hulst 1990: 85ff.). Es ist klar, dass diese Funktion nur dann erfüllt werden kann, wenn relativ wörtlich bzw. verfremdend übersetzt wird. Streng einbürgernde Übersetzungen nach Art der *belles infidèles* können nicht wirk-lich bereichernd wirken, da sie nichts Fremdes und damit auch nichts Neues enthalten.

Ein Sonderfall sprachlicher Verfremdung, die auf den in der zweiten Hälfte des 19. Jh. herrschenden Historismus zurückgeht, zeigt sich in Emile Littrés historisierender Übersetzung (1875) der *Divina Commedia* (1321), die den Eindruck erwecken soll, von einem französischen Zeitgenossen Dantes verfasst worden zu sein. Problematisch ist bei dieser Übersetzung die Tatsache, dass – aufgrund der unterschiedlichen Entwicklung des Italienischen und des Französischen – der Zieltext sprachlich vom modernen Französisch weiter entfernt ist als Dantes Original vom modernen Italienisch. Hier zur Illustration ein kurzes Textbeispiel (Inferno, V):

> Noi leggevamo un giorno per diletto
> di Lancialotto come amor lo strinse:
> soli eravamo e senza alcun sospetto.

> Un jor avint que lisions par plaisance
> de Lancelot, com amors l'etreigni;
> seul nous estions et sans nule doutance. (zit. nach Zimmer 1981, 135f.)

Was die übersetzten Texte angeht, so zeigt sich im 19. Jh. zunächst wieder ein verstärktes Interesse an lateinischen und griechischen Autoren. Ein besonders komplexes Beispiel der Neuübersetzung eines antiken Autors ist Paul-Louis Couriers 1810 erschienene Version des Schäferromans *Daphnis und Chloe* von Longos. Hierbei handelt es sich um eine korrigierende Neubearbeitung der erfolgreichen Übersetzung Amyots aus dem 16. Jh., die um Passagen ergänzt wurde, die Courier aus einem von ihm entdeckten, vollständigen Manuskript des griechischen Textes übersetzte (Ballard 1999: 178ff.). Bei den modernen Sprachen spielt das Deutsche als Ausgangssprache eine immer größere Rolle: 1835 löste Deutsch das Englische vorübergehend als wichtigste moderne Ausgangssprache ab (D'hulst 1998: 144).

Zur Übersetzungspraxis im 20. und beginnenden 21. Jh. kann – grob vereinfachend – gesagt werden, dass nun wieder stärker einbürgernd übersetzt wird. Nach dem 19. Jh. schlägt das Pendel also wieder zurück, allerdings nicht so weit wie im 17. und 18. Jh.: Kulturelle Einbürgerungen nach Art der *belles infidèles* sind die Ausnahme; die Anpassung bezieht sich meist nur auf sprachlich-stilistische Normen. Wie Grünbeck in seiner deutsch-französischen Stilistik (1976/1983) gezeigt hat, neigen viele auf *clarté* bedachte französische Übersetzer zu einer stilistisch nivellierenden Übersetzung. Dabei hat Grünbeck vier Stilzüge der deutsch-französischen Übersetzung heraus gearbeitet, die er an zahlreichen Beispielen illustriert:

a) Ordnungsliebe und Genauigkeitsstreben
b) Ökonomie der Sprachmittel = Konzision
c) Harmonie der Sprachgestaltung
d) Objektiv-distanzierte Darstellung (Grünbeck 1976: 3)

Ein Extrembeispiel einer sprachlich einbürgernden Übersetzung zitiert Albrecht. Der eigenwillige Nominalstil von Gerd Gaisers Roman *Sterbende Jagd* wird in der französischen Übersetzung folgendermaßen eingeebnet:

Geräuschvolles Wiedersehen entstand.
Ils manifestaient bruyamment leur joie de se revoir. (Albrecht 1998: 83)

Nun zu einigen didaktischen und berufspraktischen Aspekten: Der steigende Bedarf an Übersetzern und Dolmetschern nach dem Zweiten Weltkrieg führte zur Einrichtung von universitären Instituten für die Übersetzer- und Dolmetscherausbildung. Die beiden renommiertesten Institute in Frankreich, die *École Supérieure d'Interprètes et de Traducteurs* (ESIT, angesiedelt an der Pariser Sorbonne) und das *Institut Supérieur d'Interprétation et de Traduction* (ISIT, Teil des *Institut Catholique de Paris*) wurden im Jahr 1957 gegründet. Heute werden an knapp 30 Hochschulen in Frankreich übersetzungsbezogene Studiengänge angeboten, die allerdings in der Regel nicht grundständig sind (Gouadec 2002: 381ff.). Bereits 1941 war an der geisteswissenschaftlichen Fakultät der Universität Genf eine Dolmetscherschule gegründet worden, die heutige *Ecole de Traduction et d'Interprétation* (ETI). In Belgien beschloss die Regierung 1958, im Jahr der Römischen Verträge, die Gründung des Brüsseler *Institut Supérieur de Traducteurs et Interprètes* (ISTI). Weitere Institutsgründungen folgten (Forstner 1995: 73ff.). Zu weiteren frankophonen Ländern vgl. die Informationen bei Caminade/Pym (1995).

Zum Umfang der Übersetzungsproduktion im heutigen Frankreich kann angemerkt werden, dass der Anteil der Übersetzungen an der gesamten Buchproduktion mit etwa 18% der Buchproduktion (1991) etwas höher liegt als in Deutschland (14%) und wesentlich höher als in Großbritannien (3%), aber niedriger als in anderen romanischen Ländern (Barret-Ducrocq 1992: 64). Als Ausgangssprache dominiert Englisch, gefolgt von Deutsch und Spanisch (Gouadec 2002: 307). Die Bedeutung von Fachübersetzungen nimmt immer mehr zu. Neue Berufsbilder entstehen vor allem im technischen Bereich, z. B. Softwarelokalisierung oder technische Redaktion (dazu vgl. Kap. 2.4). Ferner sei darauf hingewiesen, dass in Ländern, die über mehrere Amts- oder Nationalsprachen verfügen (wie Belgien, die Schweiz oder Kanada), die „innerstaatliche" Übersetzung juristischer und administrativer Texte eine weitaus größere Rolle spielt als in Ländern, die zwar mehrsprachig sind (wie Frankreich), deren „Regionalsprachen" jedoch nicht (oder nur lokal) in öffentlichen Situationen verwendet werden. Offizielle Mehrsprachigkeit garantiert allerdings noch keine Symmetrie zwischen den verschiedenen Sprachen. So ist in Kanada das Englische gegenüber dem Französischen dominant, was im Gegenzug zu einer puristischen Haltung bei Übersetzungen ins Französische führen kann:

The discourse on translation in Quebec has tended to be concerned with the importance of keeping the French language free of the interferences caused by massive translation from English to French. (Simon 1992: 161)

Der Beruf des Übersetzers ist in Frankreich, ebenso wie in Deutschland, Spanien, Italien und vielen anderen Ländern, nicht geschützt, d.h. im Prinzip darf jeder als Übersetzer arbeiten. Einen gesetzlichen Schutz des Berufes gibt es u. a. in einigen Provinzen Kanadas, darunter in Québec (Gouadec 2002: 283).

Soweit zur Übersetzungspraxis. Auf die moderne Übersetzungswissenschaft werde ich in Kap. 2 eingehen. An dieser Stelle noch ein kurzer Nachtrag zur Geschichte des Dolmetschens, speziell zur Geschichte des Konferenzdolmetschens. Diese beginnt erst richtig nach dem Ersten Weltkrieg. Dies hat zu tun mit der Stellung der französischen Sprache als Sprache der Diplomatie:

> Französisch wurde in den hundert Jahren bis zum zweiten Weltkrieg vor allem für multilaterale Konferenzen verwendet [...]. Bilaterale Verhandlungen dagegen wurden oft in den Sprachen der beiden Partner geführt. (Bowen 1998: 43)

So finden sich zwar schon in der zweiten Hälfte des 19. Jh. vereinzelte Belege für den Einsatz von Dolmetschern bei bilateralen Konferenzen, z. B. im Sprachenpaar Englisch-Spanisch. In großen multilateralen Konferenzen wurden Dolmetscher aber erst nach dem Ersten Weltkrieg eingesetzt, als Französisch seine Rolle als internationale Sprache nach und nach eingebüßt hatte (Baigorri Jalón 2000: I). Zunächst wurde ausschließlich konsekutiv gedolmetscht. Das Simultandolmetschen hat sich – abgesehen von ersten Versuchen in den zwanziger Jahren – erst nach dem Zweiten Weltkrieg durchgesetzt.

Heute zählt das Französische trotz der zunehmenden internationalen Dominanz des Englischen zu den Arbeitssprachen der großen internationalen Organisationen wie der UNO, der Weltbank, dem Internationalen Währungsfonds, der Nato, der OECD, dem Europarat und der Europäischen Union (Cronin 2003: 111). In der Europäischen Union werden einer Umfrage zufolge Englisch, Französisch und Deutsch auch in den nächsten Jahren voraussichtlich die drei am meisten nachgefragten Arbeitssprachen für Konferenzdolmetscher bleiben (Neff 2001: 128).

In den ehemaligen Kolonialgebieten führte die Gründung internationaler Organisationen zu einer verstärkten Übersetzungs- und Dolmetschtätigkeit innerhalb der ehemaligen Kolonialsprachen: Als 1962 die Organisation für Afrikanische Einheit gegründet wurde, wurden zunächst nur Englisch, Französisch, Portugiesisch, Spanisch und (mit Einschränkungen) Arabisch als Arbeitssprachen festgelegt (Bandia 1998: 301).

1.3 Spanischer Sprachraum

Auch die überlieferte spanische Sprachgeschichte beginnt mit mehrsprachigen Texten, sofern man die Wortgleichungen der *Glosas Emilianenses* und *Glosas Silenses* als „Texte" bezeichnen möchte. Vor den ersten komplexeren volkssprachlichen Übersetzungen spielten jedoch zwei andere Zielsprachen die dominierende Rolle. Zunächst kann man die Übersetzungen aus dem Griechischen ins Arabische erwähnen, die im islamischen Süden Spaniens im 9. Jh. entstanden. Danach sind die im 12. Jh. vorwiegend in Toledo erstellten Übersetzungen aus dem Arabischen ins Lateinische zu nennen. Als Gründer der „Übersetzerschule von Toledo" (die keine Ausbildungsstätte, sondern eher ein Zentrum von Gelehrten war) gilt traditionell Erzbischof Raimund von Toledo, belegt ist dies jedoch nicht.

14

Die Übersetzungen dieser Periode waren meist sehr wörtlich und dienten vornehmlich dem Austausch von Wissen zwischen Gelehrten (und zwar von Spanien ausgehend auch in anderen europäischen Ländern). Übersetzt wurden Fachtexte aus unterschiedlichen Disziplinen (z. B. Astronomie, Medizin, Mathematik). Die wissenschaftsgeschichtliche Bedeutung dieser Übersetzungen ist nicht zu unterschätzen:

> Les travaux de traduction de cette époque permirent aux Européens de découvrir des notions astronomiques, mathématiques ou médicales pratiquement inconnues en Occident [...] (Foz 1998: 170)

Ferner wurden griechische Autoren, insbesondere Aristoteles, über den Umweg arabischer Kommentare „wieder entdeckt", was erheblich zur Entwicklung der Scholastik beitrug (Foz 1998: 169).

In der Regel wurden die lateinischen Übersetzungen über den Weg einer mündlichen kastilischen Rohübersetzung erstellt. García Yebra vertritt die These, dass diese Rohübersetzungen für das Kastilische eine wichtige Quelle der sprachlichen Bereicherung waren:

> [...] las traducciones latinas de Toledo influyeron también grandemente, gracias al método de la versión oral intermedia, en la maduración y capacidad expresiva del castellano. (García Yebra 1983: 321)

Ab Mitte des 13. Jh. wurde im Auftrag Alfons' des Weisen zum ersten Mal im großen Umfang schriftlich in die kastilische Volkssprache übersetzt. Da auch diese Übersetzungen hauptsächlich in Toledo entstanden, werden sie z.T. ebenfalls unter dem Schlagwort „Übersetzerschule von Toledo" behandelt. Von den Übersetzungen des 12. Jh. unterscheiden sie sich jedoch in den folgenden Punkten: Übersetzt wurde aus dem Arabischen ins Kastilische; Auftraggeber war der Hof; die Ausgangstexte wurden in der Regel „popularisierend" übersetzt, da die Übersetzungen nach Alfons' Anweisung leicht verständlich sein sollten; thematisch beschränkten sich die Ausgangstexte vor allem auf das Gebiet der Astronomie (Pym 1998b: 553). Daneben gab es aber auch einzelne Übersetzungen zu anderen Themen, z. B. zum Schachspiel und anderen klassischen Brettspielen (Ineichen 1997: 64f.).

Im 14. Jh. und 15. Jh. finden sich vermehrt Übersetzungen aus dem Lateinischen – nicht zuletzt, weil „die Kenntnis des Lateinischen selbst unter den führenden Intellektuellen der Zeit weniger verbreitet ist als in anderen europäischen Ländern" (Pöckl 2006: 1406f.), sowie aus dem Italienischen, Französischen und vereinzelt auch aus dem Englischen. Das Prestige der Übersetzungen war deutlich größer als in späteren Epochen:

> [...] la mayoría de los escritores de la primera mitad del siglo XV fueron también traductores. Y no estimaban menos sus obras traducidas que las que hoy llamamos originales. (García Yebra 1994: 133)

Des Weiteren wurde nun verstärkt in die anderen Sprachen Spaniens übersetzt. An erster Stelle ist hier das Katalanische zu nennen. Oft handelte es sich dabei um „Übersetzungen aus zweiter Hand", die auf dem Umweg über das Französische ins Katalanische gelangten.

Ferner finden sich im 14. Jh. eine Reihe von Übersetzungen ins Aragonesische sowie vereinzelte Übersetzungen ins Galicische. Diese frühen galicischen Übersetzungen sind wichtige Zeugnisse für die beginnende Abspaltung des Galicischen vom Portugiesischen.

Die übersetzerische Methodenreflexion kreiste immer noch, wie seit der Antike üblich, um die Dichotomie *wörtlich* vs. *frei*. Einerseits finden sich Forderungen nach einer konsequent wörtlichen Übersetzungsmethode. So verfocht Alonso de Cartagena (1384–1456) „den radikalen Standpunkt, dass nur eine wissenschaftlich exakte Ausdrucksweise der Wahrheit gerecht werden könne, rednerische Eleganz hingegen sie zu verfälschen drohe" (Stackelberg 1972: 10). Andererseits forderte Alfonso de Madrigal (1400–55) im Anschluss an Hieronymus für als kanonisch geltende Texte eine Wort-für-Wort-Übersetzung, während er für andere Textsorten auch „freiere" Übersetzungsmethoden zuließ. Dabei vertrat er die „universalistische" These, dass im Prinzip alles in jeder Sprache ausdrückbar sei (Russell 1985: 31).

In Spanien (wie auch in Frankreich, s.o.) wirkte sich die italienische Renaissance tiefgreifend auf die Übersetzungspraxis aus. Juan Boscáns Castiglione-Übersetzung *El Cortesano* (1534) kann nach Ansicht von Fernández-Rodríguez als „la traduction la plus importante de l'histoire de la Renaissance espagnole" (1997: 150) angesehen werden. Dem Übersetzer ging es dabei erklärtermaßen um eine Gleichstellung des Kastilischen mit dem Italienischen. Und Fray Luis de Léon beschwor im Vorwort zu seiner Übersetzung des Hohen Liedes (*Cantar de los Cantares*, 1561) sogar vermeintliche Parallelen zum Hebräischen:

[...] y pretendí que respondiese esta interpretación con el original, no sólo en las sentencias y palabras, sino aun en el corriente y en el aire de ellas, imitando sus figuras y sus modas de hablar y manera cuanto es posible á nuestra lengua, que á la verdad responde á la hebrea en muchas cosas [...] (zit. nach Vega 1994: 134)

Wie viele seine übersetzenden Zeitgenossen bekam Fray Luis de León Probleme mit der Inquisition: Der Vorwurf der Erotisierung des Ausgangstextes brachte ihm mehrere Jahre Kerker ein (Pöckl 2006: 1408). Viele Übersetzer gingen ins Exil bzw. veröffentlichten ihre Übersetzungen außerhalb Spaniens. So erschien die erste vollständige spanische Bibelübersetzung 1569 in Basel.

Im 16. Jh. entstand ferner mit der *Secretaría de Interpretación de Lenguas* der erste spanische „Sprachendienst" für Übersetzen und Dolmetschen im Dienste von Diplomatie und Verwaltung (Cáceres Würsig 2003: 19). Übersetzungen in andere Sprachen Spaniens, insbesondere Katalanisch, gingen ab dem 16. Jh. aufgrund der politischen und kulturellen Vormachtstellung Kastiliens stark zurück (Lieber 1992: 42f.).

Bei der Eroberung und der Kolonisierung des mittleren und südlichen Amerika spielten Dolmetscher eine nicht unwesentliche Rolle. Bereits Kolumbus nahm Ureinwohner mit nach Europa, um sie dort zu Dolmetschern „ausbilden" zu lassen. Am 12.10.1492 findet sich der folgende Tagebucheintrag Kolumbus', der von dessen Vorhaben, sechs Bewohner der Bahama-Insel Guanahani („San Salvador") mitzunehmen, Zeugnis ablegt: „Yo, placiendo a Nuestro Señor, llevaré de aquí al tiempo de mi partida seis a Vuestra Alteza para

16

que aprendan a hablar" (zit. nach Collados Aís/Fernández Sánchez 2001: 18). Bei der
Eroberung des Festlandes wurden aufgrund der großen Sprachenvielfalt einige Verkehrs-
sprachen (*lenguas generales* genannt) zur überregionalen Kommunikation ausgewählt, z. B.
Nahuatl im Aztekenreich oder Quechua im Inkareich (Noll 2001: 58).

Berühmtheit erlangte die Aztekin Marina (genannt Malinche), die für Hernán Cortés
zunächst als Dolmetscherin arbeitete und später seine Vertraute und Geliebte wurde:

> Sie wurde so sehr zu einer umstrittenen Gestalt – Verräterin ihres Volkes, Retterin der Spanier –
> daß in den unzähligen Werken über sie ihre eigentliche Rolle vernachlässigt wird. Sie kannte die
> Sprache der Maya, konnte also im Relais mit dem Spanier Jeronimo de Aguilar, der diese als
> Schiffbrüchiger kennengelernt hatte, für Cortés dolmetschen. (Bowen 1998: 44f.)

Die ersten schriftlichen Übersetzungen dienten der Missionierung und betrafen zunächst
kürzere religiöse Texte und Lieder. Einige Übersetzungen dienten jedoch auch der Über-
lieferung amerikanischen Kulturguts. So entstanden im 16. Jh. mehrere Bücher in amerikanischen Sprachen über Religion, Geschichte und medizinisches Wissen verschiedener Völ-
ker, die anschließend ins Spanische oder ins Lateinische übersetzt wurden.

Als originellster Übersetzungstheoretiker des 16. Jh. ist der Humanist Juan Luis Vives
hervorgetreten, dessen übersetzungstheoretische Ideen sich hauptsächlich in der Schrift *De
ratione dicendi* (1533) finden. Vives unterscheidet hier drei Arten des Übersetzens: sinn-
getreues Übersetzen, formgetreues Übersetzen und – dies ist neu in der Geschichte der
Übersetzungstheorie – Übersetzungen, in denen sowohl der Sinn als auch die Ausdrucksweise zu beachten seien. Ähnlich wie bereits Hieronymus verknüpft Vives seine Methodo-
logie des Übersetzens mit einer „Texttypologie" *ante litteram* und unterscheidet zwischen –
anachronistisch in Termini von K. Reiß ausgedrückt – „inhaltsbetonten" und „formbeton-
ten" Texten sowie solchen Texten, in denen „gerade auch das *Wie* zum *Was* des Gesagten
gehört und deshalb in der Übersetzung erhalten bleiben muß, wenn der ‚Sinn des Textes'
beibehalten werden soll" (Coseriu 1971: 573). Juan de Valdés' *Diálogo de la lengua* (1535)
enthält einige übersetzungstheoretische Gedanken, die sich wenige Jahre später in ähnlicher
Form bei E. Dolet (vgl. Kap. 1.2) finden. Hierzu gehört u. a. die Forderung, dass der Übersetzer Ausgangs- und Zielsprache adäquat beherrschen müsse: „Por esto es grande la teme-
ridad de los que se ponen a traduzir de una lengua en otra sin ser muy diestros en la una y
en la otra" (zit. nach Fernández Rodríguez 1997: 155).

Im 17. Jh. finden sich vorwiegend Übersetzungen aus dem Lateinischen, Italienischen
und Französischen. Pym weist ferner darauf hin, dass Cervantes' *Don Quijote* als „the
world's most famous PSEUDOTRANSLATION" (Pym 1998b: 556) gelten kann, da es sich teilweise um eine fiktive Übersetzung aus dem Arabischen handelt. *Don Quijote* ist jedoch
noch in einer weiteren Hinsicht übersetzungsgeschichtlich relevant: Im zweiten Teil finden
sich der oft zitierte Vergleich von Übersetzungen mit der Rückseite flämischer Teppiche
sowie einige weitere ironisch-abschätzige Bemerkungen zum Übersetzen, insbesondere
zum Übersetzen aus „einfachen" Sprachen (wie dem Italienischen). Ähnlich abschätzig
äußerte sich im gleichen Zusammenhang Lope de Vega:

[...] y si no es violencia en mí, plegue a Dios que yo llegue a tanta desdicha por necesidad, que traduzca libros de italiano en castellano; que para mi consideración es más delito que pasar caballos a Francia. (zit. nach García Yebra 1994: 151)

Kurz zum 18. Jh.: Während dieser Zeit wirkte sich der dominierende Einfluss der französischen Sprache und Kultur auch auf die Praxis und Theorie des Übersetzens aus. Französische Originaltexte wurden in großer Zahl übersetzt, wobei religiöse Texte anfangs vor wissenschaftlichen und literarischen dominierten (Pöckl 2006: 1408). Literaturen anderer Länder wurden oft über französische Zwischenübersetzungen rezipiert: „Deutsche Literatur, die nach 1700 nach Spanien drang, passierte in der Regel den Filter der französischen Übersetzung" (Müller 1967: 260). Da viele französische Übersetzungen des 18. Jh. noch nach den Regeln der *belles infidèles* erstellt wurden (vgl. Kap. 1.2), konnte dieser „Filter" erhebliche Auswirkungen auf das Endergebnis haben. Auch im Bereich der Fachübersetzung und des Fachwortschatzes war der Einfluss der französischen Sprache sehr groß. Zahlreiche gelehrte Fachwörter gelangten über Übersetzungen aus dem Französischen ins Spanische. Bei einigen Termini aus der Chemie zeigte sich die Herkunft aus dem Französischen zunächst in der Übernahme der französischen Endungen:

[...] dans ces nomenclatures scientifiques, il est possible de constater qu'il se produit parfois des hésitations entre certaines formes. C'est le cas d'éléments de la terminologie chimique comme ‚acetato' [acétate], ‚sulfuro' [sulfure], etc., qui furent, dans un premier temps, directement adoptés du français dans leur forme ‚acetate' et ‚sulfure' et qui, postérieurement, régularisèrent leur terminaison en o, la plus fréquente en espagnol. (Lépinette 1998: 131)

Auf dem Gebiet der Übersetzungstheorie ist der Einfluss Frankreichs ebenfalls wirksam, wenn auch z.T. verdeckt: Im Vorwort der 1797 publizierten Übersetzung von Fénelons *Télémaque* durch Joseph de Covarrubias finden sich elf Regeln, die der Übersetzer als Maximen seiner eigenen Übersetzung angibt, bei denen es sich jedoch um ein fast wörtlich übersetztes Plagiat aus dem *Cours des Belles-Lettres* (1747) von Charles Batteux handelt:

[...] Covarrubias copia y traduce „las reglas del arte de traducir", que son los once principios que Batteux había presentado como „communs à tous les genres d'ouvrages qu'on traduit". (García 1997: 265)

Auch im 19. Jh. dominierte zunächst noch der französische Einfluss, und zwar in zweierlei Hinsicht: Französisch als Ausgangs- und Vermittlersprache und französische Übersetzungen als übersetzungsmethodisches Modell, d.h. es gab viele einbürgernde Übersetzungen nach französischer Art. Als Beispiel hierfür sei die Übersetzung der Satiren Juvenals durch Luis Folgueras Sión im Jahre 1817 genannt, welche einige „sittlich" bedingte Streichungen enthält: „He suprimido la Sátira IX, y he depurado y expurgado de quanto pudiese ser ofensivo a la decencia y delicadeza de las costumbres cristianas" (zit. nach Ruiz Casanova 2000: 33).

In der 2. Hälfte des 19. Jh. wurde trotz des anhaltenden französischen Einflusses verstärkt direkt aus dem Deutschen und dem Englischen übersetzt, auch wenn die erste spani-

18

sche Gesamtübersetzung der Werke Shakespeares erst 1930 erschien (Pöckl 2006: 1409). Russische Autoren wurden noch Anfang des 20. Jh. indirekt aus dem Französischen übersetzt. Dazu ein Zitat aus dem Jahre 1906: „las traducciones son pésimas, hechas del francés; y no se gana mucho leyéndolas en francés porque los franceses no traducen, adaptan" (Corpus Barga, zit. nach Martín-Gaitero 1998: 81).

Von großem Einfluss auf die spanische Übersetzungspraxis Ende des 19. und Anfang des 20. Jh. war Marcelino Menéndez y Pelayo (1856–1912). Menéndez y Pelayos Einfluss äußerte sich auf unterschiedliche Weise: Ab 1880 arbeitete er an einer umfangreichen *Biblioteca de traductores españoles*, ferner war er selbst als Übersetzer tätig, schließlich äußerte er sich auch als Übersetzungstheoretiker. In einem Vorwort aus dem Jahre 1891 vertrat er die Ansicht, dass die Übersetzungsmethode nicht zuletzt vom Verwandtschaftsgrad der beiden beteiligten Sprachen abhänge. Aus verwandten Sprachen, z. B. anderen romanischen Sprachen, solle man möglichst wörtlich übersetzen. Bei Übersetzungen aus einer typologisch verschiedenen Sprache müsse der Übersetzer dagegen kreativ werden:

Quien traduce de lengua totalmente extraña al genio y construcción de la lengua propia, puede y debe inventar nuevo molde para el pensamiento ajeno, haciendo obra de creador más que de intérprete. (zit. nach Vega 1994: 271)

In Hispanoamerika brachte die Unabhängigkeit der ehemaligen spanischen Kolonien im 19. Jh. auch einen Wandel in der Übersetzungspraxis mit sich. Übersetzt wurden zunächst vorwiegend politisch relevante Texte, vor allem aus dem Französischen, später auch aus dem Englischen. Manche Autoren vertreten in diesem Zusammenhang die Ansicht, dass man „ohne die Übersetzungen europäischer Literatur kaum von einer Literatur Lateinamerikas sprechen könne" (Scharlau 2002a: 10). Als Theoretiker und Förderer des Übersetzens ist Andrés Bello hervorgetreten, der selbst Gedichte von Victor Hugo und Lord Byron übersetzte. In seiner Eigenschaft als Gründungsrektor der chilenischen Universität setzte er sich für die Beschäftigung mit der Antike und modernen Fremdsprachen ein: „[...] el estudio de otros idiomas vivos y muertos, nos pone en comunicación con la antigüedad y con las naciones más civilizadas" (zit. nach Carillo Zeiter 2002: 75).

Wegen der großen Bedeutung des Übersetzens für die lateinamerikanischen Kulturen wurden früh entsprechende Studiengänge eingerichtet. Bereits 1885 gab es an der juristischen Fakultät der Universität Uruguay eine Ausbildung für Gerichtsübersetzer (Pym 1998a: 34). Der erste eigenständige Studiengang für Übersetzer wurde 1945 in Argentinien eingerichtet, es folgten Mexiko, Kuba, Puerto Rico, Brasilien, Chile, Peru, Venezuela und Ecuador (Cabrera et al. 1990: 139). Zur aktuellen Situation vgl. Lauterbach (1996).

Bereits Ende des 19. Jh. gibt es im Übrigen auch die ersten Zeugnisse für die Tätigkeit professioneller Konferenzdolmetscher, und zwar im Sprachenpaar Spanisch-Englisch:

Die Pariser Friedensverhandlungen zwischen Spanien und den Vereinigten Staaten im Jahr 1898 [...] wurden [...] mit einem Berufsdolmetscher (Arthur Ferguson) auf spanisch und englisch geführt, der schon bei der 1. interamerikanischen Konferenz (1889) gearbeitet hatte und dann Dolmetsch-Sekretär für die Philippinen wurde. (Bowen 1998: 43)

Kommen wir zurück nach Spanien: Im 20. Jh. wirkten sich Bürgerkrieg und Franco-Diktatur erheblich auf die Übersetzungspraxis aus. Zum einen befanden sich unter den Republikanern, die 1939 Spanien verließen, zahlreiche Autoren, die im Exil als Übersetzer tätig wurden. Zum anderen war die Übersetzungstätigkeit während der Franco-Diktatur verschiedenen Restriktionen unterworfen. Das Übersetzen in andere Sprachen als Kastilisch war zeitweilig gesetzlich verboten, und Übersetzungen ins Kastilische unterlagen der Zensur. Die Kriterien für die Zensur waren sprachlicher, moralischer und politischer Natur. Ein anschauliches Beispiel hierfür sind die Eingriffe der spanischen Filmzensur während der Franco-Zeit. So verlangten die Zensoren für die spanische Synchronfassung von François Truffauts Spielfilm *Baisers volés* (*Besos robados*, 1968) die Streichung anzüglicher oder politisch nicht korrekter Formulierungen sowie von Nacktszenen:

> Rollo 1°.– Suprimir la frase „meter mano" [...]
> Rollo 2°.– Suprimir la frase „Maravilloso anacronismo", referido al ejército.
> En la escena del hotel, realizar un nuevo montaje [...] suprimiendo todos los planos de desnudo del pecho de la mujer. [...] (zit. nach Ávila 1997: 146.)

Ähnliche Eingriffe finden sich im Bereich der Literatur. Um die spanische Zensur zu umgehen, ließen zahlreiche Schriftsteller die spanischen Übersetzungen ihrer Werke in Lateinamerika publizieren (Gutiérrez Lanza 2000: 283f.). In den letzten Jahren der Franco-Herrschaft kam es zu einem Umschwung: „Seit den 70er Jahren verlagerte sich der Schwerpunkt des Übersetzens von Lateinamerika (Argentinien, Mexiko) in die spanischen Verlagshäuser" (Scharlau 2002a: 10).

Gegenwärtig gehört Spanien zu den Ländern mit einem hohen Anteil an übersetzter Literatur: 1991 waren 26% der veröffentlichten Bücher Übersetzungen (Barret-Ducrocq 1992: 64). Als Ausgangssprachen dominieren Englisch und Französisch. Bei der katalanischen Literatur erreichen die Übersetzungen einen ähnlich hohen Anteil. Sie spielen damit beim „Ausbau" der modernen katalanischen Schriftsprache eine nicht zu unterschätzende Rolle (Lieber 1992: 52f.).

In der Übersetzerausbildung gab es in den neunziger Jahren im Rahmen der Eingliederung berufsbezogener Ausbildungsgänge an spanischen Hochschulen einen wahren Boom an Institutsgründungen: Allein zwischen 1992 und 1997 stieg die Zahl der Institute von vier auf 23 (Pym 1998a: 35).

1.4 Italien

Auch einige der ersten volkssprachlichen Schriften in Italien sind mehrsprachig. Die altkampanischen Schwurformeln *placiti campani* (960) stellen zwar keine Übersetzung im engeren Sinne dar, nehmen jedoch Informationen des lateinischen Haupttextes verkürzt wieder auf (Michel 1996).

20

Was die Übersetzungen im engeren Sinne angeht, die ab dem 13. Jh. in relativ großer Zahl vorliegen, so kann man, wie in anderen romanischen Volkssprachen auch, einen Unterschied machen zwischen „vertikalem" Übersetzen (aus einer „höherstehenden" Sprache, i.d.R. dem Lateinischen, in die Volkssprache) und „horizontalem" Übersetzen (zwischen zwei „gleichrangigen" Sprachen, z. B. Französisch und Italienisch, bzw., zur Zeit des Humanismus, Griechisch und Latein):

> [...] nella visione sincronica che il Medioevo ha dei rapporti fra latino e volgare [...], si deve distinguere un tradurre „verticale", dove la lingua di partenza, di massima il latino, ha un prestigio e un valore trascendente rispetto a quella d'arrivo [...] e un tradurre „orizzontale" [...] (Folena 1991: 13)

Für das Übersetzen in die Volkssprache (meist aus dem Lateinischen) verwendet man im Italienischen ein eigenes Verb: *volgarizzare*. Es drückt aus, dass diese Übersetzungen und Bearbeitungen gleichzeitig auch für ein breiteres Publikum gedacht waren, denn Gebildete sprachen ja Latein und waren nicht auf Übersetzungen angewiesen. Viele *volgarizzatori* wiesen in Vorworten auf ihre popularisierenden Absichten hin. Brunetto Latini stellt sich in seiner *Rettorica* (1261) als Ko-Autor Ciceros dar, dessen Absicht es sei, Ciceros Gedanken zu verdeutlichen:

> L'autore di questa opera è doppio: uno che di tutti i detti de' filosofi che fuoro davanti lui e dalla viva fonte del suo ingegno fece suo libro di rettorica, ciò fue Marco Tulio Cicero, il più sapientissimo de' Romani. Il secondo è Brunetto Latino cittadino di Firenze, il quale mise tutto suo studio e suo intendimento ad isponere e chiarire ciò che Tulio avea detto. (zit. nach Guthmüller 1989: 220)

Der popularisierende Charakter mancher *volgarizzamenti* zeigt sich u. a. bei der Übersetzung von „Realienbezeichnungen". So hat der Ovid-Übersetzer Simintendi versucht, den „mythologischen Apparat" des Ausgangstextes beträchtlich zu reduzieren: „wenn man *nympha* mit *fanciulla*, *Amphitrite* mit *lo grande mare*, *Titan* mit *sole* übersetzt, hat man in der Tat eine Menge Verständnishürden aus dem Weg geräumt" (Pöckl/Pögl 2006: 1377). Andere *volgarizzatori* waren, ähnlich wie ihre französischen Zeitgenossen, bemüht, lateinische Wörter durch Synonymendopplung zu erklären: „*fortuna*: condizione e ventura; *parietes*: le mura et le pareti; [...] *ferocitas*: l'asprezza e la crudeltà" (zit. nach Albrecht 1995a: 26). Die *volgarizzamenti* des 13. und frühen 14. Jh. trugen nach Pfisters Darstellung in erheblichem Maß zur Herausbildung der toskanischen Literaturprosa bei:

> Diese sprachliche Bereicherung durch die Übersetzer erfolgte vor allem in zwei Sektoren, in der Syntax und im Lexikon. In der Syntax handelt es sich vorwiegend um die Erweiterung des parataktischen Satzbaus mittels Partizipien, Gerundium, Accusativ mit Infinitiv und Variationen der Wortstellung (z. B. Prolepse). (Pfister 1978: 85)

Im Wortschatz macht Pfister zwei gegenläufige Tendenzen aus: zunächst Anpassungen an die Gegebenheiten der Zielsprache bzw. Zielkultur, später die Verwendung von nur leicht adaptierten Latinismen: So wurde *res publica* bei Brunetto Latini zu *comune*, bei Bono Giamboni und Boccaccio dagegen zu *repubblica*.

Zur gleichen Zeit wie die ersten *volgarizzamenti* aus dem Lateinischen (Mitte des 13. Jh.) entstanden auch schon „horizontale" Übersetzungen aus anderen Volkssprachen; so wurden in Norditalien Übersetzungen höfischer Romane aus dem Französischen angefertigt, und auf Sizilien wurde provenzalische Troubadourlyrik übersetzt. Im 14. Jh. entstanden die ersten Teilübersetzungen der Bibel. Man nimmt allerdings an, dass ein Großteil der frühen Übersetzungen biblischer Texte nicht auf der Vulgata beruht, sondern auf französischen oder okzitanischen Vorlagen (Pöckl/Pögl 2006: 1376). Auch eine Anzahl *volgarizzamenti* von Texten klassisch-lateinischer und mittellateinischer Literatur basiert auf französischen Übersetzungen (Guthmüller 1989: 232).

Eine differenzierte Übersetzungstheorie gab es im Mittelalter noch nicht. Zitiert wird oft Dante, der selbst Texte lateinischer und provenzalischer Dichter ins Florentinische übersetzte und die These vertrat, dass Übersetzungen von Versdichtung immer mit einem Verlust der „Süße" und „Harmonie" verbunden seien: „E però sappia ciascuno che nulla cosa per legame musaico armonizzata si può de la sua loquela in altra trasmutare senza rompere tutta sua dolcezza e armonia" (zit. nach Folena 1991: 30). Dante hat diese „übersetzungstheoretischen" Gedanken jedoch nicht weiter ausgeführt.

Die Renaissance führte in Italien, wie später in Frankreich, zu einer verstärkten Übersetzung aus dem Griechischen. Dies geschah zunächst noch ins Lateinische, später auch in die Volkssprache. Nun entsteht auch eine wirkliche Übersetzungstheorie. Als erster wichtiger Übersetzungstheoretiker Italiens kann Leonardo Bruni gelten. Bruni, der selbst zahlreiche griechisch-lateinische Übersetzungen anfertigte, formulierte in der kurzen Abhandlung *De interpretatione recta* (ca. 1420) mehrere Regeln des Übersetzens. So fordert er vom Übersetzer eine möglichst perfekte Beherrschung von Ausgangs- und Zielsprache (wie ein Jahrhundert nach ihm Etienne Dolet, vgl. Kap. 1.2). Besonders interessant ist aber eine andere Forderung: „Leonardo Bruni fordert als erster ausdrücklich die stilistische Anpassung der Übersetzung an das Original" (Kloepfer 1967: 40).

Im 16. Jh. finden sich die ersten literarischen Übersetzungen von Rang, vor allem aus dem Lateinischen. Besonders wichtig ist die Übersetzung von Vergils *Äneis* durch Annibale Caro:

> Between 1563 and 1566, Virgil's *Aeneid* was translated by the famous man of letters Annibal Caro (1507–66), becoming what may be considered the first great work of translation produced in Italy. It is still studied at school today and is in many ways an unrivalled classic. Caro's *Eneide*, while excellent from a poetic standpoint, is, like all the works of its time, far removed from the original. (Duranti 1998: 478)

Bemerkenswert ist auch die Übersetzung von Tacitus' *Annalen* durch den Florentiner Bernardo Davanzati (1529–1606). Diese Übersetzung zeichnet sich durch ihre „geradezu derb und drastisch wirkende Anschaulichkeit aus" (Stackelberg 1972: 30). So wird u. a. im Rahmen der Beschreibung eines Kampfes lat. *caedere* zu it. *tagliare a pezzi*. Das ist umso bemerkenswerter, wenn man bedenkt, dass in Frankreich zur gleichen Zeit schon die ersten

Vorläufer der *belles infidèles* entstehen, in denen Grobheiten konsequent geglättet oder ganz gestrichen werden (vgl. Kap. 1.2). Stilistisch auffällig ist vor allem die Konzision von Davanzatis Text. Vergleicht man die bei Lapucci (1983: 45ff.) in Paralleldruck wiedergegebenen Auszüge von Ausgangs- und Zieltext, so ist die Übersetzung selten länger als das Original, an einigen Stellen sogar kürzer, was bei Übersetzungen aus dem Lateinischen selten vorkommt.

Von nicht zu unterschätzender Bedeutung sind schließlich die zahlreichen Übersetzungen von meist antiken Fach- und Sachtexten aus so unterschiedlichen Disziplinen wie Mathematik, Botanik und Architektur:

> Sprachgeschichtlich betrachtet [...] bereiten diese Übersetzungen nicht nur vielen populärwissenschaftlichen Werken den Weg, sondern auch der sich des Italienischen bedienenden Spitzenforschung (z. B. Galilei). (Pöckl/Pögl 2006: 1379)

Ab Mitte des 17. Jh. und vor allem im 18. Jh. übte in Italien, wie auch in anderen Ländern Europas (zu Spanien vgl. Kap. 1.3), Frankreichs Sprache und Literatur einen großen Einfluss auf die Kultur- und Übersetzungsgeschichte aus. So wurde die englische Literatur meist über französische Vermittlung rezipiert. Wenn ein italienischer „Übersetzer" nicht genügend Englisch verstand, fertigte er seinen Text auf der Basis einer französischen Übersetzung an. Der Abstand vom Ausgangstext konnte dabei erhebliche Ausmaße annehmen, da bereits die französischen Übersetzungen meist sehr frei waren und oft auch die Weiterübersetzungen nach dem Vorbild der *belles infidèles* verfasst wurden, so dass wir eine Art „Stille-Post"-Spiel beobachten können, wenn wir die entsprechenden Texte vergleichen. Als Fallbeispiel für die Sprachenfolge Englisch – Französisch – Italienisch zitiert Stackelberg Edward Youngs *Night Thoughts* (1747), die von Le Tourneur (1769) ins Französische und von Antonio Loschi (1800) weiter ins Italienische übersetzt wurden. Hierzu ein kurzes Beispiel aus dem englischen Ausgangstext, der französischen Übersetzung und der italienischen Weiterübersetzung (Kontext: der Dichter erinnert sich an seine verstorbene Tochter Narcissa):

> Like Birds quite exquisite of Note and Plume,
> Transfixt by *Fate* (who loves a lofty Mark)
> How from the Summit of the Grove she fell,
> And left it unharmonious! All its Charm
> Extinguisht in the wonders of her Song!

> Comme elle a été tout à coup précipitée du faîte du bonheur! ainsi tombe, atteint d'un plomb meutrier, le chantre mélodieux des forêts, au moment même où il charmoit les airs par son brillant ramage. Il expire au milieu de sa douce chanson interrompue [...]

> Come repentinamente ella è stata balzata dell'apice della contentezza! Non altrimenti il musico volator della foresta tocco dal piombo micidiale, cade in quel momento istesso, in cui la sua gola animosa empia l'aere sospeso ad udirlo, d'una tremola e dilicata armonia, e spira a mezzo della sua dolcissima canzonetta [...] (zit. nach Stackelberg 1984: 186ff.)

Man erkennt sehr schnell, dass die italienische Version nicht aus dem englischen Original übersetzt ist, sondern aus dem Französischen. So enthält Le Torneurs Prosaversion etliche erklärende und poetisierende Ausschmückungen, die sich bei Loschi wiederfinden. Im Original wird Narcissa mit einem Vogel verglichen, der vom Himmel gefallen ist. Im Französischen und entsprechend im Italienischen wird aus *bird* eine poetisierende, preziöse Umschreibung: *le chantre mélodieux des forêts* bzw. *il musico volator della foresta*; erklärend hinzugefügt wird ferner, dass der Vogel abgeschossen wurde: *atteint d'un plomb meurtrier* bzw. *tocco dal piombo micidiale*. An einigen Stellen finden sich in der italienischen Version sogar noch weitere Ausschmückungen. So wird *sa douce chanson* zu *la sua dolcissima canzonetta*.

Es gab aber zur gleichen Zeit aber auch andere Übersetzungen in Italien. So wurden die antiken Klassiker wieder verstärkt übersetzt. Im Unterschied zu den Übersetzungen bzw. Weiterübersetzungen aus dem Französischen waren hier meist philologisch geschulte Übersetzer am Werk. Als einer der wichtigsten Übersetzer der Zeit gilt Melchiorre Cesarotti (1730–1808). Er verfasste u. a. zwei Versionen der *Ilias*: eine freie Nachdichtung in Versen und eine relativ wörtliche, mit ausführlichen Kommentaren versehene Prosaübersetzung. Zur Begründung dieser zweifachen Übersetzung führte Cesarotti aus: „Due sono gli oggetti ch'io mi sono proposto con essa: l'uno di far gustare Omero, l'altro di farlo conoscere" (zit. nach Mattioli 1983: 34). Cesarotti erweist sich also als früher „Funktionalist", da bei ihm die Übersetzungsmethode vom Übersetzungsweck (poetische Erbauung vs. Hinführung zum Original) abhängt.

Als Übersetzungskritiker ist Francesco Algarotti hervorgetreten: In seinen fiktiven *Lettere di Polianzio ad Ermogene intorno alla traduzione dell'Eneide del Caro* (1744) kritisiert er Caros berühmte *Äneis*-Übersetzung. Er beschränkt sich dabei jedoch nicht auf eine Auflistung von Fehlern, sondern macht konstruktive Verbesserungsvorschläge:

> What Algarotti finally wanted was not another translation of the *Aeneis*. Translating Virgil, in his opinion, was an almost impossible task for one individual to perform. What he advocates in his fourth letter, therefore, is a thorough revision of Caro's celebrated version. (Van den Broeck 1997: 283)

Anfang des 19. Jh. steht die literarische Übersetzung in Italien unter dem Zeichen des Klassizismus. Bei den Übersetzungen der antiken Literatur spielen Homer-Übersetzungen die zentrale Rolle. Berühmtheit erlangte insbesondere Vincenzo Montis Version der *Ilias* (1811). Homers Stil wurde von Monti in hohem Maße „rhetorisiert":

> Nel campo della retorica sintattica le figure più frequenti sono quelle di ripetizione, che moltiplicando e rifrangendo la semplicità della parola omerica in un gioco insistito di echi [...] consentono al traduttore sicuri effetti di sonorità e di evidenza verbale. (Mari 1994: 352)

Als Beispiel zitiert Mari u. a. die folgende Wiederholungsfigur, ein *Polyptoton* (Wiederholung des gleichen Wortes in verschiedenen Formen innerhalb eines Satzes):

oh t'avessi tu *salde* le ginocchia
e *saldi* i polsi come hai *saldo* il cuore (IV, 385–86, zit. nach Mari 1994: 352)

Rhetorisierende, an literarischen Normen der Zielsprache orientierte Übersetzungsverfahren finden sich im Übrigen sogar in Fachübersetzungen der Zeit. Pöckl nennt in diesem Zusammenhang folgende Beispiele aus einer frühen Darwin-Übersetzung:

[...] lexikalische *variatio* statt eindeutiger Entsprechungen (*skin* vs. *derma / tegumento / pelle*), starke Neigung zur „aulischen" Variante (*atoms – minuzzoli, danger – periglio*) und zu archaisierendem Einschlag (*escape – isfuggire*). (Pöckl/Pögl 2006: 1380)

In der Übersetzungstheorie fällt auf, dass wir in Italien nun ähnliche Positionen finden wie im Frankreich des 17. Jh. Einige Autoren halten die italienische Sprache inzwischen für so reif, dass man ausschließt, sie könne durch Übersetzungen aus anderen modernen Sprachen bereichert werden. Ganz deutlich wird dies in der *Dissertazione critica sulle traduzioni* (1808) von Giovanni Carmignani:

Or domando io come potrebbe l'armonioso e gentil nostro idioma, che dopo la greca e la latina favella ha per unanime consentimento dei più sensati critici delle moderne nazioni, il posto primiero, e incomparabilmente il più distinto tra i viventi idiomi, come potrebbe attinger nuovi colori, nuove bellezze e forme novelle dello stil delle lingue, che a lui si confessano inferiori cotanto? (zit. nach Schwarze 2004: 254)

Ähnliche Bemerkungen finden sich in Leopardis *Zibaldone* (1817–32). Leopardi wendet sich darin explizit gegen die von der deutschen Romantik vertretene „sprachlich verfremdende" Übersetzungsmethode, die man nicht auf das Italienische übertragen dürfe. Mattioli fasst Leopardis zentrale Aussage folgendermaßen zusammen: „Una lingua perfetta può imitare il genio e lo spirito di qualsiasi altra lingua, ma non recalcarne i costrutti" (Mattioli 1983: 41). Leopardi befindet sich mit dieser Haltung im Widerspruch zu Autoren wie Ugo Foscolo und Giovanni Pascoli, die eine stärker „verfremdende" Übersetzung befürworteten (Filippi 1987).

Kritische Bemerkungen zu der klassizistischen Haltung der italienischen Übersetzungskultur enthält der 1816 publizierte Artikel „Sulla maniera e l'utilità delle traduzioni" von Madame de Staël. Diese lobt zwar Montis Ilias-Übersetzung, ruft aber gleichzeitig die Italiener zu mehr Übersetzungen aus den modernen europäischen Literaturen auf:

Ihre [Madame de Staëls] Kritik an der italienischen Übersetzungskultur setzt bei der Rezeption zeitgenössischer Literatur an. Die klassische Antike sei für das zeitgenössische Europa nicht als Kanon, sondern als *Tradition* zu rezipieren. Die Quelle für die Weiterentwicklung der Literatur könne nur in der Rezeption von innovativen Elementen der zeitgenössischen Literatur liegen, die insbesondere aus England und Deutschland kämen. (Schwarze 2004: 278)

Tatsächlich finden sich im weiteren Verlauf des 19. Jh. zunehmend Übersetzungen aus anderen modernen Sprachen als dem Französischen. An erster Stelle ist hier das Englische zu nennen. Eine wichtige Rolle spielten dabei Shakespeares Dramen, die in Italien – ähnlich wie z. B. auch in Deutschland – erst im 19. Jh. intensiv rezipiert wurden. Auch aus dem Russischen wurde nun zum ersten Mal direkt (d.h. nicht über französische Vermittlung) übersetzt, nach und nach auch aus dem Deutschen.

Im 20. Jh. entsteht das moderne Berufsbild des Übersetzers (zunächst des Literatur-, dann des Fachübersetzers). Dennoch sind im Bereich der literarischen Übersetzung weiterhin einige wichtige Schriftsteller mit Übersetzungen befasst. Eine besondere Bedeutung erlangen Übersetzungen amerikanischer Autoren durch italienische Literaten während des Faschismus:

> [...] from the isolated intellectual who proposed a translation project out of a deep personal interest in the foreign text, we gradually see the emergence of a professional figure of a translator commissioned by a publishing house and often performing his/her task under very unfavourable conditions. One remarkable exception is the role played by writers like Cesare Pavese, Elio Vittorini, and Eugenio Montale in the late 1930s and early 1940s; such writers actively rekindled interest in English, especially American, literature through an intense activity of translation. Especially in the case of Pavese and Vittorini, translating was a way of proposing a cultural and political alternative to the stifling and autarchic cultural policies of the Fascist regime. (Duranti 1998: 481)

Ferme beschreibt in seinem Buch *Tradurre è tradire* die vielfältigen Gründe für die erstaunliche Blüte der amerikanisch-italienischen Übersetzungen, die bereits in den frühen zwanziger Jahren einsetzt (Ferme 2002: 44): wachsendes Interesse an der US-amerikanischen Kultur (Musik, Film usw.), wirtschaftlicher und politischer Einfluss der USA in Europa, Krise der italienischen Literatur, zögernde Haltung der Verlage gegenüber jüngeren einheimischen Autoren und schließlich die im Untertitel des Buches genannte, „subversive" Funktion der Übersetzung: *La traduzione come sovversione culturale sotto il Fascismo*. Das Resultat ist eine radikale Modernisierung der Literatursprache: „Der pathetischen Rhetorik des Faschismus wird der schnoddrig-unterkühlte Ton nordamerikanischer Romanciers entgegengehalten" (Pöckl/Pögl 2006: 1381).

Nach dem Zweiten Weltkrieg wuchs auch in Italien der Bedarf an Fachübersetzern und Dolmetschern. Allerdings weist E. Borello (1999: 301f.) auf einen besonderen Nachholbedarf in Bezug auf die Voraussetzungen für das Übersetzerstudium hin, da Fremdsprachen während der Zeit des Faschismus nur eine untergeordnete Rolle spielten und auch danach im italienischen Schulwesen noch oft als Nebenfach galten. Dieser Nachholbedarf hat auch dazu beigetragen, dass man sich bei der Gründung von Instituten zur Übersetzer- und Dolmetscherausbildung z.T. nach dem Vorbild bereits bestehender Einrichtungen in anderen Ländern orientierte. So wurde an der Universität Triest ein Studiengang für Übersetzer und Dolmetscher nach dem Vorbild der Genfer ETI (vgl. Kap. 1.2) eingerichtet. Seit 1978 genießt die *Scuola Superiore di Lingue Moderne per Interpreti e Traduttori* (SSLMIT) Fakultätsstatus (Forstner 1995: 231). 1989 erfolgte die Gründung eines gleichnamigen Instiuts an der Universität Bologna (mit Sitz in Forlì). Inzwischen bieten über 15 Hochschulinstitute in Italien übersetzungsbezogene Studiengänge an (Caminade/Pym 1995: 114ff.).

In der zweiten Hälfte des 20. Jh. zählt Italien zu den Ländern mit einem besonders hohen Anteil an Übersetzungen: Ca. 25% der veröffentlichten Bücher sind Übersetzungen.

Als Ausgangssprache steht Englisch ganz klar an der Spitze, gefolgt von Französisch und Deutsch.

1.5 Bibliographische Hinweise

Zur Geschichte des Übersetzens gibt es eine Reihe von Monographien, die länder- und epochenübergreifend ausgerichtet sind. Aus romanistischer Sicht von besonderem Interesse ist das Buch von Albrecht (1998), in dem der Schwerpunkt auf der Geschichte der literarischen Übersetzung im westlichen Europa liegt (mit Einbeziehung von Frankreich, Spanien und Italien). Als Ergänzung empfiehlt sich der Sammelband von Delisle und Woodsworth (1995), der auch Aspekte einbezieht, die in anderen Werken oft vernachlässigt werden, wie z. B. die Geschichte des Dolmetschens (zum Konferenzdolmetschen vgl. auch Baigorri Jalón 2000). Nach wie vor lesenswert ist auch der historische Abriss in italienischer Sprache von Mounin (1965, dt. Übers. 1967) sowie der kurzweilige „Gang durch die Geschichte des Übersetzens" (mit zahlreichen Textbeispielen) bei Stackelberg (1972). Sich ergänzende Übersichtsdarstellungen in französischer Sprache sind Van Hoof 1991 (zur Übersetzungspraxis in einigen europäischen Ländern) und Ballard 1992 (zur Übersetzungstheorie von der Antike bis ins frühe 20. Jh.). Wer sich besonders ausführlich zu einzelnen Epochen der Übersetzungsgeschichte von der Antike bis in die Renaissance informieren möchte, kann dies bei Vermeer tun (1992, 1996, 2000). Übersichtsdarstellungen zur römischen Antike bieten Seele (1995) und – in knapper Form – Kelly (1998).

Von den im vorliegenden Kapitel behandelten Ländern ist Frankreich in übersetzungsgeschichtlicher Hinsicht am besten untersucht (daher auch der größere Umfang von Kap. 1.2 im Vergleich zu Kap. 1.3 und 1.4). Ich beschränke mich hier auf einige Titel mit einführendem Charakter. Ein Klassiker ist Carys Band zu berühmten französischen Übersetzern (1963). Handbuchartikel mit Übersichtscharakter sind Salama-Carr (1998) und Albrecht (2006). Zum Mittelalter vgl. einführend Buridant (1983), den Bogen zur Renaissance schlägt Norton (1984). Das 17. Jh. wird ausführlich behandelt in den Monographien von Zuber (1968) und Balliu (2002) sowie dem Sammelband von Ballard und D'hulst (1996). Zur Übersetzungstheorie im 18. Jh. vgl. die Monographien von Schneiders (1995), Konopik (1997) und Münzberg (2003). Der Reader von D'hulst (1990) deckt die Zeit von Mitte des 18. bis Mitte des 19. Jh. ab. Zum 19. Jh. vgl. auch den Artikel von Benelli (1997). Weniger gut untersucht ist die Übersetzungstätigkeit in anderen (ganz oder teilweise) frankophonen Ländern bzw. Regionen. Übersichtsartikel gibt es u. a. zu Kanada (Delisle 1998) und Afrika (Bandia 1998). Eine Fülle von Lehrmaterial, Dokumenten, biographischen und bibliographischen Informationen zur Geschichte des Übersetzens und Dolmetschens in Frankreich, Kanada und der Schweiz bietet die zu Lehrzwecken konzipierte CD-ROM von Delisle und Lafond (2001).

Zur Übersetzungsgeschichte Spaniens gibt es inzwischen nicht nur einführende Handbuchartikel (Pym 1998b, Pöckl 2006), sondern auch eine umfangreiche Monographie (Ruiz

Casanova 2000). Artikel zu einzelnen Epochen vom Mittelalter bis ins 20. Jh. finden sich in zwei Aufsatzsammlungen von García Yebra (1983, 1994). Die „Schule von Toledo" wird ausführlich von Gil (1985) sowie in der französischen Monographie von Foz (1998) behandelt, die auch in spanischer Übersetzung vorliegt. Über das 15. und frühe 16. Jh. informiert das Buch von Russell (1985). Zur Übersetzungstheorie im *Siglo de Oro* vgl. Santoyo (1989). Zum Einfluss Frankreichs im 18. Jh. vgl. die Beiträge in Donaire/Lafarga (1991), zur Fachübersetzung siehe Lépinette (1998). Das späte 19. und frühe 20. Jh. wird behandelt in dem Sammelband von Vega (1998) zur *Generación del 98*. Zur Übersetzung während der Franco-Herrschaft vgl. Gutiérrez Lanza (2000). Das Übersetzen in Lateinamerika ist erst in jüngerer Zeit stärker in den Blick genommen worden. Einen Überblick vermittelt Bastin (1998). Der Sammelband von Scharlau (2002) enthält Beiträge zu Einzelaspekten sowie einen Forschungsbericht der Herausgeberin (2002a).

Handbuchartikel zur Übersetzungsgeschichte in Italien sind Duranti (1998) und Pöckl /Pögl (2006). Einige bedeutende Übersetzer werden behandelt bei Lapucci (1983, mit Textbeispielen). Eine knappe Übersicht zur Theorie der literarischen Übersetzung vermittelt Mattioli (1983). Zu den mittelalterlichen *volgarizzamenti* vgl. Buck/Pfister (1978) und Guthmüller (1989). Informationen zur Fachübersetzung in Mittelalter, Renaissance und früher Neuzeit finden sich bei Olschki (1919–27). Die Übersetzungstheorie im 18. und 19. Jh. behandelt Schwarze (2004), zum 18. Jh. vgl. auch Fanti (1980) und Schneiders (1995), zum 19. Jh. Filippi (1987). Über die Übersetzungspraxis im 18. und 19. Jh. informiert die Monographie von Mari (1994). Die Zeit des Faschismus wird bei Ferme (2002) aufgearbeitet.

Einblicke in die Übersetzungstheorien einzelner Autoren vermitteln Anthologien, die inzwischen in verschiedenen Sprachen vorliegen: Ein Klassiker ist Störig (1973), mit besonderer Berücksichtigung deutschsprachiger Autoren. Das Bändchen von Nergaard (1993) liest sich streckenweise wie eine italienische Kurzfassung von Störig. Breiter angelegt ist die überregional konzipierte Sammlung in spanischer Sprache von Vega (1994), während sich Horguelin (1981) ganz auf den französischen Sprachraum konzentriert. Ein ausführlicher Reader in englischer Sprache, mit biographischen Informationen zu den behandelten Autoren, ist Robinson (1997).

Unentbehrliche Hilfsmittel zu historischen Untersuchungen der Übersetzungspraxis sind Übersetzungsbibliographien, auch wenn keine von ihnen Lückenlosigkeit für sich beanspruchen kann. Einschlägige Bibliographien liegen u. a. zu folgenden Ländern bzw. Sprachenpaaren vor: Frankreich (Chavy 1988; Van Bragt et al. 1995/96), Spanien (Santoyo 1996), Kanada (Delisle 1987), Deutschland (Rössig 1997); Französisch-Deutsch (Fromm 1950–53), Deutsch-Französisch (Bihl/Epting 1987), Italienisch-Deutsch (Hausmann 1992; Kapp et al. 2004), Italienisch-Französisch (Dotoli et al. 2001; Valin 2001). Zur Übersetzungstätigkeit nach dem Zweiten Weltkrieg vgl. den *Index translationum* (1948ff.).[4] Eine Zusammenstellung statistischer Daten zur Übersetzungsproduktion in Europa findet sich bei Barret-Ducrocq (1992).

---

[4] Inzwischen online konsultierbar unter: *http://www.unesco.org/culture/xtrans.*

Aufgaben

1. Wie unterscheidet sich der Übersetzungsbegriff der römischen Antike von unseren heutigen Vorstellungen? Informieren Sie sich hierüber anhand von Seele (1995: 102ff.)

2. Der auf Horaz zurückgehende Ausdruck *fidus interpres* wird bis heute immer wieder zitiert (vgl. z. B. den Titel des Sammelbandes Santoyo et al. 1989). Das Zitat, aus dem er stammt, ist in der Geschichte sehr unterschiedlich gedeutet worden. Lesen Sie dazu Albrecht (1998: 56ff.).

3. Welche Verben verwendete man im französischen Mittelalter zur Bezeichnung des Übersetzens? Wie sah man das Verhältnis zwischen Lateinisch und Volkssprache? Lesen Sie dazu die Ausführungen bei Buridant (1983: 96ff.).

4. Vergleichen Sie Etienne Dolets Abhandlung *La manière de bien traduire d'une langue en aultre* (1540, abgedruckt und kommentiert in Cary 1963) und Martin Luthers „Sendbrief vom Dolmetschen" (1530, abgedruckt in Störig 1973).

5. Wie werden die *belles infidèles* bei Stackelberg (1971) und Balliu (2002: 81ff.) bewertet? Wann endet nach Ansicht der beiden Autoren die Ära der *belles infidèles*? Lesen Sie weitere Literatur zu dieser Epoche (z. B. Zuber 1968 oder die Beiträge in Ballard/D'hulst 1996) sowie zu modernen Übersetzungen nach Art der *belles infidèles* (vgl. Robyns 1990).

6. Informieren Sie sich anhand von Münzberg (2003: 24ff.) über die Unterscheidung von *traduction* und *version* in der *Encyclopédie* von Diderot und d'Alembert. Vergleichen Sie mit den entsprechenden Einträgen in modernen einsprachigen Wörterbüchern. Schlagen Sie auch unter den dort angegebenen bedeutungsverwandten Ausdrücken nach.

7. Welches sind die übersetzungstheoretischen Grundideen der deutschen Romantik? Welche Relevanz haben diese heute noch? Lesen Sie zunächst die entsprechenden Primärtexte (besonders wichtig: Schleiermacher) bei Störig (1973) und anschließend die Darstellung von Berman (1984).

8. Schlagen Sie in einem etymologischen Wörterbuch des Deutschen (z. B. Kluge) die Wörter *Alchimie*, *Algebra*, *Algorithmus*, *Ziffer* und *Zucker* nach. Woher stammen diese Wörter? Wann und auf welchem Weg sind sie ins Deutsche gelangt? Welche Bedeutungsveränderungen haben sich ergeben? Vergleichen Sie die Ergebnisse mit den entsprechenden Einträgen in etymologischen Wörterbüchern des Spanischen, Französischen oder Italienischen.

9. Eine spanische Bibelübersetzung des 16. Jh. trägt den Titel *Habla Dios*. Überlegen Sie, welche Bewandtnis es mit diesem Titel haben könnte und lesen Sie anschließend die Informationen zum Verfasser dieser Bibelübersetzung, Francisco de Enzinas, bei Pym (1998b: 561).

10. Lesen Sie den Aufsatz von Santoyo (1989) zur Übersetzungstheorie im spanischen *Siglo de Oro* und beantworten Sie folgende Fragen: Mit welchem Werk beginnt nach Ansicht des Verfassers das *Siglo de Oro* der spanischen Literatur? Welche übersetzungstheoretischen Äußerungen finden sich in dem besagten Werk?

11. Informieren Sie sich anhand der Beiträge in Donaire/Lafarga (1991) über den Einfluss Frankreichs auf die spanische Sprache und Kultur im 18. Jh. Stellen Sie Vergleiche zu anderen Ländern an, insbesondere im Hinblick auf das Phänomen der „Übersetzungen aus zweiter Hand". Lesen Sie hierzu Stackelberg (1984).

12. Lesen Sie den Artikel „Übersetzungsforschung zu Lateinamerika" von Scharlau (2002a) und beantworten Sie folgende Fragen: Inwiefern kann man Lateinamerika als „Übersetzungskultur" bezeichnen? Warum ist der Forschungsgegenstand „Übersetzen in Lateinamerika" nach Ansicht der Autorin in doppelter Hinsicht „unterbelichtet"?

13. Informieren Sie sich anhand von Berschin (1980: 204ff.) über die mittelalterliche „Übersetzerschule von Neapel". Inwiefern ist es berechtigt, hierbei von einer „Schule" zu sprechen?

14. Folena bezeichnet Leonardi Brunis Verwendung von lat. *traducere* im Sinne von „übersetzen" als *neologismo semantico europeo*. Was ist damit gemeint? Lesen Sie hierzu Folena (1991: 69ff.).

15. Machen Sie sich auf der Basis der Informationen und Textausschnitte bei Lapucci (1983: 65ff.) ein Bild von Melchiorre Cesarottis *Ossian*-Übersetzung. Informieren Sie sich anhand von literaturgeschichtlichen Nachschlagewerken über den englischen Ausgangstext von James Macpherson und dessen Wirkung auf die Literaturen anderer europäischer Länder, z. B. Deutschland. Welche Rolle spielte die angebliche Herkunft des Textes dabei?

16. Lesen Sie Ferme (2002: 19ff.) und beantworten Sie folgende Fragen: Wie bewertet der Autor den Einfluss der Übersetzungen Paveses und Vittorinis auf die italienische Literatur? Wie haben sich Pavese und Vittorini selbst zu ihren Übersetzungen amerikanischer Autoren geäußert?

17. Besorgen Sie sich zwei der unter 1.5 angegebenen Anthologien zur Übersetzungstheorie und vergleichen Sie diese unter folgenden Gesichtspunkten: Welche Autoren sind in beiden Anthologien vertreten, welche nur in einer? Welche Länder sind besonders gut vertreten, welche weniger gut? Wie erklären Sie sich die Unterschiede?

18. Nehmen Sie Einsicht in eine der unter 1.5 angegebenen Übersetzungsbibliographien. Verschaffen Sie sich einen Überblick über einen bestimmten Zeitraum, z. B. ein Jahrhundert, und beantworten Sie folgende Fragen: Welche Textsorten und welche Autoren wurden besonders häufig übersetzt? Lassen die Titel der Übersetzungen auf die Übersetzungsmethode schließen?

2. Grundfragen der Übersetzungs- und Dolmetschwissenschaft

In diesem Kapitel sollen einige wichtige übersetzungs- und dolmetschwissenschaftliche Themen diskutiert werden, wobei Ansätze aus dem französischen, italienischen und spanischen Sprachraum im Mittelpunkt stehen (mit Vergleichen zur deutschsprachigen und englischsprachigen Translationswissenschaft). Berücksichtigt werden dabei, im Anschluss an Kap. 1, Autoren des 20. und beginnenden 21. Jh., darunter auch einige, die – wenn man davon ausgeht, dass die Übersetzungswissenschaft als eigenständige Disziplin in der zweiten Hälfte des 20. Jh. entstand (vgl. Kap. 2.1) – noch zur „vorwissenschaftlichen" Übersetzungstheorie gerechnet werden können. Der thematische Schwerpunkt liegt auf sprachenpaarunabhängigen Fragestellungen. Sprachenpaarbezogene Probleme des Übersetzens werden in Kap. 3 behandelt.

2.1 Etablierung des Faches

Die *Übersetzungswissenschaft* als eigenständige Disziplin, d.h. nicht als Teilgebiet einer anderen Wissenschaft (speziell der Linguistik) etablierte sich in den sechziger bis achtziger Jahren des 20. Jh.; die *Dolmetschwissenschaft* folgte in den neunziger Jahren. Die Argumente dafür, dass eine Konzeption der Übersetzungs- und Dolmetschwissenschaft als *angewandte Sprachwissenschaft* zu eng ist, liegen vor allem im kulturellen Bereich: Zwar machen sprachliche Probleme einen Großteil der tatsächlich vorkommenden Übersetzungsprobleme aus, aber die – je nach Textsorte – unterschiedlichen kulturellen (z. B. literarischen, landeskundlichen oder juristischen) Aspekte des Übersetzens und Dolmetschens können von einer rein sprachwissenschaftlich ausgerichteten Disziplin nicht erfasst werden. Dennoch sind die Grenzen zu benachbarten Disziplinen – insbesondere Sprach-, Literatur- und Kulturwissenschaft(en) – fließend, so dass z. B. Mary Snell-Hornby (1996: 61) die *Translationswissenschaft* (Übersetzungs- und Dolmetschwissenschaft) als *Interdisziplin* bezeichnet.[1] Praktische Argumente für eine (relative) Eigenständigkeit der Translationswissenschaft liegen m. E. in der Notwendigkeit einer eigenen, wissenschaftlich begründeten Methodik für die Übersetzer- und Dolmetscherstudiengänge und in der Ausbildung eines eigenen wissenschaftlichen Nachwuchses (Schreiber 2003: 195).

Als „Geburtsurkunde" der Übersetzungswissenschaft kann im internationalen Kontext das Buch *Toward a Science of Translating* von Eugene A. Nida (1964) betrachtet werden, das zwar primär der Bibelübersetzung gewidmet ist, aber darüber hinaus (nicht zuletzt auch durch seinen programmatischen Titel) zur Etablierung der gesamten Disziplin entscheidend beigetragen hat (Prunč 2001: 107). Zur Benennung der Disziplin hat sich im Englischen inzwischen der Terminus *translation studies* eingebürgert, der zuweilen auch die Dol-

---

[1]   Zu verschiedenen Ausprägungen dieser Interdisziplinarität vgl. Kaindl (2004: 60ff.).

metschwissenschaft (*interpreting studies*) mit einschließt. So decken die Kongresse der *European Society for Translation Studies* (EST) „the whole range of ,Translation', both oral and written" ab (Hansen et al. 2004: Klappentext).

Im deutschen Sprachraum erschienen die ersten Einführungen in die *Übersetzungswissenschaft*, die sich als solche deklarierten (aber noch stark linguistisch geprägt waren), Ende der siebziger Jahre (Wilss 1977; Koller 1979). Noch wenige Jahre zuvor hatte Gert Jäger (1975), ein Vertreter der „Leipziger Schule", explizit von *Translationslinguistik* gesprochen. Die „Abnabelung" von der Linguistik fand dann in den achtziger Jahren statt, besonders dezidiert im Rahmen der *Skopostheorie* (Reiß/Vermeer 1984), die nicht nur den Übersetzungszweck (Skopos) in das Zentrum des Interesses rückte, sondern auch betonte, dass Übersetzen und Dolmetschen nicht nur ein sprachlicher, sondern immer auch ein kultureller Transfer sei (1984: 4). Die erste Einführung in die Disziplin, die sich auch terminologisch zu einer umfassenden *Translationswissenschaft* bekannte, erschien jedoch erst über 15 Jahre später an der Universität Graz (Prunč 2001). Seit Anfang der neunziger Jahre wird zudem der Ausdruck *Dolmetschwissenschaft* „mehr oder weniger selbstbewußt verwendet" (Pöchhacker 2000: 75), wobei nicht immer klar ist, ob es sich dabei um eine eigenständige Disziplin oder um eine Teildisziplin der Translationswissenschaft handelt. Ein gegenläufiger Trend zu den genannten Emanzipierungsbestrebungen zeigt sich in jüngster Zeit: Befürworter einer Wiederannäherung an die Sprach- und Literaturwissenschaft bevorzugen den Terminus *Übersetzungsforschung* (Greiner 2004; Albrecht 2005), der bisher vor allem im Rahmen von historisch-deskriptiven Studien auf der Basis der vergleichenden Literaturwissenschaft verwendet worden war (Lorenz 1996: 555f.). Die terminologische „Unübersichtlichkeit" im deutschsprachigen Raum ist wohl ein Anzeichen dafür, dass sich die relativ junge Disziplin der Übersetzungs- und Dolmetschwissenschaft bisher noch nicht wirklich konsolidiert hat, obwohl die Veröffentlichung von kumulativen Nachschlagewerken wie dem *Handbuch Translation* (Snell-Hornby et al. 1998) nach Ansicht von Prunč (2001: 301) auf eine solche Konsolidierung hindeutet.

In der Romania ging man bei der Etablierung der Disziplin terminologisch und inhaltlich z.T. eigene Wege. Analog zur Situation in Deutschland betrachtete der Linguist Georges Mounin, einer der Pioniere der Übersetzungswissenschaft im französischen Sprachraum, die wissenschaftliche Erforschung des Übersetzens noch Mitte der siebziger Jahre als „branche de la linguistique" (Mounin 1976: 198). Auf die Einführung eines eigenen Terminus zur Bezeichnung dieses Forschungsgebietes verzichtete Mounin. An der Pariser ESIT verwendete man dagegen bereits seit 1974, als unter der Federführung von Danica Seleskovitch ein Promotionsstudiengang für die Erforschung des Dolmetschens und Übersetzens eingeführt wurde, den Terminus *traductologie* als Oberbegriff für Dolmetsch- und Übersetzungswissenschaft. Eine der ersten Absolventinnen dieses Promotionsstudiengangs war Marianne Lederer, die neben Seleskovitch zur bekanntesten Vertreterin der *théorie du sens* wurde. Diese im Grunde relativ simple Theorie, bei der der Schwerpunkt auf der freien Neuformulierung des von den ausgangssprachlichen Strukturen losgelösten Sinns in der Zielsprache liegt, wurde zunächst anhand des Dolmetschens entwickelt (vgl. Kap. 2.7) und erst später auf das Übersetzen angewandt (vgl. Kap. 2.3), wie auch der Titel einer gemeinsamen Monographie von Seleskovitch und Lederer, *Interpréter pour traduire* (1984), nahelegt. Durch eine ausgeprägte „Abstinenz von der Linguistik" (Pöchhacker 2000: 70) wurde die *traductologie* an der ESIT von Anfang an als eigenständige Disziplin konzipiert, auch wenn einzelne Vertreter der *théorie du sens* eine stärkere Anbindung an die Linguistik, speziell an die Soziolinguistik, propagierten (Pergnier 1978).

Im Spanischen gebraucht man häufig, nach Vorbild von frz. *traductologie*, den Terminus *traductología* zur Bezeichnung der Übersetzungswissenschaft (heute auch unter Einbeziehung des Dolmetschens). Eine erste *Introducción a la traductología* erschien bereits 1977 in den USA (Vázquez-Ayora 1977). Die Autorin der derzeit umfassendsten spanischen Einführung in die Übersetzungs- und Dolmetschwissenschaft, Amparo Hurtado Albir, verwendet ebenfalls den Terminus *traductología* im Titel ihrer Monographie, weist jedoch auf konkurrierende Termini wie etwa *estudios sobre la traducción* – nach dem Vorbild von engl. *translation studies* – hin (Hurtado Albir 2001: 133ff.).

In Italien gehörte Rosanna Masiola Rosini von der Universität Triest zu den ersten, die den Terminus *scienza della traduzione* in Abgrenzung zur vorwissenschaftlichen *teoria della traduzione* verwendete (Masiola Rosini 1988: 101). Nur ein Jahr später schlug Antonio Bonino im zweiten Band seines Handbuches *Il traduttore* den Terminus *translatica* als Kurzbezeichnung der *scienza della traduzione* vor (Bonino 1989: 409). Dieser Neologismus konnte sich aber nicht durchsetzen. Heute findet man häufig, analog zum Französischen und Spanischen, den Ausdruck *traduttologia*, so z. B. in mehreren Beiträgen des interdisziplinär konzipierten Sammelbandes *Tradurre: Un approccio multidisciplinare* (Ulrych 1997). Um gerade diesen interdisziplinären Charakter zu unterstreichen und auch das Dolmetschen explizit einzubeziehen, spricht sich Lorenza Rega für einen weiter gefassten Terminus aus und schlägt die Pluralform *scienze della traduzione e dell'interpretazione* vor (Rega 2001: 11f.).

Man könnte den hier referierten terminologischen Zwist mit einem Lächeln quittieren, wenn er nicht auch mit weitreichenden inhaltlichen Unterschieden verbunden wäre. Uneinigkeit besteht z. B. über die Aufgaben der wie auch immer bezeichneten Disziplin. Jean-René Ladmiral vom Pariser ISIT sieht z. B. die Hauptaufgabe der *traductologie* in der Bereitstellung von Lösungsvorschlägen für die Übersetzungsdidaktik bzw. die Übersetzungspraxis:

> En tant que traductologue – et *a fortiori* en tant que traducteur – mon problème n'est pas tant de savoir ce que j'ai fait, ou ce que d'autres ont fait, que de savoir ce que je vais faire, c'est-à-dire de trouver une solution aux problèmes de traduction auxquels je me trouve confronté. (Ladmiral 1999: 38)

Diese von ihm selbst bevorzugte Variante der Übersetzungswissenschaft, die er auch als *traductologie productive* bezeichnet, grenzt Ladmiral von der essayistischen *traductologie prescriptive* und der linguistischen *traductologie descriptive* ab (letzterer Terminus ist etwas irreführend), die er beide für überholt ansieht, sowie von einer kognitionspsychologisch orientierten *traductologie inductive*, deren Zeit noch nicht gekommen sei (Ladmiral 1997).

Der Belgier José Lambert zieht dagegen eine Trennungslinie zwischen einem theore-tisch-normativen Ansatz und einem historisch-deskriptiven Ansatz, wie er ihn selbst vertritt und mit ihm weitere Übersetzungswissenschaftler, die im Rahmen der *descriptive trans-lation studies* Untersuchungen zur Geschichte der literarischen Übersetzung anstellen (vgl. etwa Toury 1995). Dem theoretisch-normativen Ansatz wirft er eine zu starke Einengung des Übersetzungsbegriffs vor:

> Ce qui ne répond pas à l'idéal de la fidélité, de l'exactitude, etc. n'est plus digne du nom de „tra-duction" cautionné par l'usage; on confond donc „traduction" et „bonne traduction". (Lambert 1978: 238)

Für historische Untersuchungen ist ein normativer, an heutigen Qualitätsvorstellungen aus-gerichteter Übersetzungsbegriff tatsächlich zu starr, da man zu unterschiedlichen Epochen sehr unterschiedlich übersetzt hat, wie wir in Kap. 1 gesehen haben. In der Übersetzungs-didaktik (vgl. Kap. 2.8) wird man dagegen ohne normative Qualitätsanforderungen nicht auskommen. Die zitierten Unterschiede hängen also mit dem jeweiligen Anwendungs-bereich der Übersetzungswissenschaft zusammen.

Divergierende Ansichten gab und gibt es auch zu der Frage, inwieweit die Linguistik für das Problem der Übersetzung zuständig sei. Gegen einen linguistischen Zugang haben sich vor allem Theoretiker der literarischen Übersetzung ausgesprochen (hierzu vgl. Kap. 2.4). Auch ehemalige Vertreter eines linguistischen Zugangs äußern sich heute skeptisch. Louis Truffaut, langjähriger Direktor der Genfer ETI (*Ecole de Traduction et d'Interprétation*), der noch Anfang der achtziger Jahr eine Monographie mit dem Titel *Problèmes linguistiques de traduction* publizierte (Truffaut 1983), führt in seinem 1997 erschienenen Buch *Traducteur tu seras*, das zehn „Gebote" für den angehenden Übersetzer enthält, gleich als erstes Gebot auf: „Linguistique et traduction tu distingueras" (Truffaut 1997: 13ff.). Ähnlich skeptisch, wenn auch nicht ganz so radikal, äußert sich der italieni-sche Übersetzungswissenschaftler Antonio Bonino, der der Linguistik nur den Status einer Hilfswissenschaft zuweist: „La translatica è scienza linguistica solo in quanto la conoscenza linguistica è premessa necessaria per l'eruizione totale del senso dell'originale" (Bonino 1989: 410). Unbestreitbar dürfte sein, dass sich Sprach- und Übersetzungswissenschaft in ihrer Zielsetzung unterscheiden, wie Truffaut zu Recht betont: „Car fondamentalement, la finalité de la linguistique est différente de celle de la traduction" (1997: 15). Die Linguistik bezieht sich primär auf die Ebene des Sprachsystems, die *langue*, während das konkrete Übersetzen in der *parole* abläuft. Dennoch kann sicherlich gerade die kontrastive Linguistik (d.h. der Sprachvergleich) hilfreich für das Übersetzen und Dolmetschen sein, vor allem wenn sie zu einer lösungsorientierten, *sprachenpaarbezogenen Translationswissenschaft* (Schreiber 2004a) ausgebaut wird (hierzu vgl. Kap. 3). Für eine stärkere „Relinguistisie-rung der Übersetzungswissenschaft" plädieren in jüngster Zeit vor allem Jörn Albrecht (2004) und Lew Zybatow (2004).

Als Beispiele für linguistisch orientierte Arbeiten romanischer Übersetzungswissen-schaftler seien exemplarisch folgende Monographien genannt: Ein relativ isolierter Ansatz einer linguistisch fundierten Übersetzungstheorie ist Georges Garniers Buch *Linguistique et traduction* (1985), das auf der in Frankreich immer noch recht populären, psychologistischen Sprachwissenschaft Gustave Guillaumes basiert. Im Spanien sind vor allem die Arbeiten Valentín García Yebras zu nennen, insbesondere die zweibändige Monographie *Teoría y práctica de la traducción* (1982), in der neben theoretischen Aspekten zahlreiche sprachenpaargebundene Übersetzungsprobleme diskutiert werden. In Italien vertritt vor allem Enrico Arcaini einen linguistisch orientierten Ansatz, z. B. in dem Band *Analisi linguistica e traduzione* (1986).

Abschließend sei betont, dass die verschiedenen Ausrichtungen der Übersetzungswissenschaft einander nicht ausschließen, wie das bei einigen Autoren scheint, sondern sich m. E. gegenseitig ergänzen. Sie können verschiedenen Teilbereichen der Gesamtdisziplin zugeordnet werden, die wiederum unterschiedliche Ziele verfolgen. So unterscheidet Amparo Hurtado Albir (2001: 146), im Anschluss an einen Vorschlag von James S. Holmes (1988: 67ff.), drei Teildisziplinen der *traductología: estudios teóricos* (hierzu kann man insbesondere die verschiedenen Ansätze der allgemeinen Übersetzungstheorie rechnen, die nicht auf ein bestimmtes Sprachenpaar beschränkt sind), *estudios descriptivos* (hierzu gehört insbesondere die historisch-deskriptive Übersetzungswissenschaft) und *estudios aplicados* (hierzu kann u. a. die sprachenpaarbezogene Übersetzungswissenschaft gezählt werden). Bei einer solchen Konzeption der Übersetzungswissenschaft werden die verschiedenen Ansätze zwar nicht völlig eingeebnet (das wäre auch nicht sinnvoll), aber sie erscheinen als unterschiedliche, gleichermaßen legitime Schwerpunktsetzungen innerhalb eines gemeinsamen Rahmens.

Es soll jedoch nicht verschwiegen werden, dass es Ansätze der Übersetzungstheorie gibt, die den Rahmen einer wissenschaftlichen Beschäftigung mit der Übersetzung überschreiten. Hierzu gehören meiner persönlichen Auffassung zufolge insbesondere einige philosophische Ansätze, wie etwa die Äußerungen des Philosophen Jacques Derrida zum Übersetzen (vgl. z. B. Derrida 1985 und 2004). „Dekonstruktivisten" wie Derrida hinterfragen Dinge, die einem philosophisch unbedarften Leser selbstverständlich erscheinen mögen. Das folgende Zitat aus dem Buch *Contemporary Translation Theories* von Edwin Gentzler vermittelt einen ersten Eindruck des dekonstruktivistischen Herangehens an das Problem der Übersetzung:

> Questions being posed by deconstructionists include the following: What if one theoretically reversed the direction of thought and posited the hypothesis that the original text is dependent upon the translation? What if one suggested that, without translation, the original ceased to exist [...]? What if the "original" has no fixed identity that can aesthetically or scientifically be determined but rather changes each time it passes into translation? What exists *before* the original? An idea? A form? A thing? Nothing? (Gentzler 2001: 145)

Um nicht missverstanden zu werden: Ich halte die hier von Gentzler referierten Fragen nach den letzten (oder vielmehr ersten) Dingen des Übersetzens nicht etwa für illegitim. Es handelt sich allerdings um genuin philosophische Fragen, die m. E. mit wissenschaftlichen Methoden nicht beantwortet werden können, sondern im Rahmen einer philosophischen

Übersetzungstheorie diskutiert werden müssten, die der Translationswissenschaft „vorgeschaltet" wäre.

2.2 Das Problem der Übersetzbarkeit

Eine philosophisch wie übersetzungswissenschaftlich gleichermaßen relevante Grundfrage der allgemeinen Übersetzungstheorie, die bereits vor der Etablierung der Übersetzungswissenschaft intensiv diskutiert wurde, ist das Problem der *Übersetzbarkeit*, d.h. die Frage: Ist Übersetzen überhaupt möglich? Der eben erwähnte Philosoph Jacques Derrida hielt diese Frage offenbar für unlösbar – oder auch falsch gestellt: „Or je ne crois pas que rien soit jamais intraduisible – ni d'ailleurs traduisible" (Derrida 2004: 563). Andere Autoren haben klarer Stellung bezogen. Im Italien des frühen 20. Jh. vertrat der seinerzeit sehr einflussreiche Philosoph und Sprachwissenschaftler Benedetto Croce die These von der theoretischen Unmöglichkeit des Übersetzens. Diese These ergibt sich geradezu zwingend aus Croces Sprachtheorie. Wie Croce in seinem Hauptwerk mit dem programmatischen Titel *Estetica come scienza dell'espressione e linguistica generale* (Croce 1902) ausführt, ist das Wichtigste an einem Text (wobei er sich hauptsächlich auf literarische Texte bezieht) die individuelle, unverwechselbare Ausdrucksabsicht des Autors (*l'espressione*). Da diese Individualität beim Übersetzen nicht erhalten werden könne, sei Übersetzen nicht möglich:

> Cette impossibilité des traductions se présente comme un corollaire des théories esthétiques de B. Croce et est déterminée par la nature même de ce que l'on doit traduire, c'est-à-dire l'expression d'un individu. (Filippi 1993: 33)

Auch wenn diese These heute wohl von niemandem mehr in dieser Radikalität vertreten wird, macht sie doch eines deutlich: Übersetzbarkeit ist abhängig von den *Invarianten* des Übersetzens, d.h. von denjenigen Merkmalen, die beim Übersetzen erhalten bleiben sollen. Und wenn man, wie Croce, vom Übersetzer verlangt, ein Merkmal zu erhalten, das untrennbar mit dem Ausgangstext verknüpft ist, dann ist Übersetzen tatsächlich nicht möglich. Aus dem folgenden Zitat Croces aus einem seiner späteren Werke, *La poesia* (erschienen 1936, Teilabdruck in Nergaard 1993), geht noch einmal besonders deutlich die Abhängigkeit der Übersetzbarkeit von den betreffenden Invarianten hervor (hier nennt Croce formgebundene Invarianten wie Klang und Rhythmus). Ferner präzisiert Croce, auf welche Gattungen sich seine Theorie der Unübersetzbarkeit bezieht, nämlich auf Poesie und literarische Prosa:

> La prosa letteraria, come ogni altra forma di letteratura, ha di più un'elaborazione di carattere estetico, che pone al tradurre lo stesso non superabile ostacolo che gli pone la poesia. Platone e Agostino, Erodoto e Tacito, Giordano Bruno e Montaigne non sono a rigore traducibili, perché nessun altro linguaggio può rendere il colorito e l'armonia, il suono e il ritmo dei linguaggi loro propri. Anch'essi, in quanto scrittori, richiedono, come i poeti, una ri-creazione, che li faccia rivivere nell'intraducibile loro tono personale. (Croce 1993 [1936]: 217)

Auch andere Autoren halten literarische Texte, insbesondere Gedichte, für im engeren Sinne unübersetzbar, z. B. der mexikanische Schriftsteller Octavio Paz: „El poema es una totalidad viviente, hecha de elementos irremplazables. La verdadera traducción no puede ser así sino re-creación" (zit. nach Ruiz Casanova 2000: 521). Wenn Croce und Paz postulieren, bei literarischen Werken, speziell bei Gedichten, sei wegen deren individuellen Charakters keine Übersetzung im engeren Sinne möglich, sondern nur eine Nachbildung (*ri-creazione, re-creación*), so machen sie ihre Theorien quasi immun gegenüber dem naheliegendem Einwand, dass es doch zahlreiche „real existierende" Übersetzungen literarischer Texte gibt: Dabei kann es sich eben nur um Nachbildungen handeln.

Ein weiteres, noch tiefergreifendes Argument gegen die Möglichkeit des Übersetzens liefert die *Sapir-Whorf-Hypothese*. Diese auch als *sprachliches Relativitätsprinzip* bezeichnete Hypothese besagt in ihrer strengen Form, dass das Denken von der eigenen Muttersprache determiniert werde und Übersetzen dementsprechend unmöglich sei (kritisch hierzu vgl. Koller 1992: 172ff.). Ein romanischer Autor, bei dem sich vergleichbare Äußerungen finden, ist der spanische Schriftsteller Miguel de Unamuno, für den sein eigenes Denken untrennbar mit seiner Muttersprache verbunden ist:

> [...] empecé diciendo que en otras lenguas podré, aunque sea mal, vestir mi pensamiento; pero que sólo en la mía, en la lengua española, puedo desnudarlo – como que mi pensamiento es lengua española que en mí piensa. (zit. nach López Folgado 1998: 71)

Unamuno zog hieraus übrigens nicht die Schlussfolgerung, das Übersetzen prinzipiell abzulehnen. Im Gegenteil: Er übersetzte selbst zahlreiche Bücher, wenn auch „nur" zum Broterwerb (Santoyo 1998: 160).

Ausführlicher und differenzierter als die bisher zitierten Autoren hat sich der Linguist und Übersetzungswissenschaftler Georges Mounin mit dem Problem der Übersetzbarkeit auseinandergesetzt. In seiner Studie *Les problèmes théoriques de la traduction* gelangt Mounin nach der Auseinandersetzung mit verschiedenen linguistisch orientierten Ansätzen zu einem Begriff der relativen Übersetzbarkeit:

> Au lieu de dire, comme les anciens praticiens de la traduction, que la traduction est toujours possible ou toujours impossible, toujours totale ou toujours incomplète, la linguistique contemporaine aboutit à définir la traduction comme une opération, relative dans son succès, variable dans les niveaux de la communication qu'elle atteint. (Mounin 1963: 278)

Andere Autoren haben spezifiziert, in Bezug auf welche Invarianten Übersetzbarkeit gegeben sei. Der italienische Übersetzungswissenschaftler Antonio Bonino gehört z. B. den Vertretern des *Axioms der Ausdrückbarkeit* (hierzu vgl. Koller 1992: 182f.), d.h. er geht davon aus, dass sich der *Inhalt* einer Aussage grundsätzlich in jeder Sprache ausdrücken und damit auch übersetzen lässt: „La translatica si fonda sul presupposto che è sempre possibile trasferire da una lingua all'altra il contenuto di qualsiasi messaggio, qualunque ne sia la forma linguistica" (Bonino 1989: 410f.).

Ob auch Elemente der *Form* übersetzbar sind (z. B. Lautkorrespondenzen in Gedichtübersetzungen), hängt von verschiedenen Faktoren ab. Celestina Milani weist darauf hin,

dass der Grad der Übersetzbarkeit abnimmt, je zentraler die Rolle ist, die phonetisch-pho-
nologische Faktoren im Ausgangstext spielen:

> Concludendo, è più facile che un testo poetico, non legato unicamente alla dimensione fonetico-
> fonologica, mantenga la *vis* poetica nella traduzione che un testo poetico legato al momento
> fonetico-fonologico. (Milani 1989: 112)

Wie wir in Kap. 3.1 sehen werden, spielt hierbei auch das Sprachenpaar, insbesondere die
strukturelle Ähnlichkeit von Ausgangs- und Zielsprache, eine wichtige Rolle. Unabhängig
vom Sprachenpaar gilt selbstverständlich, dass eine vollständige Reproduktion der formalen Struktur des Ausgangstextes unmöglich ist und daher auch von einer Übersetzung nicht
verlangt werden kann, wie der spanische Übersetzungswissenschaftler Valentín García
Yebra zu Recht betont: „Si la traducción tuviera que reproducir todos los detalles de la
estructura formal léxica, morfológica y sintáctica del texto, sería, en efecto, imposible"
(García Yebra 1982: 34). Aus dieser Einsicht hat bereits in den fünfziger Jahren der Exil-
Russe Edmond Cary den Schluss gezogen, dass jeder Übersetzer eine Auswahl aus den zu
erhaltenden Elementen des Ausgangstextes treffen müsse: „La nécessité d'une traduction
implique la nécessité d'un choix" (Cary 1956: 180). In Termini der deutschsprachigen
Übersetzungswissenschaft spricht Jörn Albrecht im Zusammenhang mit der *Adäquatheit*
(Angemessenheit) der Übersetzungsmethode von einer *Hierarchie der Invarianzforderungen*, die jeder Übersetzer in Abhängigkeit von der Wichtigkeit der einzelnen Invarianten
aufstelle, „wohl wissend, daß nicht alles zugleich bewahrt werden kann" (1998: 266).

2.3 Übersetzungsmethoden – Übersetzungsverfahren – Übersetzungsprozess

Die oben referierte Einsicht, dass der Übersetzer immer eine Auswahl aus den potenziellen
Invarianten treffen muss, ist allerdings noch nicht ausreichend für die Entscheidung, *welche*
Auswahl er im Einzelfall trifft, d.h. welche *Übersetzungsmethode* er anwendet. Nachdem
im 17. und 18. Jh. die Vertreter des *einbürgernden*, an den Normen von Zielsprache und
Zielkultur orientierten Übersetzens die Oberhand hatten und im 19. Jh. Forderungen nach
einer *verfremdenden* Übersetzung (mit Orientierung an den ausgangssprachlichen Strukturen) laut wurden, ging die Diskussion um Einbürgerung und Verfremdung im 20. Jh. weiter. Zwar überwog in der Praxis nun wieder das einbürgernde Übersetzen, wenn auch meist
nur auf sprachlicher, nicht auf kultureller Ebene (d.h. mit Anpassung an zielsprachliche
Normen, aber ohne Verpflanzung des gesamten Textes in die Zielkultur), aber einzelne
Autoren setzten sich nach wie vor für eine sprachlich verfremdende Übersetzungsmethode
ein. Der prominenteste Vertreter dieser Übersetzungsmethode im romanischen Raum war
der spanische Philosoph José Ortega y Gasset, der in seinem (zuerst 1937 in Brasilien erschienenen) Essay *Miseria y esplendor de la traducción* forderte, der Übersetzer müsse die
Strukturen des Ausgangstextes in der Zielsprache nachbilden, und zwar „al extremo de lo
inteligible" (Ortega y Gasset 1957: 88). Dabei ist zu bedenken, dass Ortega sich auf philo-

sophische und literarische Texte bezieht, d.h. auf Texte, bei denen eine verfremdende Übersetzung bereichernd für die Zielsprache wirken kann; bei anderen Textsorten (man denke etwa an Fach- oder Werbetexte) wäre eine verfremdende Übersetzung kaum sinnvoll (Ortega Arjonilla 1998: 115). Die gleiche Beschränkung gilt im Übrigen für andere Verfechter der verfremdenden Übersetzungsmethode, wie z. B. den Amerikaner Lawrence Venuti (1995; vgl. Schäffner 1995: 4f.).

Einen wichtigen Beitrag zur Präzisierung und Versachlichung der Diskussion hat Georges Mounin in seiner frühen, immer noch lesenswerten Monographie *Les belles infidèles* geleistet: Im Hinblick auf die historisch-deskriptive Analyse bestehender Übersetzungen unterscheidet er mehrere Teilklassen der einbürgernden und verfremdenden Übersetzungsmethode, je nachdem, ob die Einbürgerung (bei ihm metaphorisch *les verres transparents* genannt) bzw. die Verfremdung (*les verres colorés*) auf sprachlicher, kultureller oder chronologischer Ebene stattfindet (Mounin 1955: 109ff.). Die Wahl der jeweiligen Übersetzungsmethode ist für Mounin also primär historisch bedingt. Er vermeidet es daher, sich zugunsten einer einzigen Methode auszusprechen. Dies tut auch über 40 Jahre später der französische Linguist Jean Peeters, der zudem darauf hinweist, dass sich jede Übersetzung zwischen den beiden Polen der Einbürgerung (bei ihm *ethnocentrisme* genannt) und der Verfremdung (bei ihm als *interférence* bezeichnet) bewegen müsse, da ansonsten gar keine Übersetzung möglich sei: „L'ethnocentrisme absolu reviendrait à une absence de traduction et l'interférence totale à une disparition de l'identité sociale, source de traduction" (Peeters 1999: 325).

Eindeutig für eine sprachlich einbürgernde Übersetzung spricht sich dagegen Jean-René Ladmiral in seinem Aufsatz „Sourciers et ciblistes" aus,[2] in dem er den Übersetzer explizit als *réécrivain* bezeichnet (Ladmiral 1993: 297). Das erinnert an den funktionalistischen Translationswissenschaftler Hans J. Vermeer, der den Übersetzer ebenfalls als „Ko-Autor" (1987: 543) betrachtet. Auch Radegundis Stolze weist auf diese Parallele hin: „Sein [Ladmirals] zielsprachenzugewandtes Übersetzen trifft sich mit dem der Funktionalisten, die gleichfalls eine strikte Orientierung an den Ausgangstexten ablehnen" (Stolze 2001: 231). Allerdings findet sich bei Ladmiral weder ein Bekenntnis zur zentralen Rolle der Übersetzungsfunktion, wie in der *Skopostheorie* (Reiß/Vermeer 1984), noch eine Ausrichtung der Übersetzungsmethode an der Textfunktion bzw. dem Texttyp, wie in den älteren Arbeiten von Katharina Reiß (1971). Originell ist dagegen der Vorwurf, den Ladmiral den Befürwortern des verfremdenden Übersetzens in einem späteren Aufsatz macht: „[...] le littéralisme, que prônent lesdits ‚sourciers', n'est en réalité très souvent chez le traducteur qu'une forme de *régression* face à une difficulté insurmontée" (Ladmiral 1999: 45). Tatsächlich ist in vielen Fällen schwer zu entscheiden, ob ein Übersetzer, der die Strukturen des Ausgangstextes im Zieltext relativ wörtlich nachgebildet hat, bewusst einen Verfremdungszweck erzielen wollte oder ob er lediglich einem Übersetzungsproblem ausgewichen ist und eine Umstrukturierung gescheut hat (wie Ladmiral suggeriert).

---

[2] Zur Terminologie: die *sourciers* orientieren sich an den Strukturen der Ausgangssprache (*langue source*), die *ciblistes* an den Normen der Zielsprache (*langue cible*).

Ein radikaler *cibliste* und – im Unterschied zu Ladmiral – auch ein eindeutiger Funktionalist ist Daniel Gouadec von der Universität Rennes. In dem berufspraktisch ausgerichteten Handbuch *Profession: traducteur* beschreibt er die Anforderungen an eine Übersetzung folgendermaßen (wobei er sich vor allem, wenn auch nicht ausschließlich, auf Fachübersetzungen bezieht):

> [...] le **produit** résultant de l'activité du traducteur – la **traduction** – doit répondre, dans son contenu et dans sa forme:
> - aux besoins de l'utilisateur et aux contraintes de ses utilisations [...]
> - aux objectifs de celui qui fait traduire (vendre, convaincre, amuser, mettre en garde, gagner de l'argent, permettre d'utiliser, etc.)
> - mais aussi aux usages, normes et conventions applicables [...] (Gouadec 2002: 9f.)

Die hier von Gouadec propagierte konsequente Ausrichtung der Übersetzungsmethode an den Bedürfnissen und Intentionen der von der Übersetzung profitierenden Personen (Adressat und Auftraggeber) erinnert an den in der deutschsprachigen Übersetzungswissenschaft von Christiane Nord (1989) eingeführten Begriff der *Loyalität*. Nord nennt allerdings in diesem Zusammenhang als Gegengewicht zu den in der Zielkultur verankerten Personen noch den Verfasser des Ausgangstextes, der vor allem für literarische Übersetzungen relevant ist. Dies tut auch der Italiener Franco Buffoni, der sich dabei auf Gedichtübersetzungen bezieht. Ähnlich wie Nord schlägt Buffoni vor, den textbezogenen Begriff der Treue (*fedeltà*) durch den Begriff der Loyalität (*lealtà*) – bei ihm beschränkt auf die durch den Übersetzer vermittelte Beziehung zwischen Autor und Leser – zu ersetzen: „Una lealtà che dovrebbe permettere al poeta traduttore di esercitare la propria funzione di ponte tra l'autore e il lettore in modo nitidamente libero" (Buffoni 1989a: 111). Andere Autoren haben die Loyalität gegenüber dem Übersetzer selbst ins Spiel gebracht (Prunč 1997: 113; Pym 1997: 91; Kautz 2000: 56f.).

Ein Autor, der einen Kompromiss zwischen einbürgerndem und verfremdendem Übersetzen (genauer gesagt: eine Wahl der Vorgehensweise je nach Übersetzungsproblem) anstrebt, ist der italienische Semiotiker und Schriftsteller Umberto Eco, der sich wiederum primär auf literarische Übersetzungen bezieht:

> Di fronte alla domanda se una traduzione debba essere *source* o *target oriented*, ritengo che non si possa elaborare una regola, ma usare i due criteri alternativamente, in modo molto flessibile, a seconda dei problemi posti al testo a cui ci si trova di fronte. (Eco 1995: 125)

Mit dem Verweis auf einzelne Übersetzungsprobleme schlägt Eco einen Bogen von der *Übersetzungsmethode*, die im Prinzip auf den gesamten Text angewandt werden kann (z. B. kann man einen Zieltext konsequent an zielsprachliche Normen anpassen) und den einzelnen *Übersetzungsverfahren*, bei denen es sich um Lösungsmöglichkeiten für konkrete Übersetzungsprobleme handelt und die nur auf einzelne Übersetzungseinheiten anwendbar sind (z. B. kann man zwar einzelne Wörter entlehnen, d.h. im Zieltext beibehalten, aber nicht den gesamten Text).[3]

Nun zu den Übersetzungsverfahren im Einzelnen: Bekanntheit erlangt hat vor allem die von Vinay und Darbelnet am Beispiel des Sprachenpaars Englisch-Französisch entwickelte Klassifikation der *procédés techniques de la traduction* innerhalb der *stylistique comparée* (einer frühen Form der kontrastiven Linguistik mit Übersetzungsbezug).[4] Alfred Malblanc hat das Analyseschema auf das Sprachenpaar Deutsch-Französisch übertragen. Ich gebe im Folgenden eine Übersicht der Übersetzungsverfahren der *stylistique comparée*, auf der Basis von Vinay und Darbelnet (1958: 46ff.) und Malblanc (1968: 25ff.), ergänzt durch deutsche Termini und Definitionen und z.T. durch eigene Beispiele:

Procédés techniques de la traduction (Übersetzungsverfahren):

A. *Traduction directe* (wörtliche Übersetzungsverfahren):
1. *emprunt* (Entlehnung): weitgehend unveränderte Übernahme eines Ausdrucks, ggf. graphisch angepasst, z. B. engl. *weekend* > frz. *week-end*
2. *calque* (Lehnübersetzung): Glied-für-Glied-Übersetzung eines komplexen Ausdrucks, z. B. frz. *assemblée nationale* > dt. *Nationalversammlung*
3. *traduction littérale* (wörtliche Übersetzung): Beibehaltung der Wortarten und, wenn möglich, auch der Wortstellung innerhalb des Satzes, z. B. frz. *Noblesse oblige* > dt. *Adel verpflichtet*

B. *Traduction oblique* (nichtwörtliche Übersetzungsverfahren):
4. *transposition* (Transposition): Änderung der Wortart(en), z. B. frz. *dès son lever* > engl. *as soon as he gets up*
5. *modulation* (Modulation): Änderung der Perspektive, z. B. frz. *danger de mort* > dt. *Lebensgefahr*
6. *équivalence* (Äquivalenz): völliger Strukturwechsel, z. B. engl. *Once bitten, twice shy.* > frz. *Chat échaudé craint l'eau froide*
7. *adaptation* (Adaptation): Anpassung an eine analoge Situation in der Zielkultur, z. B. engl. *he kissed his daughter on the mouth* > frz. *il serra tendrement sa fille dans ses bras*

An dieser Klassifikation der Übersetzungsverfahren ist viel kritisiert worden. Umstritten ist z. B. die Frage, ob die *adaptation* überhaupt noch zur Übersetzung im engeren Sinne gerechnet werden kann (vgl. bereits Vázquez-Ayora 1977: 323ff.). Dagegen ist die Entlehnung nach Meinung mancher Autoren noch gar kein wirkliches Übersetzungsverfahren, sondern vielmehr eine „Nicht-Übersetzung" (Torre 1994: 93). Im Hinblick auf die Differenzierung verschiedener Lehnphänomene könnte die Übersetzungswissenschaft noch mehr als bisher von der Linguistik profitieren (Schreiber i.Dr./a). Aus terminologischer Sicht ist ferner der Ausdruck *équivalence* bemängelt worden, da der Terminus *Äquivalenz* in der (linguistisch orientierten) Übersetzungswissenschaft auch in einem weiteren Sinne, nämlich für das Verhältnis zwischen Ausgangs- und Zieltext („Gleichwertigkeit" im Hinblick auf

---

[3] Zur Unterscheidung zwischen Übersetzungsmethoden und -verfahren vgl. Schreiber (1993: 54f.).
[4] Der missverständliche Ausdruck *stylistique comparée* erklärt sich aus der Auffassung, dass es so etwas wie kollektive „Sprachstile" gebe („den" Stil des Französischen, des Deutschen usw.), die man vergleichen könne (kritisch hierzu vgl. Albrecht 1973: 73f.; Ross 1997: 123f.).

Sinn, Stil usw., in Abhängigkeit von den aufgestellten Invarianzforderungen) verwendet wird (vgl. z. B. Albrecht 1990). Auch sei die Abgrenzung einzelner Verfahren untereinander, z. B. *modulation* und *équivalence*, aufgrund sich überschneidender Kriterien nicht möglich (Henschelmann 2004: 396). Nichtsdestoweniger beruhen die meisten neueren Klassifikationen trotz diverser Modifikationen und Erweiterungen letztlich auf dem Grundmodell von Vinay/Darbelnet – übrigens auch mein eigener Vorschlag (Schreiber 1997), der als Ergänzung u. a. die Einbeziehung von *Hilfsverfahren* (dazu zählen „Paratexte" wie Anmerkungen, Vor- oder Nachworte des Übersetzers) enthält.

Viel grundlegender ist jedoch die Frage nach der Anwendung der einzelnen Verfahren: Eine Liste von Übersetzungsverfahren kann zwar als Analysemodell verwendet werden, über die praktische Anwendung der einzelnen Verfahren beim Übersetzen kann jedoch nur in Abhängigkeit des jeweiligen Übersetzungsproblems und der konkreten Übersetzungssituation entschieden werden (Elena García 1990: 60f.). Umstritten ist z. B. die Zulässigkeit von Hilfsverfahren in literarischen Übersetzungen: Ein französischer Verfechter einer einbürgenden Übersetzungsmethode weist z. B. darauf hin, dass Anmerkungen des Übersetzers „décidément inélégants" (Hersant 2000: 251) seien und die Illusion zerstören, der Leser habe ein äquivalentes Abbild des Ausgangstextes vor sich. Ganz anders sehen dies Befürworter einer verfremdenden Übersetzung, z. B. im Rahmen postkolonialistischer Theorien (vgl. Kap. 2.4). Da bei der Anwendung einzelner Übersetzungsverfahren aber auch das Sprachenpaar eine wichtige Rolle spielt, werden wir auf diese Problematik ausführlicher in Kap. 3 zurückkommen.

Eine weitere grundlegende Frage, die im Zusammenhang mit der Diskussion der Übersetzungsverfahren (insbesondere mit dem Verfahren der Adaptation) aufscheint, ist die Frage nach der Abgrenzung des Übersetzungsbegriffs. Ich selbst habe in *Übersetzung und Bearbeitung* (Schreiber 1993) versucht, diese Frage folgendermaßen zu beantworten: Übersetzungen beruhen primär auf *Invarianzforderungen*, d.h. auf der Forderung nach Erhaltung bestimmter Merkmale des Ausgangstextes; Bearbeitungen beruhen dagegen primär auf *Varianzforderungen*, z. B. der Forderung nach Zusammenfassung oder Vereinfachung des Ausgangstextes.[5] Innerhalb der Übersetzung unterscheide ich zwischen *Textübersetzungen*, bei denen textinterne (z. B. inhaltliche oder formale) Invarianten im Vordergrund stehen, und *Umfeldübersetzungen*, bei denen es primär um textexterne Invarianten (z. B. Wirkung) geht. Die Adaptation im Sinne von Vinay und Darbelnet würde zur Umfeldübersetzung gehören, da das Kriterium „Situationsanalogie" textexterner Natur ist. Ein modernes Beispiel für eine Umfeldübersetzung ist die Softwarelokalisierung (vgl. Kap. 2.4).

Auch einige französischsprachige Autoren haben sich mit der Abgrenzung des Übersetzungsbegriffs bzw. mit der Einordnung der Übersetzung in größere Zusammenhänge befasst. Wegweisend aus literaturwissenschaftlicher Sicht ist Gérard Genettes Buch *Palimpsestes* (1982), das eine differenzierte Klassifikation von Textbeziehungen enthält,

---

[5]   Inzwischen plädiere ich für einen flexibleren, prototypischen Übersetzungsbegriff, da „Bearbeitungen" eine immer wichtigere Rolle in der Übersetzungspraxis spielen: Eine zielsprachliche Zusammenfassung wäre demnach zwar kein typisches Beispiel für eine Übersetzung, aber sie würde zum Randbereich der Übersetzungskategorie zählen (Schreiber i.Dr./b).

wobei die Übersetzung zu den *transpositions formelles* gerechnet wird, zu denen Genette z. B. auch Versbearbeitungen von Prosatexten zählt (1982: 341). Eine Abgrenzung der *interlingualen* (zwischensprachlichen) Übersetzung von *intralingualen* (innersprachlichen) Verfahren der Reformulierung (*opérations ré-énonciatives*), wie etwa direkter oder indirekter Rede, unternimmt Barbara Folkart in ihrem Buch *Le conflit des énonciations: Traduction et discours rapporté* (1991: 264). Im Hinblick auf den Begriff der *adaptation* kann man mit Georges Bastin (1993: 476ff.) differenzieren, ob die Anpassung an die Zielkultur lediglich einzelne Textstellen betrifft (*adaptation ponctuelle*, d.h. Adaptation als Übersetzungsverfahren) oder ob der gesamte Textinhalt an die Verhältnisse der Zielkultur angepasst wird (*adaptation globale*, d.h. Adaptation als Übersetzungsmethode, wie etwa bei den kulturell einbürgernden Übersetzungen der *belles infidèles*, vgl. Kap. 1.2). Yves Gambier hingegen kritisiert die Unterscheidung *traduction / adaptation* als „une taxinomie binaire qui présuppose une certaine fétichisation du TD [texte de départ]" (Gambier 1992: 424). Eine gemäßigte Position nimmt Jean-Louis Cordonnier ein: Er kritisiert zwar Adaptationen, will diese aber nicht „verbieten", sondern plädiert für eine entsprechende „Kennzeichnungspflicht", damit der Leser wisse, womit er es zu tun habe:

> [...] même si nous critiquons l'adaptation des œuvres (théâtre, roman, poésie, etc.), cela ne veut pas dire que nous annonçons sa disparition. Mais à partir du moment où elle s'exerce, elle doit bien s'annoncer comme „adaptation" (nous savons en effet que c'est loin d'être toujours le cas), et en aucun cas comme „traduction". Car ce qui est fondamental du point de vue social, et il y a là une obligation déontologique, c'est que le lecteur ou le spectateur sachent clairement à quoi ils ont affaire [...] (Cordonnier 1995: 208)

Auf italienischer Seite hat sich u. a. Umberto Eco mit der Typologie von Übersetzungen und Bearbeitungen auseinandergesetzt. Dabei hat er die bekannte Dreiteilung von Roman Jakobson (1959) – *intralinguale Übersetzung* (z. B. Dialekt > Standardsprache), *interlinguale Übersetzung* (z. B. Italienisch > Deutsch) und *intersemiotische Übersetzung* (z. B. Sprache > Bild) – um weitere Typen der sprachlichen und semiotischen Transformation ergänzt. Als Oberbegriff dient bei Eco der Ausdruck *interpretazione*. Eine *interpretazione intrasemiotica* wäre z. B. eine Transformation innerhalb eines nonverbalen Zeichensystems (Eco 2003: 236ff.). Als Beispiel für eine solche „Übersetzung" in einem weiten, metaphorischen Sinn nennt der Semiotiker Eco die verkleinerte, aber ansonsten „getreue" Kopie einer Skulptur in einem anderen Material:

> Nei negozi di Firenze si vendono riproduzioni in scala ridotta del David di Michelangelo. [...] Potremmo metaforicamente parlare di „traduzione" in scultura se una statua viene riprodotta mediante calco, rispettando tutte le dimensioni e la proprietà che la materia originale esibisce alla vista e al tatto [...] (Eco 2003: 239)

Parallelen zur interlingualen Übersetzung sieht Eco in diesem Fall in der Wiedergabe des „Inhalts" bei gleichzeitiger Varianz der Form bzw. Substanz.

Die oben beschriebenen Methoden und Verfahren des Übersetzens und Bearbeitens decken im Grunde nur einen Teil des gesamten *Übersetzungsprozesses* ab: Sie gehören zur *produktiven Phase* des Übersetzens (Kautz 2000: 107ff.). Über die davor liegende *rezeptive Phase* sagen sie nichts aus. Einige grundlegende Aussagen zum Ablauf des gesamten Übersetzungsprozesses findet man bei Danica Seleskovitch und Marianne Lederer, die vor allem als Dolmetschwissenschaftlerinnen bekannt geworden sind und daher in Kap. 2.7 eingehender behandelt werden. An dieser Stelle nur so viel: Beide Autorinnen weisen immer wieder darauf hin, dass das Dolmetschen, aber auch das Übersetzen keine auf Eins-zu-eins-Entsprechungen zwischen einzelnen sprachlichen Zeichen beruhende Umkodierung (*transcodage*) sei, sondern dass jeder Translationsprozess über eine vermittelnde Instanz verlaufe, die sie *sens* nennen (vgl. etwa Seleskovitch/Lederer 1984: 185). Da der Sinn nicht an eine bestimmte sprachliche Form gebunden sei, bezeichnen sie die Interpretation des Sinns als *déverbalisation*.

Auf der Basis dieser *théorie du sens* kann man ein dreiphasiges Modell des Übersetzungsprozesses postulieren, wie dies die Spanierin Amparo Hurtado Albir (eine Schülerin von Seleskovitch und Lederer) tut: 1. *comprensión*, 2. *desverbalización*, 3. *reexpresión* (Hurtado Albir 2001: 362ff.). Jean Delisle, der bekannteste kanadische Vertreter der *théorie du sens*, geht ebenfalls von einem dreiphasigen Modell aus, allerdings mit einer anderen Abgrenzung der einzelnen Phasen: 1. *compréhension*, 2. *reformulation*, 3. *vérification* (Delisle 1980: 84f.). Die „Deverbalisierung" ist bei ihm Teil der ersten Phase, da sie nicht vom Verstehensprozess getrennt werden könne. Gegen die Annahme einer eigenen Phase der *vérification* (hierunter versteht Delisle nicht nur einzelne Korrekturen, sondern ggf. eine erneute Interpretation des gesamten Textes) könnte man einwenden, dass diese Phase nicht obligatorisch ist (d.h. dass sie auch wegfallen kann). Für die Annahme einer solchen Phase beim Prozess des *Übersetzens* spricht jedoch, dass gerade die Möglichkeit einer Korrektur des Zieltextes vor der „Endredaktion" das Übersetzen vom Dolmetschen unterscheidet.

Alle Modelle des Übersetzungsprozesses, die mit nur zwei oder drei Hauptphasen des Übersetzens arbeiten, können allerdings durch die Unterscheidung einzelner Teilphasen differenziert oder durch die Ergänzung weiterer Phasen ergänzt werden. Daniel Gouadec unterteilt den *processus d'exécution des traductions* aus Sicht der Tätigkeit eines professionellen, freiberuflichen Übersetzers und weiterer beteiligter Personen, insbesondere des Auftraggebers, in nicht weniger als 155 (!) Arbeitsschritte (Gouadec 2002: 149ff.). Hierzu rechnet er auch zahlreiche Tätigkeiten, die über den eigentlichen Übersetzungsprozess hinausgehen, wie z. B. die Aushandlung des Preises zwischen Übersetzer und Auftraggeber. Aus der Perspekive der deutschsprachigen Übersetzungswissenschaft könnte man Gouadecs Beschreibung als eine berufspraktische Version des von Justa Holz-Mänttäri (1984) entwickelten Modells des *translatorischen Handelns* sehen, in dem ebenfalls die Kooperation zwischen den beteiligten Handlungspartnern eine zentrale Rolle spielt.

Die eigentliche Schwierigkeit bei der Untersuchung des Übersetzungsprozesses liegt allerdings weniger in der theoretischen Modellierung als in der empirischen Untersuchung der einzelnen Vorgänge, die sich ja zu einem Großteil „in den Köpfen der Übersetzer" abspielen und daher nicht direkt beobachtet werden können. In der deutsch- und englischsprachigen Übersetzungswissenschaft versucht man, im Anschluss an die Pionierarbeit von Krings (1986) mit der Methode des Lauten Denkens Testpersonen (einzeln oder im Dialog) dazu zu bringen, während des Übersetzens ihre Überlegungen zu verbalisieren, die dann protokolliert werden (vgl. den Forschungsbericht von Kußmaul und Hönig 1998). Im Rahmen der französischen Übersetzungswissenschaft hat Jeanne Dancette (1995) den Versuch unternommen, die Verstehensphase des Übersetzungsprozesses mit Protokollen des Lauten Denkens experimentell zu untersuchen.

2.4 Literarische Übersetzung und Fachübersetzung

Zahlreiche übersetzungstheoretische Arbeiten befassen sich mit einzelnen Typen der Übersetzung. Dabei war Edmond Cary einer der wenigen Autoren, der sich in seinem immer noch lesenswerten Buch *La traduction dans le monde moderne* (1956) ebenso kompetent zu verschiedenen Typen der literarischen Übersetzung wie zur technischen Fachübersetzung geäußert hat. Hinsichtlich der *literarischen Übersetzung*, insbesondere der Gedichtübersetzung, hat sich Cary gegen einen rein linguistischen Zugang gewandt. Das ist sicherlich insofern berechtigt, als bei literarischen Übersetzungen Aspekte eine Rolle spielen, die man mit linguistischen Mitteln allein nicht analysieren kann. Wenn man genuin übersetzungswissenschaftliche Ansätze einmal ausblendet und davon ausginge, dass für die literarische Übersetzung nicht die Linguistik, sondern die Literaturwissenschaft als „Leitwissenschaft" zuständig sei, so ist damit allerdings noch lange nicht gesagt, welche Teildisziplinen der Literaturwissenschaft in Frage kommen, denn *die* Literaturwissenschaft gibt es ebenso wenig wie *die* Linguistik. Naheliegend wäre insbesondere die *vergleichende Literaturwissenschaft (Komparatistik)*, die sich mit dem Vergleich der Literaturen verschiedener Länder befasst und die inzwischen die literarische Übersetzung zu ihrem Untersuchungsgebiet zählt, da Übersetzungen als Bestandteil der zielsprachlichen Literatur betrachtet werden können. In einer französischen Einführung in die vergleichende Literaturwissenschaft heißt es: „Naïves ou savantes, laides ou belles, bonnes ou mauvaises, les traductions appartiennent à la littérature qui les accueille et s'intègrent à son patrimoine" (Brunel et al. 1983: 144). Im spanischen Sprachraum hat sich besonders Claudio Guillén für die Einbeziehung der Übersetzungen in die Geschichte der (zielsprachlichen) Literatur eingesetzt: „Pero no sólo hay que aprender las traducciones históricamente. Es aun más importante, *mutatis mutandis*, integrarlas en la historia de la literatura [...]" (zit. nach Ruiz Casanova 2000: 524). In diesem Rahmen würde es z. B. um die Frage gehen, welchen Stellenwert literarische Übersetzungen im Kontext der französischen, spanischen oder italienischen Literatur einnehmen, z. B. ob sie literarische Normen verletzen, und inwiefern sie die zielsprachliche Literatur bereichern.

Innerhalb der historisch-deskriptiven Übersetzungsforschung hat sich u. a. Itamar Even-Zohar (1978) in seiner *polysystem theory* für die Analyse literarischer Übersetzungen im Hinblick auf deren Stellung innerhalb des literarischen „Polysystems" (d.h. des Systems von Gattungen, Normen usw.) ausgesprochen. Für die Anwendung der *polysystem theory* auf die Untersuchung der Übersetzungsgeschichte in Spanien setzt sich Miguel Gallego

Roca in seinem Buch *Traducción y literatura* ein, denn eine normative Übersetzungstheorie könne die Funktion literarischer Übersetzungen nicht adäquat beschreiben:

> [...] para desarollar una investigación histórica de la literatura que atienda de una maniera abierta a todos los fenómenos de una época, no es posible el acercamiento normativo a la traducción. [...] Tan sólo un acercamiento no normativo permitirá describir la función de las traducciones, o de una determinada traducción, en un determinado estado de cultura. La teoría del polisistema nos ofrece un marco adecuado para desarrollar una investigación de estas características [...] (Gallego Roca 1994: 168f.)

Allerdings schränkt Gallego Roca ein, dass nicht alle literarischen Übersetzungen für Untersuchungen dieses Typs geeignet seien, sondern nur solche, die in der Zielkultur als literarisches Werk gelten können. Verfremdende Übersetzungen zu philologischen Zwecken, die es in Spanien im Anschluss an Ortega y Gassets Übersetzungstheorie (vgl. Kap. 2.3) häufig gebe, seien daher auszuschließen.

Ein weiterer Aspekt, der nach Ansicht einiger Autoren von einem linguistischen Ansatz nicht angemessen erfasst werden kann, ist die formal-ästhetische Seite der Literaturübersetzung. z. B. die Wiedergabe von Merkmalen wie Rhythmus und ggf. Reim und Versmaß. Hier komme als Leitdisziplin nur die Poetik in Frage, wie Henri Meschonnic in seinem programmatischen Werk *Pour la poétique* betont: „Une poétique de la traduction ne peut que dépendre de la poétique" (Meschonnic 1973: 327). Eine Poetik der Übersetzung könnte z. B. Auskunft darüber geben, welches Versmaß bei der Übersetzung von Versdichtung adäquat wäre. Gerade diese „formalen" Aspekte der Literaturübersetzung, speziell der *Lyrikübersetzung*, sind jedoch außerordentlich umstritten. Hierzu seien exemplarisch fünf unterschiedliche Positionen referiert:

1. Der Russe Efim Etkind, der sich vor allem mit Übersetzungen im Sprachenpaar Russisch-Französisch beschäftigt hat, spricht sich dafür aus, dass man Lyrik grundsätzlich in Versen übersetzt und dabei ein möglichst ähnliches Versmaß benutzt. Den Einwand, dass die verschiedenen metrischen Systeme zu unterschiedlich seien, lässt er nicht gelten:

> Il faut considérer comme erronée l'idée qu'il est impossible de réaliser une bonne traduction du russe en français, „étant donné la disparité profonde des système prosodiques". [...] Dans une autre prosodie on peut toujours trouver un schéma métrique plus ou moins proche de celui de l'original, et qui lui corresponde [...] (Etkind 1982: 22)

2. Giovanni Sansone plädiert dagegen für den Verzicht auf die Wiedergabe des Metrums zugunsten einer formal weniger strengen, rhythmischen Übersetzung, die dem Übersetzer mehr Gestaltungsmöglichkeiten lasse. Eine Prosaübersetzung lehnt er jedoch ab, da hierbei der melodische Charakter der Lyrik verloren gehe:

> Infatti, una volta declinato l'impegno verso la soluzione metrica [...] non rimane che la pulsione ritmica (pur essa fatta da ritorni, ma in un disegno di più libera configurazione) d'un insieme [...] per garantire alla strofa la sua indispensabile pulsione melodica. (Sansone 1989: 17f.)

3. Noch einen Schritt weiter geht Teodoro Sáez Hermosilla bei seinem Versuch, die *théorie du sens* (vgl. Kap. 2.3) auf die literarische Übersetzung anzuwenden. Als primäre Invariante der Übersetzung betrachtet er den Sinn (*el sentido*), den er als psychische Wahrnehmung des Lesers beim Vorgang des Interpretierens definiert (Sáez Hermosilla 1987: 125). Das Poetische eines Gedichtes sei nicht an bestimmte Formen gebunden. Daher beruhe auch die Behauptung, Lyrik sei unübersetzbar (vgl. Kap. 2.2), auf einem Missverständnis:

> Cuando se dice que la poesía es intraducible, probablemente se está confundiendo lo sustancial poético que no pertenece con esclusividad a ningún tipo preferido de escritura con manifestaciones históricas de mismo muy privilegiadas pero no únicas como es la versificación. (Sáez Hermosilla 1987: 130)

4. Gegen eine Verabsolutierung des Sinns argumentiert der französische Philosoph Paul Ricœur, der sich aufgrund der Untrennbarkeit von Inhalt und Form für eine poetische Nachdichtung einsetzt:

> [...] traduire le sens seul, c'est renier une acquisition de la sémiotique contemporaine, l'unité du sens et du son, du signifié et du signifiant [...] La conséquence est que seul un poète peut traduire un poète. (Ricœur 2004: 68)

5. Demgegenüber spricht sich die deutsche Autorin Alice Vollenweider explizit für eine Prosaversion von Poesie aus, welche sie folgendermaßen erläutert:

> Mit Prosaversion meine ich keine Interlinearversion, die Wort für Wort übersetzt und dadurch oft unverständlich wird, sondern eine Übertragung, die Vorstellungen und Metaphern möglichst genau wiedergibt und zugunsten dieser Genauigkeit auf Metrum, Reim, Rhythmus und Klangwirkung verzichtet. Eine Übersetzung also, die vor der eigentlichen Sprache des Gedichts kapituliert. (Vollenweider 1967: 376)

Werde in Prosa übersetzte Lyrik zweisprachig ediert (was Vollenweider befürwortet), so habe ein Leser mit Grundkenntnissen der Ausgangssprache auch die Möglichkeit, sich ein Bild von der klanglichen Struktur des Originals zu machen. Hiermit bringt Vollenweider Faktoren wie Übersetzungszweck und Adressatenkreis ein, deren Bedeutung später in funktionalistischen Arbeiten (wie Reiß/Vermeer 1984) ins Zentrum des Interesses rücken.

Ein weiterer Typ der literarischen Übersetzung, bei dem sehr spezifische Anforderungen und Probleme auftreten, ist bekanntermaßen die *Dramenübersetzung*, zumindest dann, wenn es sich nicht um reine „Leseübersetzungen" handelt. Edmond Cary hat ein Hauptproblem der Übersetzung fürs Theater folgendermaßen auf den Punkt gebracht: „Au théâtre, il n'existe pas de bas de page" (Cary 1956: 100). Im Theater gibt es also nicht die Möglichkeit, in Fußnoten ein „unübersetzbares" Wortspiel zu erklären oder in einem Vor- oder Nachwort kulturelle Hintergründe zu beleuchten. Daher ist die Übersetzung für das Theater fast immer einbürgernd: „La traduction théâtrale constitue toujours peu ou prou une adaptation" (Cary 1956: 99). Auch in sprachlicher Hinsicht sind bestimmte Kriterien zu beachten. Erwähnt sei hier lediglich die Forderung nach „Sprechbarkeit" (Vreck 1990).

Einen breiten Einblick in die Theorie und Praxis der Dramenübersetzung bietet der Sammelband von Dodds und Avirović (1995), in dem dem französischen, deutschen, spanischen, englischen, russischen, afrikanischen und italienischen Theater jeweils eigene Kapitel gewidmet sind.

Im Vergleich zur Übersetzung von Gedichten oder Theaterstücken wurden die spezifischen Probleme der Übersetzung von *Prosatexten*, z. B. Romanen, lange unterschätzt und daher in der Übersetzungswissenschaft bis vor kurzem weniger ausführlich behandelt. Die Monographie *La traduzione letteraria* von Lorenza Rega (2001) ist eine der wenigen Arbeiten zur literarischen Übersetzung, in der Probleme der Versübersetzung (z. B. Versmaß) und Aspekte der Übersetzung literarischer Prosa (z. B. Syntax) gleichberechtigt behandelt werden, vor allem in Bezug auf die deutsch-italienische Übersetzung. Zu einem weiteren zentralen Aspekt der Übersetzung von Erzählliteratur hat Katrin Zuschlag in ihrem Werk *Narrativik und literarisches Übersetzen* (2002) aus Sicht der deutschsprachigen Übersetzungswissenschaft Stellung genommen. Hier geht es vor allem darum, ob erzähltechnische Elemente (wie z. B. die Erzählperspektive) beim Übersetzen erhalten bleiben oder ob sie sich aus sprachenpaarspezifischen oder subjektiven Gründen ändern. Erläutert wird dies anhand von französisch-deutschen Beispielen.

Meine Ausführungen zur literarischen Übersetzung möchte ich beschließen mit knappen Bemerkungen zu drei kultur- bzw. sozialwissenschaftlich geprägten Ansätzen, von denen die beiden erstgenannten bisher vor allem in der englischsprachigen Übersetzungswissenschaft hervorgetreten sind:

1. Zunächst sei die *postkolonialistische* Übersetzungstheorie genannt, die sich mit Übersetzen im Kontext ehemaliger Kolonien befasst. Nach Ansicht der Kanadierin Sherry Simon bedeutet Postkolonialismus aus übersetzungswissenschaftlicher Sicht zweierlei: erstens die geographische Ausweitung des Gegenstandes der Übersetzungswissenschaft auf die Gebiete der ehemaligen Kolonien und zweitens die Analyse der Übersetzung unter dem Gesichtspunkt asymmetrischer Machtverhältnisse (Simon 2000: 13). Ein Problem bei der Übersetzung postkolonialer Literatur ist die „Hybridität" dieser Texte, welche aus zwei unterschiedlichen Kulturen schöpfen, wie Samiah Mehrez in einem Artikel über die Übersetzung frankophoner Literatur Nordafrikas betont:

> By drawing on more than one culture, more than one language, more than one world experience, within the confines of the same text, postcolonial anglophone and francophone literature very often defies our notion of an ‚original' work and its translation. (Mehrez 1992: 122)

Für die Übersetzungspraxis wird u. a. gefordert, die kulturelle Heterogenität der Texte beim Übersetzen durch metatextuelle Verfahren deutlich zu machen, z. B. durch Fußnoten, Vor- und Nachworte sowie erklärende Einschübe nach Ausdrücken in einer autochthonen Sprache (Wolf 1998: 103).

2. Verwandt mit der postkolonialistischen ist die *feministische* Übersetzungstheorie, bei der es ebenfalls um asymmetrische Machtverhältnisse geht – dieses Mal nicht zwischen verschiedenen Kulturen, sondern zwischen den Geschlechtern. Die ersten Ansätze finden sich in den achtziger Jahren in Kanada, wo eine Gruppe feministischer Übersetzerinnen

begann, das Übersetzen als eine politische Handlung zu begreifen und Frauen beim Übersetzen durch bestimmte Strategien gezielt „sichtbar" zu machen. Häufig zitiert wird in diesem Zusammenhang das folgende Bekenntnis von Susanne de Lotbinière-Harwood:

> My translation practice is a political activity aimed at making language speak for women. So my signature on a translation means: this translation has used every translation strategy to make the feminine visible in language. [...] (zit. nach Flotow 1998: 131)

Zu den Themengebieten, die im Rahmen feministischer Ansätze bearbeitet werden, gehören u. a. Frauen in der Geschichte der Übersetzung, feministische Übersetzungskritik, das Übersetzen feministischer Literatur, Strategien feministischer Translation und das Bild von Übersetzerinnen und Übersetzungen (Grbić /Wolf 1999: 265). Hier lediglich ein Beispiel zu dem letztgenannten Punkt: Die aus dem 17. Jh. stammende Metapher *belle infidèle* (vgl. Kap. 1.2) ist Feministinnen ein Dorn im Auge, da hier eine freie Übersetzung mit einer schönen, aber untreuen Frau verglichen wird. Die bereits zitierte Kanadierin Susanne de Lotbinière-Harwood funktionierte daher diese Metapher durch ein Wortspiel zur Bezeichnung für eine feministische Übersetzerin um: *Re-belle et infidèle* (1991).

3. Seit den neunziger Jahren gibt es erste *translationssoziologische* Ansätze, die im französischen und im deutschen Sprachraum oft auf Kategorien aufbauen, die auf den Soziologen Pierre Bourdieu zurückgehen (welcher sich selbst nur am Rande mit Übersetzungen beschäftigt hat). Im Zuge der Analyse des Entstehungsprozesses literarischer Übersetzungen kommen nun die verschiedenen „Akteure der Translation" stärker in den Blick, z. B. Verlagsleiter und -mitarbeiter, Herausgeber von Reihen, Literaturkritiker (Wolf 1999: 269; Heilbron/Sapiro 2002: 5). In diesem Rahmen sind bereits einige monographische Fallstudien entstanden, z. B. zur Übersetzung amerikanischer Science-Fiction im Frankreich der fünfziger Jahre (Gouanvic 1999), zur Rolle österreichischer Verlage bei Übersetzungen ins Französische (Fukari 2005) sowie zur Translation als sozialer und kultureller Praxis in der Habsburgermonarchie unter besonderer Berücksichtigung von Übersetzungen aus dem Italienischen (Wolf 2005). Auch die Person des Übersetzers erfährt bei dieser Sichtweise eine Aufwertung, wie etwa in Jean Peeters' Versuch einer anthropologisch basierten *sociolinguistique de la traduction*:

> Le rôle du traducteur, qui est souvent envisagé comme un simple relais, est fondamentalement celui d'un acteur sociolinguistique chargé de pallier la rupture d'intercompréhension entre des interlocuteurs mutuellement étrangers. (Peeters 1999: 261)

Nun aber, wie angekündigt, zur *Fachübersetzung*: Eine Einführung in Theorie und Didaktik des Fachübersetzens ist das Buch *Fondement didactique de la traduction technique* von Christine Durieux (1988), wobei der Ausdruck *traduction technique* (wie oft im Französischen) für „Fachübersetzen" schlechthin steht, d.h. nicht auf das Übersetzen technischer Fachtexte beschränkt ist. Durieux wendet sich vor allem gegen das weit verbreitete Vorurteil, beim Fachübersetzen könne man die Termini eins zu eins austauschen, da fachsprachliche Terminologien auf der Inhaltsseite deckungsgleich seien. Anhand von Beispielen aus dem Sprachenpaar Englisch-Französisch versucht sie, das Gegenteil zu beweisen. Eine ähnliche Zielsetzung verfolgt die Arbeit *Terminologie und Einzelsprache* von Sylvia Reinart (1993) anhand des Sprachenpaars Französisch-Deutsch (vgl. Kap. 3.5).

Federica Scarpa wertet in ihrer Monographie *La traduzione specializzata* (2001) die Ergebnisse von Fachsprachenforschung und Übersetzungswissenschaft aus und erläutert sie anhand von englisch-italienischen Beispielen. Um die Fachübersetzung von der literarischen Übersetzung zu unterscheiden, charakterisiert sie – im Anschluss an die von Christiane Nord (1989) entwickelte Übersetzungstypologie – das Fachübersetzen als *instrumentell*, d.h. funktionsorientiert, und nicht als *dokumentarisch*, d.h. am Ausgangstext orientiert:

> [...] la traduzione specializzata prototipica è di tipo „strumentale" e non „documentale" [...] perché tende a produrre un testo di arrivo orientato a „funzionare" nella nuova situazione comunicativa in cui è calato come se fosse un testo originale [...] (Scarpa 2001: 112)

Scarpa beschreibt in ihrem Buch auch die neuen Berufsbilder, die sich in den letzten Jahren im Bereich von Fachtextproduktion und Fachübersetzung entwickelt haben. In diesem Zusammenhang nennt sie zunächst die *redazione tecnica* (Lehnübersetzung von engl. *technical writing*, vgl. dt. *technische Redaktion*), d.h. das adressatengerechte Verfassen technischer Fachtextsorten (z. B. Bedienungsanleitungen). Diese sei in den letzten Jahren aufgrund der wachsenden Bedeutung multimedialer Texte zu einer *comunicazione tecnica* (*technical communication*) unter Einbeziehung nonverbaler Elemente ausgeweitet worden (Scarpa 2001: 212). Anschließend nennt sie die *Lokalisierung*, d.h. die Anpassung eines Produktes (speziell einer Software) an den Markt der Zielkultur. Dabei geht es nicht nur um die Übersetzung der gedruckten Dokumentation, sondern auch um eine Anpassung von Elementen, die nur in elektronischer Form vorliegen (z. B. Menübefehle oder Online-Hilfe):

> Il processo di localizzazione comprende la traduzione e l'adattamento dei contenuti sia della documentazione su supporto cartaceo sia dei segmenti testuali e dei documenti multimediali che appaiono sullo schermo. (Scarpa 2001: 214)

Als deutschsprachige Einführungen in *technical writing* bzw. Softwarelokalisierung seien Göpferich (1998) und Reineke/Schmitz (2005) erwähnt. Beide Bücher beziehen sich, wie auch Scarpa (2001), primär auf das Englische als Ausgangssprache. Dies geht auf die dominierende Rolle der englischen Sprache im Arbeitsmarkt für Fachübersetzer zurück. Allerdings sei darauf hingewiesen, dass nach den Angaben zum „Translationsbedarf nach Sprachen" in Deutschland bei Schmitt (1998: 7) das Englische von den drei „großen" romanischen Sprachen Französisch, Spanisch und Italienisch auf den Plätzen 2 bis 4 gefolgt wird.

Zum Abschluss dieses Kapitels möchte ich noch kurz zwei Übersetzungstypen erwähnen, deren Problematik sich u. a. daraus ergibt, dass sie im Spannungsfeld zwischen Literatur- und Fachübersetzung angesiedelt sind: die Bibelübersetzung und die Übersetzung philosophischer Texte.

Die neueren Veröffentlichungen zur Theorie der *Bibelübersetzung* sind oft Reaktionen auf die grundlegenden Arbeiten von Eugene A. Nida (insbesondere Nida 1964). Äußerst kritisch zu Nidas Forderung nach einer einbürgernden, auf Wirkungsgleichheit ausgerichteten Bibelübersetzung im Dienste der Missionierung (*dynamic-equivalence translation*) äußert sich Henri Meschonnic, der Nida des Kulturimperialismus bezichtigt:

> Le pasteur Nida dérive sa pragmatique de Dieu et de sa vérité dans l'impérialisme culturel qui identifie à soi les universaux: la traduction comme fonction performative est le masque idéologique de la colonisation. (Meschonnic 1973: 327)

Meschonnic interpretiert die Bibel dagegen nicht als Anleitung zur Missionierung, sondern als literarischen Text, was zu einer völlig anderen Hierarchie der Invarianzforderungen führt: Statt Wirkungsgleichheit wird nun u. a. die Erhaltung des Rhythmus gefordert. Zu Nidas „Verteidigung" sei angeführt, dass er keineswegs für eine radikale Anpassung an die Zielkultur eintritt, sondern bei zentralen biblischen Symbolen, wie etwa dem Lamm Gottes, eine kommentierende Übersetzung einer Adaptation vom Typ „Seehund Gottes" (als Anpassung an die Zielkultur bei einer Übersetzung für Eskimos) vorzieht (Prunč 2001: 118f.).

Als gemäßigter Anhänger von Nidas Theorien zeigt sich hingegen Jean-Claude Margot; allerdings warnt Margot – wie schon der Titel seiner Abhandlung *Traduire sans trahir* andeutet – vor einer zu „freien" Übersetzung, d.h. er möchte z. B. erklärende Umschreibungen („Paraphrasen") auf das unvermeidliche Maß beschränkt wissen (Margot 1979: 159ff.).

Mit den spezifischen Problemen der *Übersetzung philosophischer Texte* hat sich die Übersetzungswissenschaft bisher nur selten befasst:

> [...] während es durchaus ernstzunehmende Vorschläge zu einer Theorie beispielsweise der literarischen Übersetzung gibt, kann davon in Bezug auf die Übersetzung philosophischer Texte keine Rede sein. (Aschenberg/Aschenberg 1998: 77f.)

Aus Sicht der französischen Übersetzungswissenschaft kann immerhin Jean-René Ladmiral genannt werden, der selbst u. a. als Übersetzer von Kant, Nietzsche und Habermas hervorgetreten ist und sich auch theoretisch eingehend mit der Übersetzung philosophischer Texte auseinandergesetzt hat, und zwar in seiner Monographie *Traduire: théorèmes pour la traduction* (1979) sowie in verschiedenen Aufsätzen. In seinem Artikel „Éléments de traduction philosophique" wendet sich Ladmiral gegen eine starre Dichotomie Fachübersetzung vs. literarische Übersetzung und betrachtet die philosophische Übersetzung als „un troisième mode de traduire" (Ladmiral 1981: 23). Während bei der Fachübersetzung die Denotation und bei der literarischen Übersetzung die Konnotation im Vordergrund stehe, spiele bei der philosophischen Übersetzung darüber hinaus die metasprachliche Funktion eine wichtige Rolle. Mit einem Autor, bei dem dies besonders deutlich wird, hat sich Andreas Michel beschäftigt: Martin Heidegger. Auf Heideggers „sprachliche Anomalie" haben romanische Übersetzer ganz unterschiedlich reagiert:

Im Frz. hat man sich auf eine starke Entfernung sowohl von der Gemeinsprache als auch von der traditionellen Fachsprache eingelassen. Das Gegenbeispiel bildet die it. Übersetzungstradition, die dafür sorgt, dass sich die Texte Heideggers lesen lassen wie die übersetzten Texte der mittelalterlichen Scholastiker. (Michel 1999: 364)

2.5 Synchronisation – Untertitelung – multimediale Übersetzung

Synchronisation und Untertitelung sind die beiden wichtigsten Verfahren bei der „Lokalisierung" von Filmen und Fernsehsendungen. Ich möchte an dieser Stelle nicht auf berufspraktische Fragen oder technische Details eingehen,[6] sondern kurz einige Vor- und Nachteile beider Verfahren diskutieren sowie einen Aspekt ansprechen, der aus Sicht der romanischen Übersetzungswissenschaft besonders interessant ist: die Unterscheidung zwischen *Synchronisations-* und *Untertitelungsländern* (Reinart 2004: 75). Innerhalb der Romania zählt man Frankreich, Italien und Spanien sowie die spanischsprachigen Länder Lateinamerikas zu den Synchronisationsländern (d.h. den Ländern, in den fremdsprachige Filme und Fernsehserien vorwiegend, wenn auch nicht ausschließlich synchronisiert werden), während etwa Portugal und Rumänien zu den Untertitelungsländern gerechnet werden. Generell findet man die Untertitelung häufiger in kleineren Ländern bzw. Sprachgemeinschaften. In Belgien ist die Situation besonders komplex: Während in Flandern, wie in den Niederlanden, durchweg Untertitel verwendet werden, greift man in Wallonien, vor allem seit Einführung des Privatfernsehens, zunehmend auf französische Synchronisationen zurück:

> La Belgique francophone se trouve ainsi coincée entre un bloc néerlandophone relativement puissant, qui recourt au sous-titrage, et un monde francophone qui l'ignore à peu près. Dès lors, le sous-titrage bilingue d'antan, lié à un politique belge des médias, tend à disparaître au profit du doublage de plus en plus systématique, réalisé par des firmes spécialisées situées hors de la Belgique. (Lambert/Delabastita 1996: 52)

Als Nachteile der Untertitelung nennen Befürworter der Synchronisation vor allem die Ablenkung von den visuellen Informationen sowie die unvermeidliche Verkürzung des Textes bei der Umsetzung der gesprochenen in die geschriebene Sprache. Kritik an der Untertitelung kommt vor allem aus Synchronisationsländern wie Italien, wo untertitelte Filme nur von einem besonders interessierten Publikum goutiert werden:

> Di apparenza purista e rispettosa – in realtà riduttiva dei valori fondamentali dell'opera – la procedura dei sottotitoli imprigiona il film in una gabbia per pubblico elitario. (De Agostini 2000: 125)

---

[6]   Einige linguistische Probleme der Synchronisation werde ich in Kap. 3.1 besprechen.

Die Gegenposition wird u. a. vertreten von Margaret Hart, die die Untertitelung für „el medio más adecuado de comunicar el sentido original dentro de su contexto original" (Hart 1994: 267) hält. Und Sylvia Reinart gibt zu bedenken, dass auch die Synchronisation keineswegs verlustfrei sei:

> Wer bereits einmal einen Film im Zweikanalton aufgenommen und Original und Synchronisation miteinander verglichen hat, wird ohnehin so leicht den Verdacht nicht los, daß die Synchronisation bei uns nur deshalb als das „überlegene" Verfahren gilt, weil sie Verluste schwerer *erkennbar* macht. (Reinart 2004: 89)

In diesem Zusammenhang sei auch erwähnt, dass Synchronisationen „anfälliger" für Zensuren sind, da im Unterschied zur Untertitelung kein direkter Vergleich mit dem Originaltext möglich ist (Ivarsson/Caroll 1998: 36).[7] Ein wichtiger und vor allem für kleinere Produktionsgesellschaften entscheidender Vorteil der Untertitelung sind die wesentlich geringeren Kosten. Als positiver Nebeneffekt wird zudem oft die Steigerung der fremdsprachlichen Kompetenz der Zuschauer genannt. Dieser intuitiv einleuchtende Nutzen konnte inzwischen durch empirische Untersuchungen bestätigt werden (D'Ydewalle/Pavakanun 1996).

Für die Akzeptanz der beiden Verfahren scheinen aber weniger die „objektiven" Vor- und Nachteile als der Faktor Gewohnheit von Bedeutung zu sein: Wenn sich das Publikum eines Landes oder einer Sprachgemeinschaft an ein bestimmtes Verfahren gewöhnt hat, lehnt die Mehrheit des Publikums das jeweils andere Verfahren in der Regel ab (Reinart 2004: 76f.). So werden im spanischen Regionalfernsehen eigene Synchronisationen für Baskisch, Katalanisch und Galicisch hergestellt, weil die Zuschauer synchronisierte Filme von den nationalen Fernsehprogrammen gewöhnt sind (Zabalbeascoa et al. 2001: 105); die hohen Kosten werden z.T. durch staatliche Subventionen getragen (Agost 1999: 53f.). Der Belgier José Lambert bringt darüber hinaus soziolinguistische Überlegungen in die Diskussion ein:

> Si les Pays-Bas et la Belgique – néerlandophone comme francophone – préfèrent le sous-titrage au doublage, il en va de même des Allemands et des Français établis tout près de la frontière belge, et cette attitude évolue à mesure qu'on s'éloigne de la frontière en question. L'exemple du Canada et d'autres pays „périphériques" fait supposer que s'est bien la tolérance devant le multilinguisme (ou le bilinguisme?) qui est en cause. (Lambert 1990: 230)

Die tägliche Erfahrung mit mehrsprachigen Kommunikationssituationen scheint also die Akzeptanz des Verfahrens Untertitelung zu erhöhen. Daneben spielen auch technische Voraussetzungen eine Rolle, z. B. der Empfang von Fernsehprogrammen des Nachbarlandes. Eine weitere technische Entwicklung, die seit kurzem auch in klassischen Synchronisationsländern zu einer Erhöhung des Anteils untertitelter Filme führt (zumindest für den „Hausgebrauch"), ist die Einführung des neuen Mediums DVD:

---

[7] Ein bekanntes Beispiel sind die Zensuren von Filmsynchronisationen während der frühen Franco-Diktatur in Spanien (vgl. Kap. 1.3).

Le besoin en sous-titrage augmente à mesure que se répand le DVD, parce que ce support facilite la création et la diffusion de vidéos, et parce qu'il multiplie les pistes d'enregistrement disponibles. (Gouadec 2002: 53)

Die Übersetzungswissenschaft beschäftigt sich erst seit den neunziger Jahren intensiver mit den Phänomenen Synchronisation und Untertitelung (vgl. etwa die Sammelbände Baccolini et al. 1994; Eguíluz et al. 1994; Gambier 1996). Zuweilen werden beide Verfahren zusammen mit anderen Typen der Translation für bestimmte Medien (Übersetzung für Theater und Oper, neuerdings auch Mediendolmetschen, Lokalisierung von Internetseiten usw.) unter Termini wie *traducción audiovisual* (Chaume 1994), *multimediale Übersetzung* (Snell-Hornby 1993) bzw. *traduzione multimediale* (Heiss/Bollettieri Bosinelli 1996) oder *(multi)media translation* (Gambier/Gottlieb 2001) zusammengefasst.[8] Der gemeinsame Nenner dieser Translationstypen besteht darin, dass der Transferprozess nicht nur verbale Informationen betrifft: „Traduzione multimediale significa infatti elaborazione complessiva di un prodotto multimediale, e non solo delle sue componenti linguistiche" (Heiss 1996b: 15). In Bezug auf den Ablauf dieses Prozesses haben die verschiedenen Typen der multimedialen Übersetzung allerdings relativ wenig miteinander zu tun: Methodisch hat das Mediendolmetschen (z. B. das Simultandolmetschen für das Fernsehen) sicherlich mehr mit dem Konferenzdolmetschen gemeinsam als etwa mit der Untertitelung.

2.6 Maschinelle und computergestützte Übersetzung

Wie andere Berufsbilder hat sich auch das Berufsbild des Übersetzers durch die Entwicklung der EDV erheblich verändert. Computer kommen heute in verschiedenen Phasen des Übersetzungsprozesses zum Einsatz. Meist unterscheidet man im Bereich zwischen maschineller und manueller Übersetzung („Humanübersetzung") vier Stufen (Schäfer 2002: 31):

1. vollautomatische maschinelle Übersetzung (fully automatic machine translation, FAMT)
2. benutzerunterstützte maschinelle Übersetzung (humain-aided machine translation, HAMT)
3. maschinelle Übersetzungshilfen (machine-aided human translation, MAHT)
4. Humanübersetzung (human translation, HT)

Bei der *vollautomatischen* maschinellen Übersetzung wird der ganze Übersetzungsprozess vom Computer erledigt und der so entstandene Zieltext ohne Änderungen verwendet. Bei der *benutzerunterstützten* maschinellen Übersetzung wird der Ausgangstext speziell vorbereitet und der Zieltext vom Menschen korrigiert. Beim Einsatz *maschineller Übersetzungshilfen* erfolgt der eigentliche Transfer durch den Übersetzer, der Computer liefert nur Hilfestellung, z. B. in Form einer Terminologiedatenbank. Bei der *Humanübersetzung* werden keine speziellen elektronischen Hilfsmittel verwendet, abgesehen von herkömmlichen

---

[8] Vgl. bereits den Begriff des *audio-medialen Textes* bei Reiß (1971: 49ff.).

Textverarbeitungsprogrammen, die man nicht zu den maschinellen Übersetzungshilfen rechnet. Die Stufen 2 und 3 werden oft zur *computergestützten Übersetzung* zusammengefasst: „Both terms, MAHT and HAMT, are often grouped together under the term of computer-assisted translation (CAT)" (Austermühl 2001: 11). Die Verwendung dieses Terminus ist allerdings uneinheitlich. Einige Autoren beziehen ihn nur auf Stufe 3, manche nur auf Stufe 2.

Beginnen wir aber bei Stufe 1: Die *vollautomatische* maschinelle Übersetzung wird heutzutage hauptsächlich eingesetzt, wenn keine druckreife Übersetzung benötigt wird, sondern nur eine *Informativübersetzung*, d.h. eine unkorrigierte Rohübersetzung. Diese kann z. B. dazu dienen, dass sich der Auftraggeber einen groben Überblick über den Inhalt des Textes verschafft. Auf dieser Basis kann er dann entscheiden, ob er für den Text eine vollständige, druckreife Übersetzung benötigt oder z. B. nur Auszüge.

In den fünfziger Jahren, als man sich in den USA mit Forschungen zum Sprachenpaar Russisch-Englisch befasste, hatte man gehofft, die vollautomatische maschinelle Übersetzung könne tatsächlich hochqualitative Ergebnisse liefern. Man hatte dabei die rein sprachlichen Probleme des Übersetzens unterschätzt, was u. a. daran lag, dass zunächst fast ausschließlich Informatiker an der Forschung beteiligt waren. Doch die Hoffnungen der amerikanischen Forscher auf eine *fully automatic high quality translation* wurden durch den vernichtenden ALPAC-Report von 1966 zerstört. Danach kam es zum Einfrieren aller US-Projekte. Ab Mitte der siebziger Jahre wurden in verschiedenen Ländern neue Projekte ins Leben gerufen, nun auch unter Beteiligung von Linguisten und z.T. mit bescheideneren Zielsetzungen. Man ist sich heute im Klaren darüber, dass es bestimmte Übersetzungsprobleme gibt (z. B. neue Wörter und Bedeutungen sowie jede Art von Mehrdeutigkeit), die von Maschinen wahrscheinlich nie befriedigend gelöst werden können, wie Bonino zu Recht betont:

> [...] rimarrà sempre impossibile o difficoltoso (e quindi insicuro) per ogni macchina del genere
> a) tradurre neologismi o parole che non vi sono state immesse,
> b) tradurre accezioni nuove di parole già esistenti,
> c) riconoscere con sicurezza quale delle varie accezioni di una parola è quella esatta, [...] (Bonino 1989: 456)

Die besten Ergebnisse erzielen maschinelle Übersetzungen daher bei einfachen, hochgradig standardisierten Textsorten, in denen normalerweise keine Neologismen oder polyseme Wörter vorkommen. Als Paradebeispiel werden meist die kanadischen Wetterberichte genannt:

> [...] le Canada ayant une obligation légale de traduction, a beaucoup investi dans la traduction automatique. Depuis 1977, TAUM METEO, construit pour le Gouvernement canadien par l'Université de Montréal, est un système automatique effectivement utilisé pour toutes les informations météorologiques. (Loffler-Laurian 1990: 150)

Angeblich sind die Ergebnisse dieses Programms in der Regel ohne Korrekturen verwendbar, was vor allem daran liegt, dass Wortschatz und Grammatik stark eingeschränkt sind.

Bei schwierigeren Textsorten sind dagegen selbst aufwändige Übersetzungsprogramme ohne menschliche Unterstützung überfordert. Damit kommen wir zur Stufe 2, der *benutzer-unterstützten* maschinellen Übersetzung. Um bessere Ergebnisse zu erzielen, wird hier der Ausgangstext zunächst speziell vorbereitet (*pre-editing*). Dazu gehört z. B. die Blockierung der Übersetzung bei Eigennamen, damit nicht Fehler wie der folgende passieren:

> Zum Beispiel wurde in einem probeweise mit SYSTRAN übersetzten deutschen Pressetext der Name des Journalisten, *Malte Fischer*, fälschlicherweise als Satz interpretiert und entsprechend mit *le pêcheur a peint* übersetzt. (Schäfer 2002: 168)

Zum *pre-editing* im weiteren Sinne gehört inzwischen auch der Bereich der *kontrollierten Sprachen* (Göpferich 2002: 366ff.). Hier geht es darum, dass Texte, die maschinell übersetzt werden sollen, schon darauf hin formuliert werden, und zwar nach genau festgelegten grammatischen und lexikalischen Regeln (z. B. Verwendung einfacher, aber syntaktisch vollständiger Sätze, Vermeidung von Synonymen oder Redewendungen). Solche kontrollierten Sprachen werden bisher vor allem in bestimmten Branchen eingesetzt, z. B. in der Luft- und Raumfahrtindustrie.

Trotz *pre-editing* muss das Ergebnis einer maschinellen Übersetzung in der Regel überarbeitet werden. Bei diesem *post-editing* geht es vor allem um die Korrektur von Übersetzungsfehlern und Verstößen gegen zielsprachliche Normen. Loffler-Laurian (1996: 86ff.) unterscheidet in diesem Zusammenhang zwischen einer *post-édition rapide*, bei der es hauptsächlich um semantische und grammatikalische Korrektheit geht (insbesondere bei Übersetzungen für den internen Gebrauch) und einer *post-édition conventionnelle*, die auch eine stilistische Überarbeitung einschließt (für druckreife Übersetzungen).

Übersetzungsfehler treten bei der maschinellen Übersetzung häufig bei Mehrdeutigkeiten auf, und zwar nicht nur bei lexikalischen Mehrdeutigkeiten (wie bei *Malte – malte* im Beispiel oben, einem Fall von Homonymie), sondern häufig auch bei syntaktischen Mehrdeutigkeiten, z. B. mehrdeutigen Bezügen, wie im folgenden Beispiel (ebenfalls ein Satz, der von dem Programm SYSTRAN übersetzt wurde):

> L'auteur du livre, qui habite en Suisse, est très connu.
> Der Autor des Buches, das in der Schweiz wohnt, ist sehr bekannt. (Schäfer 2002: 256)

Fehler wie dieser sind relativ schnell zu korrigieren, hier ist ja auf der Textoberfläche nur ein einziges Wort falsch. Bei längeren Sätzen ist die Korrektur aufwändiger. Dennoch hat Falko Schäfer im Rahmen einer Evaluation des Programms SYSTRAN im Sprachenpaar Deutsch-Französisch festgestellt, dass beim Übersetzen mit SYSTRAN trotz *post-editing* 30% Zeit eingespart werden könne gegenüber einer Humanübersetzung (Schäfer 2002: 280ff.). Dieser Vergleich hinkt allerdings ein wenig, denn vor dem Hintergrund des Berufsalltags von Fachübersetzern müsste man die benutzerunterstützte maschinelle Übersetzung nicht mit einer rein manuellen Übersetzung vergleichen (Stufe 4), sondern mit einer Übersetzung der Stufe 3, zu der wir jetzt kommen.

Bei der computergestützten Übersetzung der Stufe 3 (mit *maschinellen Übersetzungs-hilfen*) liefert der Computer lediglich Informationen für die Übersetzung; die eigentliche Übersetzungsarbeit wird vom Menschen gemacht. Zu den heute häufig verwendeten maschinellen Übersetzungshilfen gehören u. a. Terminologiedatenbanken und Translation-Memory-Programme. Zu diesen und weiteren Übersetzungshilfen vgl. die englische Einführung von Frank Austermühl (2001), die neben englischen auch deutsche, französische und spanische Beispiele berücksichtigt; zum Italienischen vgl. das Bändchen von Osimo (2001), das sich allerdings auf elementare Informationen beschränkt.

Viele elektronische Hilfsmittel für Übersetzer sind über Internet zugänglich, z. B. Eurodicautom, die Terminologiedatenbank der EU-Kommission, die Fachtermini und Abkürzungen in allen Amtssprachen der EU enthält. Die Einträge sind allerdings von sehr unterschiedlicher Qualität (Göpferich 1998: 402).[9] Links zu Terminologiedatenbanken und anderen Übersetzungshilfen im Internet finden sich u. a. unter den Adressen *http://www.xlatio.de* und *http://www.fask.uni-mainz.de/inet/inet.html*.

Immer mehr Bedeutung gewinnen in jüngster Zeit *Translation-Memory-Programme*, d.h. Übersetzungsspeicher-Programme, die bereits durchgeführte Übersetzungen satzweise speichern und die gespeicherten Übersetzungen als Lösungen anbieten, wenn gleiche oder ähnliche Passagen in dem zu übersetzenden Text wieder auftauchen. Nützlich sind solche Programme vor allem für Texte, die viele Wiederholungen enthalten, und zwar Wiederholungen innerhalb des Textes (interne Rekurrenz), wie sie häufig in technischen Anleitungen vorkommen, oder Wiederholungen in Bezug auf bereits übersetzte Texte (externe Rekurrenz), wie im Fall von Softwarehandbüchern, die bei jeder neuen Version der entsprechenden Software aktualisiert werden müssen. In solchen Fällen kann der Einsatz von Translation-Memory-Programmen nach Angaben von Anwendern aus der Industrie einen Zeitgewinn von nahezu 40% bringen (Reinke 2004: 113). Richtig angewandt haben Translation-Memory-Programme zudem den Vorteil der terminologischen und stilistischen Konsistenz, d.h. dass gleiches immer gleich übersetzt wird, was vor allem dann von Vorteil ist, „wenn umfangreiche Texte parallel im Team erstellt werden" (Reinke 2004: 128). Dies birgt jedoch auch die Gefahr der Reproduktion fehlerhafter Übersetzungen:

> Translation-Memory-Systeme arbeiten nach dem *GIGO*-Prinzip (*garbage in – garbage out*). Es ist daher wichtig, sicherzustellen, daß nur einwandfreie Ausgangstexte und ihre einwandfreien Übersetzungen als Referenzmaterial für zukünftige Übersetzungen genutzt werden. (Göpferich 2002: 364)

Das beste Programm nützt also wenig, wenn es mit Übersetzungen „gefüttert" wird, die nicht korrekt sind. Ähnliches gilt für Terminologiedatenbanken und andere maschinelle Übersetzungshilfen.

Zum Abschluss möchte ich noch kurz auf das Verhältnis von maschineller und computergestützter Übersetzung einerseits und der Übersetzungswissenschaft andererseits einge-

---

[9] Eurodicautom wird seit 2005 nicht mehr aktualisiert und soll eingehen in die umfassendere Datenbank IATE.

hen. Dinda Gorlée betont in diesem Zusammenhang die positiven Auswirkungen auf die Entwicklung der Übersetzungswissenschaft:

> [...] l'introduzione della traduzione automatica (o traduzione computerizzata) segna la svolta deci-siva per l'evolversi della traduttologia, che si propone di spiegare, descrivere, schematizzare e formalizzare i fenomeni traduttivi. (Gorlée 1997: 151)

Ich sehe das Verhältnis etwas kritischer. Lange Zeit haben die Übersetzungswissenschaft und die Forschung zur maschinellen Übersetzung wenig Kenntnis voneinander genommen, z.T. ist das heute noch so. Die in diesem Kapitel mehrmals zitierte Monographie von Falko Schäfer (2002), die auf einer an der Universität des Saarlandes entstandenen Dissertation basiert, ist ein positives Beispiel für die Verknüpfung beider Forschungszweige.

2.7 Dolmetschwissenschaft

Im Vergleich zu der „Publikationsflut" im Bereich der modernen Übersetzungswissenschaft war die Anzahl dolmetschwissenschaftlicher Arbeiten bis vor wenigen Jahren noch relativ gering – allerdings mit stark ansteigender Tendenz. In den fünfziger Jahren gab es die ersten Publikationen zum Dolmetschen, die zumeist eher praktisch als wissenschaftlich ausgerichtet waren (z. B. Herbert 1952). Die wissenschaftliche begründete *Dolmetsch-forschung* etablierte sich in den sechziger und siebziger Jahren. Wichtige Forschungs-zentren waren in dieser Zeit Leipzig, Moskau und Paris (Pöchhacker 2000: 69ff.). In Leipzig dominierte allerdings die linguistisch ausgerichtete Übersetzungswissenschaft über das Dolmetschen. Die Dolmetschforschung in Moskau war psycholinguistisch ausgerichtet (läge also heute im Zeitalter der „kognitiven Wende" im Trend), hatte aber damals außerhalb Osteuropas keinen großen Einfluss.

In Westeuropa wurde die Dolmetschwissenschaft in den siebziger und frühen achtziger Jahren von der Pariser Schule dominiert. Der Name *Pariser Schule* rührt daher, dass die beiden führenden Gestalten dieser „Schule" an der ESIT in Paris tätig waren (vgl. Kap. 2.1): Danica Seleskovitch (1921–2001) und Marianne Lederer, die Seleskovitch als Direktorin der ESIT folgte (inzwischen ist sie im Ruhestand). Der Schwerpunkt der *tra-ductologie* an der ESIT lag von Anfang an auf dem Dolmetschen. Auch die theoretische Basis dieser Richtung, die *théorie du sens* wurde von Seleskovitch (1968) auf der Basis des Dolmetschens entwickelt und erst später auf das Übersetzen angewandt. Seleskovitch un-terscheidet grundsätzlich zwischen *interprétation* (womit im engeren Sinne das Dol-metschen und im weiteren Sinne jede Art von Interpretation gemeint ist, also auch das Übersetzen) und *transcodage* (Umkodierung):

> J'ai postulé un modèle triangulaire de l'interprétation. Par la pointe du triangle passe le sens qui s'exprime spontanément car les formes originales devenues idées n'exercent plus leur contrainte.

Par la base, passe la traduction directe de langue à langue des concepts que ne modifie ni le contexte ni la situation et qui sont objets de savoir et non de compréhension.

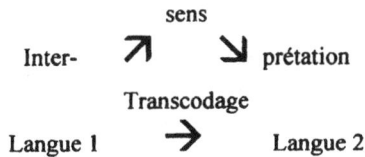

$$\text{Inter-} \nearrow \overset{\text{sens}}{} \searrow \text{prétation}$$

$$\text{Langue 1} \xrightarrow{\text{Transcodage}} \text{Langue 2}$$

(Seleskovitch, in: Seleskovitch/Lederer 1984: 185)

Der Dolmetschprozess läuft also nach Ansicht von Seleskovitch im Idealfall so ab, dass der Dolmetscher sich vollständig von den ausgangssprachlichen Strukturen löst, den Sinn des Ausgangstextes global erfasst und diesen dann in der Zielsprache neu formuliert. Die Umkodierung, d.h. der direkte Übergang von Ausgangs- zu Zielsprache, sei nur bei bestimmten Ausdrücken möglich, für die situationsunabhängige Eins-zu-eins-Entsprechungen bestehen, z. B. Zahlen oder Eigennamen. Dies sind im Übrigen auch genau diejenigen Ausdrücke, die Simultandolmetscher beim Dolmetschen häufig schriftlich notieren.

Das klingt im Prinzip durchaus einleuchtend. Das Problem des ganzen Modells liegt jedoch in der zentralen Komponente „Sinn" selbst. Dieser wird nämlich von Seleskovitch und Lederer als völlig sprachfrei angesehen: „Le sens est non verbal" (Seleskovitch/Lederer 2002: 258). Diese Tatsache ermögliche die Loslösung von den ausgangssprachlichen Bedeutungen:

Le caractère non verbal des états de conscience est l'étape fondamentale de toute traduction réussie car lui seul permet une expression en langue d'arrivée non affectée par le sémantisme de la langue de départ. (Seleskovitch/Lederer 2002: 259)

Diese These wirft jedoch grundsätzliche Fragen auf, wie etwa die folgenden: Kann man den Sinn eines komplexen Textes, z. B. einer Rede, völlig sprachfrei erfassen? Wo sind die Grenzen des sprachfreien Denkens? Spielt das Sprachenpaar überhaupt keine Rolle? Nach Ansicht von Seleskovitch und Lederer tut es dies nicht:

En effet, que la langue à interpréter soit proche de la langue d'expression ou que sa structure en soit au contraire très différente, la méthode interprétative sera toujours la même: dégager le sens et le réexprimer selon les habitudes propres à la langue dans laquelle on s'exprime. (Seleskovitch/Lederer 2002: 145)

Die *théorie du sens* ist von einigen Autoren als unwissenschaftlich kritisiert worden, besonders von Daniel Gile (1995: 186). Sie hatte wohl vor allem deshalb so großen Erfolg, weil es in den siebziger Jahren kaum konkurrierende Dolmetschtheorien gab. In empirischer Hinsicht hat die Pariser Schule kaum bedeutende Forschungen hervorgebracht. Das führte dazu, dass ab Mitte der achtziger Jahre ein anderes Institut stärker ins Rampenlicht rückte (Pöchhacker 2000: 74f.): die *Scuola Superiore di Lingue Moderne per Interpreti e*

Traduttori (SSLMIT) an der Universität Triest, wo ab 1986 mehrere internationale Kongresse zur Dolmetschforschung und Dolmetschdidaktik stattfanden (vgl. z. B. Gran/Dodds 1989; Gran/Taylor 1990) und seit Ende der achtziger Jahre *The Interpreters' Newsletter*, die erste genuin dolmetschwissenschaftliche internationale Fachzeitschrift, erscheint.

Einige Beispiele sollen dazu dienen, die nun stärker empirische Ausrichtung der Dolmetschforschung zu illustrieren. Durch empirische Untersuchungen konnte z. B. die These der Pariser Schule widerlegt werden, der zufolge sich das Sprachenpaar nicht wesentlich auf den Dolmetschprozess auswirke. So zeigt Maria Antonetta Fusco (1990) am Beispiel des Sprachenpaars Spanisch-Italienisch, dass eine relativ enge Verwandtschaft zwischen Ausgangs- und Zielsprache einerseits Erleichterungen für den Dolmetscher mit sich bringt, andererseits aber auch das Risiko von Interferenzen erhöht. Auch Alessandra Riccardi weist am Beispiel der Sprachenpaare Englisch-Italienisch und Deutsch-Italienisch auf sprachenpaarbedingte Dolmetschprobleme hin, speziell beim Simultandolmetschen:

> Personal experience has led me to the conviction that interpreting from English into Italian is far less fatiguing than from German into Italian because the syntactic structures of German differ more than those of English from Italian. (Riccardi 1996: 213)

Auf einige sprachenpaarbedingte Probleme und Strategien des Simultandolmetschens werde ich in Kap. 3.8 eingehen.

Ein wichtiger Schwerpunkt der empirischen Dolmetschforschung ist die Dolmetschqualität. So führte Maurizio Balzani an der SSLMIT ein Experiment durch, mit dem untersucht werden sollte, wie sich die folgenden Faktoren auf die Qualität des Simultandolmetschens (hier im Sprachenpaar Französisch-Italienisch) auswirken: der Texttyp (gemeinsprachlich vs. fachsprachlich, hier: politische Rede vs. medizinischer Fachvortrag), die Vortragsart (frei vorgetragen oder abgelesen) und der Sichtkontakt (man benutzte Videobänder und Tonbandaufzeichnungen im Vergleich). Probanden waren Studierende im letzten Studienjahr mit Muttersprache Italienisch. Es gab u. a. folgende Ergebnisse:

> L'interprète fait significativement plus d'erreurs à partir de D.L. [discours lus] qu'à partir de D.I. [discours improvisés]. [...]
> Au cours de l'I.S. [interprétation simultanée], l'interprète fait un nombre significativement plus grand d'erreurs si le discours est spécialisé que s'il est de caractère général. [...]
> Enfin, nous avons reperé un nombre significativement inférieur d'erreurs dans l'I.S. [interprétation simultanée] de D.I.V. [discours improvisés sur vidéo] par rapport à celle des D.I.B. [discours improvisés sur bande]; en ce qui concerne les D.L.B. [discours lus sur bande] et les D.L.V. [discours lus sur vidéo], cette condition particulière ne s'est pas présentée. (Balzani 1990: 99)

Diese Aussagen werden noch durch statistische Angaben belegt, auf deren Wiedergabe ich hier verzichte. Die Ergebnisse sind nicht überraschend, sie bestätigen im wesentlichen praktische Erfahrungen von Konferenzdolmetschern, wie die folgenden: Das Dolmetschen abgelesener Reden ist wesentlich schwieriger als das Dolmetschen frei gesprochener Reden; das Dolmetschen einer fachsprachlichen Rede ist nur mit einer entsprechenden Vorbereitung auf das Thema möglich; fehlender Sichtkontakt kann die Dolmetschqualität erheblich beeinträchtigen.

Aus dem gleichen Jahr wie Balzanis Studie stammt eine Untersuchung von Daniel Gile (1990), die auf der Befragung von englisch- und französischsprachigen Teilnehmern an einer medizinischen Fachtagung beruht. Beurteilt wurden u. a. Kriterien wie sprachliche, terminologische und inhaltliche Qualität der Verdolmetschung. Ein interessantes kulturspezifisches Ergebnis, das ebenfalls von Praktikern immer wieder bestätigt wird, ist die Tatsache, dass französischsprachige Tagungsteilnehmer die Dolmetschleistungen kritischer beurteilten als englischsprachige.

Empirische Forschungen zum Dolmetschen wurden auch in Spanien betrieben. Erwähnt seien hier die Untersuchungen von Ángela Collados Aís (1998) zur Auswirkung der non-verbalen Kommunikation und der Intonation auf die Qualität des Dolmetschens. Ein bemerkenswertes Ergebnis der Studie besteht darin, dass eine monotone Intonation bei Kunden und auch bei Dolmetschern selbst, die die Qualität einer Dolmetschung beurteilen, quasi zur Abwertung führt. Andere Qualitätskriterien wie akzentfreie Aussprache, angenehme Stimme oder Flüssigkeit der Dolmetschung werden offenkundig mit beeinträchtigt, wenn der Dolmetscher auffallend eintönig spricht: „Los resultados indican claramente que la entonación monótona ha incidido negativamente sobre la valoración global que han realizado los usuarios y los intérpretes" (Collados Aís 1998: 241).

Mit Collados Aís' Studie, die auf einer Dissertation an der Universität Granada aus dem Jahre 1997 beruht, sind wir in den neunziger Jahren angekommen. Eine umfassende Übersicht über die Geschichte und den Stand der Dolmetschforschung bis Mitte der neunziger Jahre bietet Daniel Gile in seinen *Regards sur la recherche en interprétation de conférence* (1995). Abschließend gibt der Verfasser, einer der schärfsten Kritiker seiner Zunft, eine recht negative Einschätzung des damaligen Forschungsstandes ab: „[...] il apparaît qu'après une quarantaine d'années de progression, la recherche en interprétation en est encore à ses ‚premiers pas'" (Gile 1995: 235). Seitdem ist allerdings die Anzahl der dolmetschwissenschaftlichen Publikationen nochmals deutlich gestiegen. Auffallend ist die zunehmende Internationalisierung, die nach Ansicht von Pöchhacker (2004: 44) durch die Verwendung des Englischen als *lingua franca* der Dolmetschwissenschaft begünstigt wird. So erscheint seit 1996 mit *Interpreting* eine weitere wichtige Fachzeitschrift in englischer Sprache, die zudem „peer-reviewed" ist (Pöchhacker/Shlesinger 2002: 9). Keine Fachzeitschrift im traditionellen Sinn, sondern eine zweimal jährlich erscheinende, kommentierte Bibliographie zum Konferenzdolmetschen ist das von Daniel Gile herausgegebene *CIRIN Bulletin*.[10]

Daniel Giles wichtigster eigener Beitrag zur Dolmetschwissenschaft sind seine *modèles d'efforts* (engl. *effort models*). Gile betrachtet das Dolmetschen aus kognitiver Sicht und hat für verschiedene Typen des Dolmetschens und Übersetzens (Simultan- und Konsekutivdolmetschen, Stegreifübersetzen) spezifische Modelle entwickelt, die die kognitive Belastung für den Dolmetscher aufzeigen und Kapazitätsprobleme erklären sollen. Ich möchte hier exemplarisch das Konsekutivdolmetschen herausgreifen und zitiere aus einem Artikel von Gile, in dem die aktuelle Version seiner Modelle auf Englisch zusammengefasst ist.

---

[10] Kostenlos zugänglich unter: *http://perso.wanadoo.fr/daniel.gile*.

Gile unterscheidet grundsätzlich zwei Phasen des Konsekutivdolmetschens: eine Zuhörphase (*listening phase*) und eine Reformulierungsphase (*reformulation phase*). In beiden
Phasen muss der Dolmetscher mehrere Aufgaben gleichzeitig erfüllen. Die Zuhörphase
modelliert Gile (der als gelernter Mathematiker gern mit Formeln argumentiert) wie folgt:

CI (listening)= L + M + N + C (Gile 2002: 167)
[CI= consecutive interpreting; L= listening; M= memory; N= note-taking; C= coordination]

In dieser Phase muss der Konsekutivdolmetscher also gleichzeitig zuhören, sich einen Teil
der Rede merken, andere Elemente notieren und diese drei Aufgaben koordinieren. Die
Reformulierungsphase sieht bei Gile so aus:

CI (reformulation)= Rem + Read + P (Gile 2002: 168)
[Rem= remembering; Read= reading of the notes; P= production]

In dieser Phase muss sich der Dolmetscher an das erinnern, was er sich gemerkt hat, er
muss seine Notizen entziffern und seinen Zieltext produzieren (also sprechen). Das Problem der Koordination stellt sich in dieser Phase nach Giles Ansicht nicht in so hohem Maße
wie in der Zuhörphase. Daher sei es z. B. beim Konsekutivdolmetschen eher möglich, in
eine Fremdsprache zu dolmetschen, als beim Simultandolmetschen, wo die Koordinations-
probleme größer seien:

> Whereas in the listening phase, the three efforts may be viewed as highly competitive, in the re-
> formulation phase, there seems to be much more potential for cooperation, in particular between
> note-reading and remembering. Incidentally, this could explain why many interpreters accept
> work into a B language (active, but nonnative) in consecutive, but not in simultaneous, interpret-
> ing. The presumably higher cost of speech production in the B language could be accomodated in
> the reformulation stage of consecutive, but not under the heavier pressure of simultaneous inter-
> preting. (Gile 2002: 168)

Gegenüber der *théorie du sens*, die für alle Dolmetschtypen sowie für das Übersetzen gleichermaßen Gültigkeit besitzen soll, sind Daniel Giles Modelle also eher dafür geeignet, die
Spezifika der einzelnen Translationstypen zu erfassen. Eine weiterführende Anwendung
von Giles Modell des Konsekutivdolmetschens auf das bilaterale Dolmetschen (abwech-
selndes Dolmetschen in beide Sprachrichtungen im direkten Kontakt mit den Gesprächs-
partnern) findet sich in dem *Manual de interpretación bilateral* von Collados Aís und
Fernández Sánchez (2001: 95ff.). Im gleichen Lehrbuch findet sich eine nützliche terminologische Unterscheidung im Hinblick auf die Klassifizierung verschiedener Dolmetschtypen:

> Distinguimos entre técnicas y modalidades de interpretación. Las técnicas se caracterizan por una
> determinada manera de llevar a cabo la actividad interpretativa (básicamente se diferencian en el
> funcionamiento de las operaciones mentales implicadas). Las modalidades se relacionan con los
> eventos comunicativos y situaciones sociales en las que tiene lugar el trabajo del intérprete. (Col-
> lados Aís/Fernández Sánchez 2001: 47)

Zu den „Dolmetschtechniken" (*técnicas de interpretación*), welche nach den angewandten sprachlichen bzw. kognitiven Verfahren definiert werden, gehören die drei Grundtypen bilaterales Dolmetschen, Konsekutivdolmetschen und Simultandolmetschen. Die „Dolmetschmodalitäten" (*modalidades de interpretación*) werden nach der Kommunikationssituation definiert und umfassen u. a. das Konferenzdolmetschen, das Gerichtsdolmetschen, das *liaison interpreting* (*interpretación de enlace*) – ein Oberbegriff für Dolmetscheinsätze in der Wirtschaft (Verhandlungsdolmetschen), im kulturellen Bereich und im Tourismus – sowie das *community interpreting* (*interpretación social*), d.h. das Dolmetschen in Behörden, sozialen und medizinischen Einrichtungen. Für das Dolmetschen und Übersetzen in öffentlichen Einrichtungen gibt es seit 2001 auch einen eigenen Studiengang an der Universidad de Alcalá de Henares (Valero Garcés 2003: 459).

Nach diesen Einblicken in einige Ansätze aus dem romanischen Sprachraum möchte ich abschließend noch in knapper Form auf die deutschsprachige Dolmetschwissenschaft eingehen. Auffällig ist hier, dass es vor allem in Österreich regelrechte Forschungszentren zum Dolmetschen gibt. An der Universität Wien wird seit einigen Jahren nicht nur zum Konferenzdolmetschen geforscht, sondern auch zu anderen Dolmetscharten, die von der Dolmetschwissenschaft lange Zeit vernachlässigt wurden: Community Interpreting (Pöchhacker 2000, dort als „Kommunaldolmetschen" bezeichnet), Gerichtsdolmetschen (Kadric 2001) und Mediendolmetschen, d.h. insbesondere Simultandolmetschen für das Fernsehen (Kurz 1997). Auch bei der empirischen Studie zur Notizentechnik beim Konsekutivdolmetschen von Andres (2002) handelt es sich um eine Wiener Dissertation (die Autorin lehrt allerdings in Germersheim). An der Universität Graz gibt es seit einigen Jahren einen Schwerpunkt im Gebärdensprachdolmetschen (Grbić et al. 2004); in den letzten Jahren ist das Community Interpreting als weiterer Schwerpunkt hinzugekommen (Pöllabauer/Prunč 2003). In Deutschland sind bisher eher Einzelpersonen in der Forschung hervorgetreten, z. B. Sylvia Kalina, die an der Universität Heidelberg mit einer Arbeit über Dolmetschstrategien promovierte (Kalina 1998) und inzwischen an der Fachhochschule Köln lehrt.

2.8 Didaktik

Der Ausdruck *Didaktik* kann sich im Zusammenhang mit Übersetzen und Dolmetschen auf zwei unterschiedliche Teilgebiete beziehen, die nicht immer streng getrennt werden: einerseits die Rolle der Übersetzung im Fremdsprachenunterricht und andererseits die Ausbildung von Übersetzern und Dolmetschern. Beide Gebiete werden in dem Sammelband *Enseignement de la traduction et traduction dans l'enseignement* von Delisle und Lee-Jahnke (1998) gemeinsam behandelt. Einige Aspekte der beiden Teilgebiete möchte ich im Folgenden exemplarisch ansprechen.

Im Hinblick auf das Übersetzen im Fremdsprachenunterricht, aber z.T. auch im Hinblick auf das Übersetzen in der Übersetzerausbildung wird zuweilen ein Mangel an einer systematischen Methodik konstatiert. Dies ist m. E. ein Grundproblem des „kasuistischen", oft nur auf Einzelaspekte bezogenen Lehrveranstaltungstyps Übersetzungsübung. Ein düsteres Bild von den Übersetzungsübungen an französischen Schulen und Universitäten entwirft der französische Linguist und Übersetzungswissenschaftler Maurice Pergnier im Vorwort des oben zitierten Sammelbandes, und zwar insbesondere im Hinblick auf die *version*, d.h. die Übersetzung aus der Fremdsprache (dt. *Herübersetzung*). Nach Pergniers Erfahrung laufen Übersetzungsübungen meist nach dem Prinzip *learning by doing* ab:

> Mon expérience m'a enseigné que le professeur de version procède souvent comme un maître nageur qui se mettrait à l'eau et traverserait la piscine à larges brasses en disant à ses élèves: „Faites comme moi." (Pergnier 1998: XIII)

Ähnlich äußert sich Enrico Borello zum italienischen Fremdsprachenunterricht, der im gleichen Zusammenhang vom Prinzip „imparare a tradurre traducendo" (1999: 319) spricht.

Mit den Unterschieden zwischen der *version* und dem *thème*, d.h. dem Übersetzen in die Fremdsprache (dt. *Hinübersetzung*) hat sich Jean-René Ladmiral befasst. Beim *thème* gehe es in der Tradition des französischen Schulsystems vor allem um grammatische Korrektheit, bei der *version* auch um stilistische Eleganz:

> La version garde son aspect littéraire: il faut produire une paraphrase française d'un texte littéraire étranger. En thème, le plus important est la vérification et l'*application* de règles grammaticales [...] (Ladmiral 1979: 44)

Beiden Übungen ist gemeinsam, dass der Fokus auf der Zielsprache liegt, d.h. bei der Hinübersetzung geht es vor allem um eine Überprüfung der fremdsprachlichen Kompetenz, bei der Herübersetzung geht es um die muttersprachliche Kompetenz. Übersetzungsprobleme im engeren Sinne spielen nur eine untergeordnete Rolle. Das wird auch deutlich aus dem folgenden Zitat von Carmela Nocera Avila, die die Rolle der Übersetzung in der Geschichte der Fremdsprachendidaktik (it. *glottodidattica*) untersucht hat. Zwar gab es eine Zeitlang die Tendenz, die Muttersprache und damit auch die Übersetzung ganz aus dem Übersetzungsunterricht zu verbannen (speziell in den sechziger Jahren), in jüngerer Zeit sehe man das jedoch differenzierter:

> [...] per quanto riguarda la traduzione [...] si è venuti alla conclusione che non solo è impossibile rimuovere la lingua materna dal processo di apprendimento ma che addirittura è dannoso. Di conseguenza la traduzione comincia ad essere rivalutata in quanto [...] è da intendere come un'attività di rilevante valore euristico, che aiuti a capire le convergenze e le divergenze strutturali, discorsivi e testuali tra L1 e L2, rilevabili negli usi linguistici reali. (Nocera Avila 1984: 113)

Im Fremdsprachenunterricht hat das Übersetzen also vor allem den Zweck, Gemeinsamkeiten und Unterschiede zwischen Muttersprache und Fremdsprache zu verdeutlichen, d.h. Übersetzen ist ein Hilfsmittel des Sprachvergleichs im Dienste der Vermittlung fremdsprachlicher Kompetenz. In der Übersetzerausbildung steht dagegen ein anderer Zweck im Vordergrund: die Vermittlung professioneller Übersetzungskompetenz. Dies kann nach Ansicht von Klaus Kaindl (1997: 101) kein realistisches Ziel des Fremdsprachenunterrichts sein,[11] denn hierzu gehöre weit mehr als sprachliche Kompetenz. Mit der Modellierung der *übersetzerischen Kompetenz* hat sich im romanischen Sprachraum besonders intensiv die Arbeitsgruppe PACTE der Universitat Autònoma de Barcelona (unter der Leitung von Amparo Hurtado Albir) beschäftigt. Hurtado Albir und ihre Mitarbeiter unterscheiden innerhalb der übersetzerischen Kompetenz sechs Teilkompetenzen, die sich gegenseitig überlappen:

> En cuanto a los componentes de la competencia traductora se distinguen las siguientes sub-
> competencias, que actúan de manera imbricada: 1) competencia lingüística en las dos lenguas
> (competencia „bilingüística" o „bilingüe"); 2) competencia extralingüística; 3) competencia de
> transferencia; 4) competencia instrumental y profesional; 5) competencia psicofisiológica; 6)
> competencia estratégica. (Hurtado Albir 2001: 395)

Hinsichtlich der Komponenten, die außer der Kompetenz in Ausgangs- und Zielsprache (1), noch eine Rolle spielen, erläutert Hurtado Albir (2001: 395ff.): Zur „außersprachlichen Kompetenz" (2) gehöre sowohl Allgemeinwissen als auch Fachwissen bestimmter Gebiete. Bei der „Transferkompetenz" (3), der zentralen Teilkompetenz, handele es sich um die Fähigkeit, den Ausgangstext zu verstehen und ihn in der Zielsprache unter Berücksichtigung von Übersetzungszweck und Zielgruppe zu reformulieren. Zur „instrumentellen und professionellen Kompetenz" (4) gehöre u. a. der Umgang mit Recherchemitteln jeglicher Art und Wissen über den Arbeitsmarkt. Bei der „psychophysiologischen" Kompetenz gehe es um Faktoren wie Gedächtnisleistung und Kreativität. Die „strategische Kompetenz" schließlich umfasse sowohl Verstehensstrategien (wie die übersetzungsrelevante Textanalyse) als auch Reformulierungsstrategien (wie die Anwendung von Übersetzungsverfahren). Diese Auflistung entspricht im wesentlichen den Komponenten, die auch von Vertretern der deutschsprachigen Übersetzungswissenschaft genannt werden, wobei Kautz (2000: 19ff.) die bei Hurtado Albir unter (5) genannten psychischen und physischen Eigenschaften der eigentlichen Übersetzungskompetenz vorordnet, indem er sie zu den „Voraussetzungen für das Erlernen des Sprachmittlerberufs" zählt.

Ich greife im Folgenden aus den genannten Aspekten lediglich zwei heraus, jeweils eine aus Komponente (1) und eine aus Komponente (6) des Modells von Hurtado Albir. Was die erste Komponente, die sprachliche Kompetenz, betrifft, sei auf eine Frage hingewiesen, die in der neueren Übersetzungsdidaktik besonders kontrovers diskutiert wird: Welcher Grad an fremdsprachlicher Kompetenz kann und soll bereits zu Studienbeginn vorausgesetzt werden? Hierzu gibt es zwei sehr unterschiedliche Positionen: Christiane Nord (1990: 11f.) hat vorgeschlagen, die Ausbildung der fremdsprachlichen Kompetenz vollständig aus dem eigentlichen Übersetzer- und Dolmetscherstudium auszugliedern und bei Bedarf (d.h. insbesondere bei Nichtschulsprachen) in einem Propädeutikum zu vermitteln. Ulrich Kautz geht dagegen – m. E. realistischerweise – davon aus, „dass der Aufbau von translatorischer Kompetenz mindestens im Anfangsstadium der Ausbildung von Translatoren mit dem Auf-

---

[11] Einige Autoren, z. B. Borello (1999: 62) und Kautz (2000: 440), sprechen sich dagegen ausdrücklich zugunsten der Vermittlung übersetzerischer Kompetenz im Fremdsprachenunterricht aus.

bau von Sprachkompetenz einhergeht (einhergehen *muss!*)" (2000: 46). Die von Kautz vertretene Position wird durch eine empirische Untersuchung von Julia Möller Runge zum Fach Deutsch als C-Sprache (zweite Fremdsprache) an spanischen Übersetzerinstituten gestützt, in der sich erhebliche Schwächen im Bereich der fremdsprachlichen Kompetenz zeigten, die nach Ansicht der Autorin vor allem auf strukturelle Defizite der Studienpläne zurückgehen (Möller Runge 2001: 275).

Zweitens möchte ich auf eine Übungsform aus dem Bereich der strategischen Kompetenz (6) hinweisen, die sowohl in der Übersetzerausbildung als auch bereits im Fremdsprachenunterricht mit Gewinn angewandt werden kann: die *übersetzungsrelevante Textanalyse*. Und auch hier möchte ich zur Illustration nur auf einen Teilaspekt eingehen und nicht das gesamte Analyseverfahren beschreiben (hierzu vgl. im Detail Nord 1995). Ein wichtiger didaktischer Nutzen der Textanalyse liegt in der Vermeidung von Interferenzen (also „zu wörtlichen" Übersetzungen). Dazu ist es nicht unbedingt notwendig, bei jedem Text eine ausführliche Analyse nach einem bestimmten Schema durchzuführen. Auf jeden Fall sollte jedoch über das Thema des Textes diskutiert werden, und zwar in der Zielsprache der Übersetzung. Dies wird zwar bei der Herübersetzung leichter fallen als bei der Hinübersetzung, ist aber in beiden Fällen von Nutzen. Ein Schlüsselerlebnis war für mich in meinem eigenen Studium ein Experiment, das ein Germersheimer Dozent (Günter Weis), durchgeführt hat: Er ließ denselben Text von zwei Gruppen übersetzen, einmal mit und einmal ohne vorbereitende Textanalyse. Hier einige Ausschnitte aus dem betreffenden Text (notorische Übersetzungsprobleme sind unterstrichen):

Le tabac
[...] L'organisation mondiale de la santé prêche la guerre sainte contre le tabac. Car maintenant il n'y a plus aucun doute: la cigarette tue. [...] Pour réussir à convaincre, les médecins français ont un lourd handicap: 80% d'entre eux fument. [...] „Le praticien qui m'a interdit le tabac, confia M. X. [...] à *L'Express*, entamait son second paquet de cigarettes de la journée. Alors moi, je continue." [...] (zit. nach Schreiber 2002b: 412)

In den ohne Textanalyse durchgeführten Übersetzungen wurde der Titel mehrheitlich mit *Der Tabak* wiedergegeben, und auch im Text wurde *le tabac* meist wörtlich mit *der Tabak* und *la cigarette* mit *die Zigarette* übersetzt. In der anderen Gruppe hatte man im Rahmen der Textanalyse festgestellt, dass sich der Text weniger mit dem Produkt Tabak als mit den Gefahren des Rauchens befasst und dementsprechend in der Überschrift und im Text *le tabac* und *la cigarette* in mehreren Fällen durch *(das) Rauchen* ersetzt, wie dies im Deutschen üblicher ist.

Auch wenn im Berufsalltag meist wenig Zeit für eine ausführliche Textanalyse bleibt, so gilt auch dort nach Ansicht von Daniel Gouadec, dass sich eine fehlende Analyse negativ auf die Qualität des Endprodukts auswirkt: „Il ne peut y avoir bonne traduction sans une analyse sérieuse du matériau à traduire" (Gouadec 2002: 20).

Auch in Bezug auf die *Dolmetschdidaktik* kann ich hier nur einige ausgewählte Probleme diskutieren. Ansprechen möchte ich dabei zum einen zwei Übungsformen, die besonders umstritten sind, zum anderen einige neue Erfordernisse an die Didaktik, die sich aus den jüngsten Entwicklungen der Berufspraxis ergeben.

Zu den umstrittensten Gebieten der Dolmetschdidaktik gehört die *Notizentechnik* für das Konsekutivdolmetschen. Neuere Publikationen zeigen, „dass die Meinungen über den möglichen Inhalt, bzw. die Didaktik einer Notationslehre weit auseinander gehen, ja, dass sogar Uneinigkeit darüber besteht, ob eine Notationslehre überhaupt erforderlich ist" (Andres 2001: 243; mit Verweis auf Ilg/Lambert 1996 und Kalina 1998). Die erste Einführung in die Notizentechnik stammt bereits aus den fünfziger Jahren (Rozan 1956) und gilt noch heute – zumindest bei einem Teil der Lehrenden – als Standardwerk. Zu Rozans Grundprinzipien gehören u. a. die Verwendung von Abkürzungen, die Notation von Verbindungselementen sowie die vertikale Anordnung der Notizen. Der „Gegenentwurf" zu Rozans System ist das über dreißig Jahre später erschienene umfangreiche Handbuch von Matyssek (1989), das im Unterschied zu Rozan vor allem mit einer Vielzahl an sprachfreien Symbolen arbeitet. Ein Jahr später erschien eine italienische Einführung in die Notizentechnik, die – zumindest was die methodische Basis angeht – primär auf den Prinzipien von Rozan aufbaut (Garzone et al. 1990: 55ff.). Inzwischen ist Dörte Andres in einer empirischen Studie am Beispiel des Sprachenpaars Französisch-Deutsch zu Ergebnissen gekommen, die die Nützlichkeit der Notizenlehre belegen sowie einige von Rozans Prinzipien bestätigen, z. B. im Hinblick auf die Segmentierung und räumliche Anordnung der Notizen sowie auf die Notation von Verknüpfungselementen (Andres 2001: 260f.).

Eine weitere äußerst umstrittene Übungsform ist das *shadowing*, d.h. das Nachsprechen eines mündlichen Textes in der gleichen Sprache, das vor allem als Vorübung zum Simultandolmetschen zum Einsatz kommt. Diese Übungsform wird vor allem von Vertretern der *théorie du sens* (vgl. Kap. 2.7) scharf abgelehnt, da es beim *shadowing* nicht um das Verstehen und Reformulieren des Sinns gehe, sondern lediglich um papageienhaftes Nachplappern:

> Aujourd'hui on sait que l'exercice du „shadowing" est à l'opposé de l'indispensable méthode interprétative et est donc plus nocif qu'autre chose. [...] il concentre l'attention sur la reconnaissance des mots alors qu'il faut apprendre à conceptualiser des unités de sens, [...] il fait faire le perroquet là où il faut apprendre à devenir interprète [...] (Seleskovitch/Lederer 2002: 169)

Ganz im Gegensatz zu Seleskovitch und Lederer plädiert Hönig (1997: 166) dafür, dolmetschtypische Übungsformen wie das *shadowing* wegen ihrer Nützlichkeit für die „Verstehensoptimierung" sogar in das Übersetzerstudium aufzunehmen. Nach Ansicht von Kautz, der für den Dolmetschunterricht verschiedene Varianten des *shadowing* (simultan und verzögert) empfiehlt, liegt deren Nutzen u. a. in der „Schulung des intensiven Hörens", in der „Segmentierung von Sinneinheiten" (beim verzögerten *shadowing*) sowie in der „Lockerung der Sprechwerkzeuge" (Kautz 2000: 363, 373, 404). Zudem bestätigen neurolinguistische Untersuchungen, dass das *shadowing* aus kognitiver Sicht offenkundig wesentlich komplexer ist, als dies Seleskovitch und Lederer annehmen (Gran 1992: 278f.).

Nun möchte ich noch anhand einiger Beispiele illustrieren, wie sich Wandlungen der Berufspraxis auf die Dolmetschdidaktik niederschlagen können:

Da der Einsatz des *Konsekutivdolmetschens* bei internationalen Organisationen stark abgenommen hat und sich die EU-Organe ganz auf das Simultandolmetschen konzentrieren – bei anderen Institutionen sieht das Bild differenzierter aus (Neff 2001: 131) – wird zuweilen kritisiert, dass an den Dolmetscherinstituten „eine Überbetonung der Konsekutivausbildung im Vergleich zur Simultanausbildung praktiziert werde" (Kalina 2000: 172). Dem kann man mit Kalina entgegen halten, dass durch paralleles Üben des Konsekutivdolmetschens auch während der Simultanausbildung „die Erhaltung der Langzeitgedächtnis-Kapazität des Dolmetschers gefördert [wird]" (2000: 173).

Eine Dolmetschtechnik, die beim Simultandolmetschen für EU-Institutionen immer häufiger angewandt wird und im Zuge der EU-Erweiterung noch an Bedeutung gewinnen wird, ist das *Relais-Dolmetschen*, d.h. der Umweg über eine *Pivot-Sprache* (z. B. Englisch oder Französisch), wenn für ein bestimmtes Sprachenpaar (beispielsweise Finnisch-Griechisch) keine Dolmetscher zur Verfügung stehen (Kelletat 2004: 137). Vor diesem Hintergrund fordern Seleskovitch und Lederer (2002: 343), Studierende gezielt auf die Tätigkeit als *pivot* („Zwischendolmetscher") bzw. *relayeur* („Weiterdolmetscher") vorzubereiten. Insbesondere für die Tätigkeit als *pivot* gelten sehr hohe Anforderungen im Hinblick auf Deutlichkeit und Schnelligkeit der Verdolmetschung (hierzu vgl. Riccardi 2003: 259ff.).

Die neuen Anforderungen im Bereich des Konferenzdolmetschens dürfen allerdings nicht darüber hinwegtäuschen, dass es im Bereich des Dolmetschens noch andere Berufsbilder gibt, deren Tätigkeit sich wandelt bzw. deren Relevanz zunimmt. Alessandra Riccardi erwähnt in diesem Zusammenhang das *Verhandlungsdolmetschen* (d.h. das konsekutive Dolmetschen kürzerer Sequenzen ohne Notizentechnik, besonders im geschäftlichen Bereich), das bisher in der Dolmetschdidaktik u. a. als Vorbereitung auf das „richtige" Konsekutivdolmetschen (mit Notizentechnik) eingesetzt wird. Im Zuge der Globalisierung spiele diese Dolmetschform eine immer größere Rolle und diene zunehmend der interkulturellen Kommunikation, was auch in der Lehre durch verstärkte Einbeziehung kulturspezifischer Dolmetschprobleme berücksichtigt werden müsse (Riccardi 2000: 83f.).

Ein weiteres Berufsbild, dessen Bedeutung zunimmt, ist das *Community Interpreting*, d.h. das Dolmetschen im sozialen, medizinischen und therapeutischen Bereich. Hier werden in mitteleuropäischen Ländern häufig Laiendolmetscher eingesetzt. Gegenüber Skandinavien, wo die Professionalisierung dieser Tätigkeit weit vorangeschritten ist, besteht ein großer Aufholbedarf. Ein erster Schritt in die Richtung einer beginnenden Professionalisierung im deutschsprachigen Raum wurde an der Universität Graz unternommen, wo seit dem Studienjahr 2002/2003 Community Interpreting als optionales Modul angeboten wird (Pöllabauer/Prunč 2003: 7). Seit dem gleichen Studienjahr wird in Graz das *Gebärdensprachdolmetschen*, das bereits zuvor als Modul studiert werden konnte, als vollwertiges Studienfach angeboten.

Abschließend sei noch auf einen Translationstyp hingewiesen, der sowohl von der Übersetzungswissenschaft als auch von der Dolmetschwissenschaft und zum Teil auch von der Translationsdidaktik lange vernachlässigt wurde, da er sich im Grenzbereich von Übersetzen und Dolmetschen angesiedelt ist: das *Stegreifübersetzen*, d.h. das mündliche Übersetzen eines kurzen schriftlichen Textes (z. B. Geschäftsbrief, Vertrag, Meldung) ohne längere Vorbereitung und meist auch ohne Hilfsmittel (z. B. Wörterbücher). Diese Form der Translation kann in der Berufspraxis von Übersetzern und Dolmetschern in verschiedenen Situationen vorkommen, z. B. in der Industrie, vor Gericht oder in Presseagenturen (Kalina 2004: 107f.). Auch das Simultandolmetschen auf der Basis eines vorliegenden Redemanuskripts kann Züge des Stegreifübersetzens tragen. Je nachdem, ob das Manuskript dabei als primärer Ausgangstext dient oder nur als gelegentlich herangezogenes Hilfsmittel (z. B. für Eigennamen, Fachausdrücke oder Zahlen), kann man mit Thiéry (1981) zwischen *traduction à vue* und *interprétation simultanée avec texte* unterscheiden, wobei Thiéry dem letzteren Verfahren den klaren Vorzug gibt: „[...] pour l'interprète il faut un effort délibéré et une bonne maîtrise de sa technique pour se jeter à l'eau et ne *pas* faire une traduction à vue" (Thiéry 1981: 121). In der Ausbildung von Übersetzern und Dolmetschern wird das Stegreifübersetzen sowohl als eigene Übungsform eingesetzt als auch als Vorübung zum Dolmetschen. Die Nützlichkeit für die Einübung dolmetschspezifischer Prozesse wird allerdings von Viezzi (1989) bestritten, da eine von ihm durchgeführte empirische Untersuchung (im Sprachenpaar Englisch-Italienisch) zu dem Schluss kommt, dass beim Stegreifübersetzen andere Strategien zum Tragen kommen als beim Simultandolmetschen.

2.9 Bibliographische Hinweise

Da ich in den einzelnen Abschnitten von Kap. 2 bereits auf Spezialliteratur zu den behandelten Themen eingegangen bin, möchte ich mich hier auf einige themenübergreifende Einführungen und Nachschlagewerke zur Übersetzungs- und Dolmetschwissenschaft beschränken.

Im deutschsprachigen Raum gibt es inzwischen eine ganze Reihe von Einführungen in die Übersetzungswissenschaft. Da diese jeweils unterschiedliche Schwerpunkte setzen, empfiehlt sich eine komplementäre Lektüre mehrerer Einführungen, z. B. Koller (1992), Stolze (2001) und Prunč (2001), um einen Gesamtüberblick über die verschiedenen Ausrichtungen und Standpunkte der Übersetzungswissenschaft zu erhalten (vgl. auch unten, Aufgabe 1). Literatur- und sprachwissenschaftliche Grundlagen der „Übersetzungsforschung" werden in der zweibändigen Einführung von Greiner (2004) und Albrecht (2005) behandelt. Ein umfassendes Nachschlagewerk zu linguistischen, literarischen und historischen Aspekten des Übersetzens ist das auf drei Teilbände angelegte Handbuch von Frank et al. (2004). Eine deutschsprachige Einführung, die speziell der Dolmetschwissenschaft gewidmet ist, gibt es m.W. bisher nicht; zu einem Forschungsbericht vgl. Pöchhacker (2000: 67ff.). Ein thematisch gegliedertes Nachschlagewerk zu theoretischen und praktischen Aspekten des Übersetzens und Dolmetschens ist Snell-Hornby et al. (1998). Zur translatorischen Methodik vgl. jetzt auch Kadric et al. (2005).

Zudem möchte ich noch auf einige einführende Monographien hinweisen, deren Titel potenzielle Leser auf die falsche Fährte bringen könnten: Das Buch mit dem Titel *Übersetzen: Ein Vademecum* von Macheiner (1996) ist kein allgemein ausgerichtetes Lehrbuch, sondern eine Übersicht sprachenpaarbedingter Übersetzungsprobleme (Englisch-Deutsch). Der *Grundkurs Übersetzungswissenschaft Französisch* von Knauer (1998) bietet keine Darstellung der französischen Übersetzungswissenschaft, sondern eine knappe Einführung in die deutschsprachige Übersetzungs- und Dolmetschwissenschaft (anhand französisch-deutscher Beispiele). Der erste Band des Werkes *Translationswissenschaft: Ein Kompendium* (Salevsky 2002) hat zwar einen kompendienartigen Umfang, ist aber zum Nachschlagen nur bedingt geeignet, da es sich nicht um eine einheitlich konzipierte Monographie handelt, sondern um eine Sammlung von Vorlesungsnachschriften zur Übersetzungswissenschaft (der in Vorbereitung befindliche zweite Band soll der Dolmetschwissenschaft gewidmet sein). Demgegenüber bietet das *Handbuch Didaktik des Übersetzens und Dolmetschens* von Kautz (2000) mehr als der Titel verspricht: Behandelt werden nicht nur didaktische, sondern auch übergreifende Aspekte (z. B. Übersetzungsprozess, Dolmetschtypen); besonders nützlich ist auch die umfangreiche, teilkommentierte Bibliographie (Kautz 2000: 547ff.).

Aus der in den letzten Jahren stark angewachsenen englischsprachigen Literatur seien hier nur einige Titel herausgegriffen, die die deutschsprachigen Einführungen und Nachschlagewerke sinnvoll ergänzen: Munday (2001) bietet eine didaktisch aufbereitete Einführung in die verschiedenen Ansätze der Übersetzungswissenschaft (mit Arbeitsaufgaben). Einen Überblick über die Entwicklung und den aktuellen Stand der Dolmetschwissenschaft liefert – in gedrängter Form – die Monographie von Pöchhacker (2004) sowie – ausführlicher – der von Pöchhacker und Shlesinger (2002) herausgegebene, thematisch gegliederte Reader, der neben grundlegenden Aufsätzen führender Dolmetschwissenschaftler und einer Einführung der Herausgeber auch weiterführende Bemerkungen zu den einzelnen Ansätzen und Autoren enthält (mit zahlreichen Literaturhinweisen). Damit unterscheidet er sich von dem Reader zur Übersetzungswissenschaft von Venuti (2000), der außer den abgedruckten Aufsätzen nur wenig Zusatzinformationen bietet.

Die Romania ist mit einschlägigen Einführungen nicht so reich gesegnet. Eine knappe Einführung in die Übersetzungswissenschaft aus Sicht der Pariser Schule bietet Lederer (1994). Breiter angelegt ist das Panorama neuerer Übersetzungstheorien von Larose (1992). Die Dolmetschwissenschaft wird von Gile (1995) aufgearbeitet (Forschungsbericht und eigene Modelle).

Erste italienischsprachige Einführungen in die Übersetzungswissenschaft entstanden Ende der achtziger Jahre: die Monographie von Masiola Rosini (1988) und das zweibändige Handbuch von Bonino (1988/89). Aktuellere Einführungen fehlen bisher. Die Anthologie zur Übersetzungstheorie von Nergaard (1995) enthält nur einen Text eines italienischen Autors (Umberto Eco), der Reader von Agorni (2005) keinen einzigen. Der Sammelband von Ulrych (1997) enthält zwar mehrere Überblicksartikel zur Übersetzungswissenschaft in einzelnen Ländern, z. B. in Frankreich (Raccanello 1997), aber keinen zur Übersetzungswissenschaft in Italien. In der Dolmetschwissenschaft sieht es relativ gut aus. So hat die italienische Dolmetschwissenschaft zu den beiden wichtigsten Typen des Konferenzdolmetschens einschlägige Einführungen hervorgebracht: zum Konsekutivdolmetschen vgl. Garzone et al. (1990), zum Simultandolmetschen vgl. Riccardi (2003).

Die am breitesten angelegte Einführung in die Übersetzungs- und Dolmetschwissenschaft in einer romanischen Sprache wurde auf Spanisch geschrieben (Hurtado Albir 2001). Ältere, linguistisch ausgerichtete Einführungen in die Übersetzungswissenschaft sind Vázquez-Ayora (1977) und García Yebra (1982). Eine umfassende Einführung zur Dolmetschwissenschaft in spanischer Sprache fehlt noch, allerdings enthält das Lehrbuch des „bilateralen Dolmetschens" von Collados Aís und Fernández Sánchez (2001) auch Informationen zu anderen Dolmetschtechniken. Zu den Strategien des Simultandolmetschens vgl. Bertone (1989).

Abschließend sei noch auf ein terminologisches Nachschlagewerk hingewiesen, das übersetzungswissenschaftliche Termini in vier Sprachen (Französisch, Englisch, Spanisch, Deutsch) enthält: Delisle et al. (1999; italienische Übersetzung 2002).

Aufgaben

1. Vergleichen Sie die Einführungen in die Übersetzungswissenschaft von Koller (1992), Stolze (2001) und Prunč (2001). Welchen Richtungen der Übersetzungswissenschaft gehören diese drei AutorInnen an? Wie äußert sich dies in der Gewichtung und Bewertung der dargestellten Ansätze? Welche Ansätze romanischsprachiger Autoren werden berücksichtigt?
2. Verschaffen Sie sich einen Einblick in die Übersetzungswissenschaft Brasiliens anhand der bei Wolf (1997) in deutscher Übersetzung vorliegenden Aufsätze. An welche theoretischen Ansätze knüpft die brasilianische Übersetzungswissenschaft explizit an? Sehen Sie weitere Gemeinsamkeiten und Unterschiede im Hinblick auf europäische Schulen der Übersetzungswissenschaft?
3. Lesen Sie die Ausführungen zur Übersetzbarkeit bei Koller (1992: 159ff.) und Schreiber (1993: 43ff.). Was versteht Koller unter „progressiver Übersetzbarkeit"? Inwiefern ist die Invariante „Wirkung" übersetzbar?
4. Vergleichen Sie Mounins eigene Auffassung zur Übersetzbarkeit (in Mounin 1955) mit den Standpunkten, die Mounin in seinem Buch von 1963 referiert.
5. Machen Sie sich anhand von Gerzymisch-Arbogast/Mudersbach (1998) mit verschiedenen Methoden des wissenschaftlichen Übersetzens vertraut. Versuchen Sie, einen kurzen Text nach den drei dort beschriebenen Methoden aus einer romanischen Sprache ins Deutsche zu übersetzen.
6. Lesen Sie Kußmaul (2000). Was versteht der Autor unter kreativem Übersetzen? Versuchen Sie, eigene Beispiele für kreative Übersetzungen (romanisch-deutsch) zu finden.
7. Informieren Sie sich anhand von Levý (1969: 174ff.) und Rega (2001: 107ff.) über metrisch bedingte Probleme der literarischen Übersetzung. Versuchen Sie, einige Gedichtübersetzungen im Hinblick auf verstechnische Probleme zu analysieren.
8. Verschaffen Sie sich anhand von Stolze (1999: 150ff.) einen Einblick in die Probleme des Fachübersetzens in den Bereichen Technik, Recht und Wirtschaft. Welche Texte erscheinen Ihnen als besonders schwer übersetzbar?
9. Sehen Sie sich im französischen, italienischen oder spanischen Fernsehen die synchronisierte Version einer Folge einer Ihnen bekannten deutschen Fernsehserie an. Welches sind Ihre Eindrücke?
10. Beschaffen Sie sich die deutsch untertitelte Version eines romanischsprachigen Spielfilms auf DVD und vergleichen Sie die deutsche Untertitelung mit dem Original.

11. Führen Sie mit dem Übersetzungsprogramm der Suchmaschine Google die automatische Übersetzung einiger Internetseiten durch. Versuchen Sie, die Gründe für fehlerhafte Übersetzungen herauszufinden.

12. Übersetzen Sie einen Fachtext mit Hilfe der Terminologiedatenbank Eurodicautom (*http://europa.eu.int/eucodicautom*) und verschiedener Online-Wörterbücher (z. B. *http://www.yourdictionary.com*). Vergleichen Sie die Informationen dieser elektronischen Übersetzungshilfen mit denjenigen von gemeinsprachlichen und fachsprachlichen Printwörterbüchern.

13. Informieren Sie sich anhand von Pöchhacker/Shlesinger (2002: 23ff.) über frühe empirische Studien zur Dolmetschforschung. Wer führte diese Studien durch? Wie wirkte sich der wissenschaftliche Hintergrund der Forscher auf die Bewertung der Dolmetschqualität aus?

14. Verschaffen Sie sich anhand der Beiträge in Best/Kalina (2002) und Kurz/Moisl (2002) einen Einblick in die Berufsbilder des Konferenz-, Gerichts- und Gebärdensprachdolmetschens sowie des Community Interpreting. Welches sind die wichtigsten Gemeinsamkeiten und Unterschiede?

15. Lesen Sie Kiraly (2000) und erklären Sie den Titel des Buches. Machen Sie sich mit den Vorschlägen des Autors für den Übersetzungsunterricht vertraut und vergleichen Sie diese mit Ihren eigenen Erfahrungen.

16. Arbeiten Sie sich anhand von Rozan (1956) und Matyssek (1989) in zwei verschiedene Systeme der Notizentechnik ein. Fertigen Sie Notationen eines kurzen schriftlichen Textes (z. B. Zeitungskommentar) nach beiden Systemen an. Versuchen Sie anschließend das gleiche mit einem mündlichen Text (z. B. Ausschnitt aus einem Fernsehinterview).

17. Informieren Sie sich auf der Basis der Internetauftritte deutschsprachiger Institute zur Übersetzer- und Dolmetscherausbildung (vgl. die Links bei *http://www.xlatio.de*) über neue Bachelor- und Master-Studiengänge im Bereich der Translation. Welche Sprachkenntnisse werden in den jeweiligen Studiengängen bereits zu Beginn des Studiums vorausgesetzt?

3. Sprachenpaarbezogene Übersetzungswissenschaft

In diesem dritten und letzten Hauptkapitel geht es um sprachenpaarbedingte Probleme des Übersetzens mit gelegentlichen Ausblicken auf entsprechende Probleme des Dolmetschens (zu denen es bisher nur wenige empirische Untersuchungen gibt). Dabei stehen die Sprachenpaare Französisch-Deutsch, Italienisch-Deutsch und Spanisch-Deutsch im Mittelpunkt. Darüber hinaus werden auch Übersetzungen zwischen zwei romanischen Sprachen einbezogen, insbesondere in denjenigen Fällen, in denen die Wahrscheinlichkeit von innerromanischen Interferenzen groß ist. Gelegentlich werden auch englische Beispiele aus der Sekundärliteratur zitiert.

Die Gliederung des Kapitels erfolgt nach den betroffenen sprachwissenschaftlichen Disziplinen in aufsteigender Reihenfolge, d.h. beginnend bei den kleinsten sprachlichen Einheiten, den Lauten. Elementare sprachwissenschaftliche Kenntnisse werden für die Lektüre vorausgesetzt.[1]

Um zu einer eigenständigen, vertiefenden Beschäftigung mit der Thematik anzuregen, werde ich auf Spezialliteratur zu den betreffenden Phänomenen hinweisen. Ein methodisches Problem vieler sprachenpaarbezogener Untersuchungen liegt allerdings darin, dass nicht immer hinreichend deutlich wird, was eigentlich das Ziel der Untersuchung ist: der Sprachvergleich oder die Übersetzung. Deshalb noch ein paar Vorbemerkungen zur Abgrenzung von kontrastiver Linguistik und sprachenpaarbezogener Übersetzungswissenschaft:[2] Die *kontrastive Linguistik* ist diejenige Teildisziplin der Sprachwissenschaft, die dem synchronischen Sprachvergleich gewidmet ist. Eine Untersuchung zur kontrastiven Linguistik in einem bestimmten Sprachenpaar könnte sich z. B. mit den unterschiedlichen Tempussystemen befassen und die Verwendungsbedingungen der einzelnen Tempora vergleichend beschreiben. Die *sprachenpaarbezogene Übersetzungswissenschaft* würde darüber hinaus die Frage stellen, welche *Übersetzungsverfahren* angewandt werden können, um trotz der Unterschiede im Tempussystem ähnliche Inhalte auf Textebene auszudrücken. Die sprachenpaarbezogene Übersetzungswissenschaft ist also immer „lösungsorientiert" im Hinblick auf die betreffenden Übersetzungsprobleme. *Lösungsorientiert* ist jedoch nicht mit *präskriptiv* gleichzusetzen, denn man kann ebenso *deskriptiv* vorgehen und beschreiben, wie Übersetzer mit bestimmten Übersetzungsproblemen umgehen. In diesem Sinne sind auch die folgenden Ausführungen zu verstehen: Es werden mögliche Lösungen beschrieben und Übersetzungen dabei gelegentlich auch kritisiert, aber keine starren Regeln angegeben, denn allgemeingültige ‚Patentlösungen' verbieten sich schon deshalb, weil jede Übersetzung von Faktoren wie Texttyp, Übersetzungszweck oder Adressatenkreis abhängt.

Im Rahmen des vorliegenden Arbeitsheftes kann natürlich nur eine begrenzte Auswahl an sprachenpaarbedingten Übersetzungsproblemen besprochen werden. Weiterführende Informationen finden sich in den zitierten Arbeiten sowie in den in Kap. 3.11 aufgeführten Lehrbüchern zu einzelnen Sprachenpaaren. Auch konnten nicht alle sprachwissenschaftli-

---

[1] Zum Nachschlagen linguistischer Termini sei Bußmann (2002) empfohlen.

[2] Ausführlich zu dieser Problematik vgl. Schreiber (2004a).

chen Disziplinen einzeln besprochen werden. So habe ich auf ein eigenes Teilkapitel zur Fachsprachenforschung verzichtet. Probleme der Fachübersetzung werden im Zusammenhang mit den jeweiligen Teilbereichen des Sprachsystems behandelt, z. B. lexikalische Probleme in Kap. 3.5 und textlinguistische Probleme in Kap. 3.9. Auch der Lexikographie ist aus Platzgründen kein eigenes Teilkapitel gewidmet. Einige Hinweise zur Arbeit mit verschiedenen Typen von Wörterbüchern und sonstigen Nachschlagewerken finden sich bei den Aufgaben am Ende dieses Kapitels.

3.1 Phonetik und Phonologie

Zunächst kann man die berechtigte Frage stellen, was die *Lautlehre* (Phonetik und Phonologie) überhaupt mit Übersetzen zu tun hat, schließlich übersetzen wir ja keine einzelnen Laute, sondern ganze Texte. Das ist richtig, aber Laute erfüllen natürlich in Wörtern eine bestimmte Funktion. Und diese Funktion kann übersetzungsrelevant sein, wenn sie im Ausgangstext eine Rolle spielt.

Eine dieser Funktionen ist die *Onomatopöie* (Lautmalerei). Hier gibt es durchaus sprachliche Unterschiede, die zu Übersetzungsproblemen führen können. So existieren im Deutschen – nach Darstellung von H. Dupuy-Engelhardt – differenziertere Substantive und Verben zur Wiedergabe bestimmter Geräusche als im Französischen. Im Französischen werden deutsche lautmalerische Ausdrücke oft durch relativ abstrakte Ausdrücke wiedergegeben, z. B. durch das Allerweltssubstantiv *bruit*:

> das *Knallen* beim Aufprall ging im Kampfgeschrei unter
> le *bruit* de la balle par terre se transforme en cri de guerre (Dupuy-Engelhardt 2001: 609)

Doch nicht nur bei den Substantiven, auch bei den Verben finden sich Übersetzungsbeispiele, in denen der deutsche Text differenzierter ist:

> Helmut *schnalzt* mit der Zunge, daß es *knallt*
> [...] fait *claquer* sa langue (Dupuy-Engelhardt 2001: 610)

Wenn das genaue Geräusch im Text keine zentrale Rolle spielt, ist es sicher legitim, sich im Französischen weniger lautmalerisch auszudrücken. Der deutsche Wortschatz scheint hier einfach differenzierter zu sein.

Hinsichtlich des Sprachenpaars Deutsch-Italienisch deutet das folgende Beispiel aus dem *Nuovo Dizionario Sansoni* darauf hin, dass es dort ähnliche Unterschiede gibt:

> die Tasse *knallt* auf den Boden – la tazza *cade* a terra

Hier drückt das Verb *knallen* zugleich das Fallen und das beim Aufprall entstehende Geräusch aus. Im italienischen Beispiel geht die lautmalerische Komponente verloren – ein

Verlust, der kaum ins Gewicht fällt, sofern es sich nicht um einen literarischen Text handelt, in dem die Lautmalerei eine bestimmte Rolle spielt. Genau um einen solchen Fall geht es im nächsten, spanisch-deutschen Beispiel. Hier werden lautmalerische Bildungen in einem literarischen Text in sinnstiftender Weise eingesetzt:

> mientras los pordioseros arrebataban del aire la *car-car-car-car-cajada*, del aire, del aire. (M.A. Asturias)
> der Spott des *Geläch-äch-ächters* der Bettler, das die Luft, die Luft erfüllte (Cartagena 1993/94: 52)

Aufgrund der wichtigen Funktion der Onomatopöie im Ausgangstext ist auch der Übersetzer lautmalerisch tätig geworden – allerdings mit deutlichen phonetischen Unterschieden: Während die spanische Form *car-car-car-car-cajada* nach einem heiseren Lachen klingt, gilt dies für die deutsche Entsprechung *Geläch-äch-ächter* wohl kaum. Phonetisch näher am Ausgangstext wäre eine Form wie *Lach-ach-ach-achen*.

Die Übersetzung von Lautmalerei stellt allerdings ein insgesamt eher peripheres Übersetzungsproblem dar, abgesehen von bestimmten Textsorten, in denen solche Bildungen überdurchschnittlich häufig verwendet werden, z. B. Comics (Kaindl 2004: 249ff.). Ein weiteres peripheres Problem möchte ich nur ganz kurz erwähnen: Die Übersetzung von *Klangsymbolik*. H. Scheffel zitiert hierzu ein Beispiel aus seiner eigenen Übersetzung des Romans *La Modification* von Michel Butor. Eine unheimliche Sagengestalt stellt darin dem Protagonisten quälende Fragen wie „Qui êtes-vous?" oder „Où allez-vous?", in denen die Form *vous* nach Ansicht Scheffels nicht mit der Höflichkeitsform *Sie* wiedergegeben werden könne, sondern mit *du* wiedergegeben werden müsse: „Wer bist du?" bzw. „Wohin gehst du?", denn: „Nur durch das im *vous* und auch im *du* enthaltene dunkle *u* kann das Bedrängende, Quälende, Unheimliche wiedergeben werden" (Scheffel 1991: 99). Hier haben wir ein klares Beispiel dafür, dass einmal ein Laut in der Hierarchie der Invarianzforderungen ganz oben steht – allerdings nur, weil er im Text eine Funktion erfüllt, die der Übersetzer als besonders wichtig ansah.

Ein häufiger auftretendes Problem der literarischen Übersetzung, speziell der Gedichtübersetzung, ist die Wiedergabe von *Lautkorrespondenzen*, z. B. Reimen. In diesem Bereich hängt die Übersetzbarkeit stark vom Sprachenpaar ab. Der tschechische Übersetzungstheoretiker Jiří Levý hat diese Problematik mit einem Beispiel aus dem Sprachenpaar Italienisch-Englisch auf den Punkt gebracht: „Ein italienischer Dichter hat tausend Reime auf -are (amare) Der englische Dichter kann auf *love* nicht mehr als drei klanglich einwandfreie Reime ersinnen" (Levý 1969, 218). In einem ähnlichen Zusammenhang weist Jörn Albrecht darauf hin, dass sich für die Wiedergabe des Reims in innerromanischen Übersetzungen „die Ähnlichkeit der phonischen Struktur der romanischen Sprachen als unschätzbare Übersetzungshilfe [erweist]" (Albrecht 1995b: 294). Aus einer italienischen Baudelaire-Übersetzung zitiert er u. a. die folgenden Reimentsprechungen: *équipage – voyage / equipaggio – viaggio*; *mers – amers / mari – amari*. Wenn man diese Reimwörter wörtlich ins Deutsche überträgt, geht der Reim verloren: *Besatzung – Reise / Meere – bittere*. Also muss der Übersetzer entweder auf andere Reimwörter ausweichen oder – im Extremfall – ganz auf die Wiedergabe des Reims verzichten. Kritisch zu reimenden Übersetzungen äußert sich Jürgen von Stackelberg, der im Zusammenhang mit deutschen Übersetzungen von Dantes *Divina Commedia* die reimlose Übersetzung Vosslers (in Blankversen) und die gereimte Version von Wilhelm G. Hertz miteinander vergleicht und bei letzterer Reime wie *Waldeshallen – Todeskrallen – vorgefallen* als Beispiele dafür zitiert, wie der Reimzwang zu Lasten der literarischen Qualitäten des Zieltextes gehen kann (Stackelberg 1997: 76ff.).

Bisher ging es um die Funktion von Lauten in Wörtern und Texten. Es gibt aber auch Translationstypen, bei denen einzelne Laute selbst zu Übersetzungsproblemen führen, ohne dass sie eine bestimmte stilistische oder poetische Funktion im Text erfüllen. Dazu gehört insbesondere die *Filmsynchronisation*. Bei der Filmsynchronisation spielt vor allem die „visuelle Phonetik" eine Rolle, d.h. es geht nicht um vollständige artikulatorische Äquivalenz (also identische Aussprache), sondern in erster Linie um *Lippensynchronität*, wobei man mit Herbst (1994) unterscheiden kann zwischen *quantitativer* Lippensynchronität (gleiche Dauer), und *qualitativer* Lippensynchronität (ähnliche Lippenbewegungen). Zur qualitativen Lippensynchronität ein simples Beispiel aus einem frühen Aufsatz zum Thema Synchronisation: Nach Darstellung von Rowe (1960: 118) sind die Sätze „tu t'appelles Maria" und „your name is Maria" weitgehend lippensynchron und daher brauchbare Entsprechungen. Warum? Die artikulatorischen Unterschiede zwischen *tu* und *your* sind praktisch nicht sichtbar: Der Mund ist sowohl bei den Konsonanten [t] und [j] und als auch bei den Vokalen [y] und [u] nur leicht geöffnet und die Lippen sind bei beiden Vokalen gerundet. Die unterschiedliche Stellung der Zunge ist von außen nicht zu erkennen. Fast genau lippensynchron sind auch die Wortfolgen *t'appelles* und *name is*. Auffällig ist hier das Schließen des Mundes bei den beiden bilabialen Konsonanten [p] und [m]. Bilabiale Konsonanten gehören zu den problematischsten Lauten in der Synchronisation, weil sie am deutlichsten zu erkennen sind. Der Synchronsprecher muss hier vor allem darauf achten, dass er das [m] von *name* im gleichen Moment ausspricht wie der Schauspieler das [p] von *appelles*.

Neben bilabialen Konsonanten zählen auch dentale Konsonanten wie das englische <th> oder die Realisierungen von <c> und <z> als [θ] bzw. [ð] im europäischen Spanisch zu den Problemlauten der Synchronisation. Wenn man bedenkt, dass diese Laute in vielen anderen Sprachen gar nicht zum Phonemsystem gehören, hätten wir hier ein Beispiel dafür, dass nicht nur die *Phonetik*, sondern auch die *Phonologie* zu Translationsproblemen führen kann, sofern es entsprechende Unterschiede im Phonemsystem zwischen Ausgangs- und Zielsprache gibt. Bei der ganzen Thematik ist allerdings zu bedenken, dass die Anforderungen an die Lippensynchronität nicht bei allen Einstellungen eines Films gleich hoch sind. Sie hängen z. B. von der Kameraeinstellung ab: Wenn der Schauspieler von hinten zu sehen oder verdeckt ist, kann man sich bei der Synchronfassung größere Freiheiten erlauben.

Eine zentrale Rolle spielt die Lautlehre naturgemäß auch beim *Dolmetschen*. Wichtig ist hierbei zunächst einmal die *artikulatorische Phonetik*, speziell die korrekte und möglichst akzentfreie Aussprache in der Zielsprache – wobei französische Kunden als besonders wenig tolerant gegenüber Abweichungen von der Norm gelten (Gile 1990).

Ein besonders komplexes Problem des Dolmetschens ist die *Intonation*. Eine umfassende Studie zur Intonation beim Simultandolmetschen hat B. Ahrens (2004) vorgelegt. Die Ergebnisse dieser Arbeit basieren zwar auf Untersuchungen zum Sprachenpaar Englisch-Deutsch, lassen sich z.T. aber auch auf andere Sprachenpaare übertragen, denn die spezifischen Produktionsbedingungen des Simultandolmetschens führen dazu, dass Simultandolmetscher offenkundig eine eigene Intonation verwenden, die sprachübergreifende Eigenschaften besitzt. Ahrens fasst die Ergebnisse ihrer Studie wie folgt zusammen:

> Der aus der Kommunikationsform Simultandolmetschen resultierende Redestil weist im Sprachenpaar Englisch-Deutsch demnach folgende Merkmale auf:
> – ein höherer Anteil längerer Pausen als im frei vorgetragenen AT [Ausgangstext],
> – eine stärkere Segmentierung [...]
> – eine häufigere Akzentuierung [...]
> – ein vermehrtes Auftreten bestimmter finaler Tonhöhenverläufe [...], die den Eindruck von Nicht-Abgeschlossenheit erwecken. (Ahrens 2004: 230)

Als Gründe für diese Eigenschaften führt Ahrens (2004: 226ff.) auf: Die Pausen dienen u. a. der Planung des Zieltextes, die stärkere Segmentierung ermögliche eine Entlastung des Kurzzeitgedächtnisses, die Überakzentuierung sei eine Folge der stärkeren Segmentierung und die weiter verweisenden finalen Tonhöhenverläufe hängen damit zusammen, dass der Dolmetscher häufig nicht sicher sein könne, ob eine Aussage des Ausgangstextes bereits beendet ist.

Auch zu romanischen Sprachen liegen Untersuchungen zur Intonation beim Dolmetschen vor, und auch diese sind z.T. sprachübergreifend relevant. Wie in Kap. 2.7 bereits erwähnt, hat Á. Collados Aís anhand spanischer Verdolmetschungen festgestellt, dass eine monotone Intonation beim Dolmetschen als besonders negativ empfunden wird (Collados Aís 1998: 241).

Sprachenpaarbezogene Probleme ergeben sich u. a. im Bereich der *Intonationsfrage*. Dieser Fragetyp existiert zwar auch im Deutschen, wird dort aber insbesondere in solchen Fragen verwendet, die eine bestimmte Antwort nahe legen:

> Ihr seid alle einverstanden, meine Freunde? – Vous êtes tous d'accord, mes amis? (Glinz 1994: 383)

Im gesprochenen Französischen, Italienischen und Spanischen kann die Intonationsfrage dagegen auch als unmarkierte Entscheidungsfrage (ohne Präsupposition hinsichtlich der Antwort) fungieren:

> Ton père est content? – Tuo padre è contento? – ¿Tu padre está contento?
> (Koch/Oesterreicher 1990: 158)

Beim Dolmetschen stellt sich häufig das Problem der rechtzeitigen Erkennung dieser Fragekonstruktion: „Längere italienische Interrogativsätze sind beim Simultandolmetschen oft gefährlich spät als solche auszumachen" (Albrecht 2005: 96).

3.2 Graphetik und Graphemik

Bei diesen beiden Disziplinen geht es um graphische Aspekte, wobei die *Graphetik* – im Unterschied zur *langue*-bezogenen *Graphemik* (bekannt v.a. in ihrer normativen Ausprägung, der Orthographie) – auch solche Aspekte berücksichtigt, die über die Schreibweise einzelner Wörter und die Zeichensetzung hinausgehen. Hierzu zählen insbesondere *Typographie* und *Layout*, die bei bestimmten Textsorten eine wichtige Rolle spielen. Dies gilt u. a. für Comics, wo z. B. typographische Mittel wie Fettdruck und Buchstabengröße für die Darstellung der Lautstärke eingesetzt werden. Wird dies in der Übersetzung nicht beachtet, gehen die entsprechenden Informationen verloren (Kaindl 2004: 221f.). Veränderungen in Typographie und Layout sind allerdings nicht immer dem Übersetzer anzulasten, sondern meist den Verlagen, die aus Kostengründen Vereinfachungen im Druck vornehmen. Dazu zwei Fallbeispiele aus dem Bereich der literarischen Übersetzung.

1. Cartagena (1993/94: 53ff.) zitiert die deutsche Übersetzung eines *calligramme* (Figurengedichtes) von Apollinaire, *La colombe poignardée et le jet d'eau*, bei dem die kunstvolle Anordnung des Textes (in Form eines Springbrunnens) zugunsten einer linearen Abfolge eingeebnet wurde, so dass der Zieltext nicht mehr als „Kalligramm" zu erkennen ist.

2. Stackelberg berichtet vom Schicksal seiner eigenen La Fontaine-Übersetzung. Diese war ursprünglich reimlos, aber in Verse unterteilt. Der Verlag hat den Zeilenumbruch im Druck jedoch aufgehoben: „Wohl um Papier zu sparen, hat er meine Übersetzung einfach in fortlaufender Prosa gedruckt" (Stackelberg 1997: 141).

In der Fachübersetzung spielen Typographie und Layout eine immer wichtigere Rolle. Von professionellen Fachübersetzern wird heute meist ein druckfertiges Produkt erwartet, auch in formaler Hinsicht. Aus dem Bereich der *Softwarelokalisierung* (vgl. Kap. 2.4) seien hier zwei relativ banale Probleme für graphisch bedingte Übersetzungsprobleme genannt:

1. Bei der Anpassung von Zahlenformaten, Währungen und Datumsangaben ist zu beachten, dass es nicht nur sprachspezifische Unterschiede gibt, sondern innerhalb der gleichen Sprache oft auch landestypische Spezifika. So muss das für Frankreich übliche Datumsformat (20/01/2005) in Kanada an das englische Format (2005-01-20) und in der Schweiz an das deutsche Format (20.01.2005) angepasst werden (Reineke/Schmitz 2005: 121).

2. Wenn der Zieltext länger ist als der Ausgangstext (was häufig vorkommt), können Platzprobleme entstehen. So kann es vorkommen, dass eine Schaltfläche für die Übersetzung des betreffenden Textes (z. B. eines Menübefehls) zu klein ist. In einem solchen Fall vergrößert man die Schaltfläche in der zielsprachlichen Version der Software, d.h. man passt das Textfeld an die Länge der Übersetzung an. Dieses Verfahren bezeichnet man als *resizing* (Schmitz/Wahle 2000: 46f.). Derartige Platzprobleme kommen nicht nur bei der Übersetzung aus dem Englischen häufig vor, sondern auch in deutsch-romanischen Übersetzungen. Nach Darstellung von García Gavín (2003: 87f.) zum Sprachenpaar Deutsch-Spanisch ist der spanische Zieltext in der Regel 30 bis 40% länger als der deutsche Aus-

gangstext. In manchen Fällen, in denen aus technischen Gründen keine andere Lösung möglich sei, müsse daher im Spanischen auf Abkürzungen zurückgegriffen werden.

Nun zur *Graphemik*: Übersetzungsprobleme hinsichtlich der Schreibung einzelner Wörter können u. a. bei der *Transliteration* von Namen aus anderen Schriftsystemen entstehen (Schopp 1998: 201). So gibt es für die Schreibung russischer Namen unterschiedliche Konventionen im Deutschen und in den verschiedenen romanischen Sprachen. Bei der Übersetzung aus dem Deutschen ins Französische ist z. B. darauf zu achten, dass die Schreibweise des Namens *Putin* angepasst wird (*Poutine*), um unerwünschte Assoziationen zu vermeiden.

Übersetzungsrelevant sind auch sprachliche Spezifika im Bereich der *Zeichensetzung*. So können die unterschiedlichen Konventionen für die Kennzeichnung der direkten Rede im Französischen und Deutschen dazu führen, dass in der deutschen Übersetzung eines Romans die direkte Rede deutlicher vom Erzähltext abgegrenzt wird als im französischen Ausgangstext:

> – Votre cousin ne se ressemble plus à lui-même, dit le Portugais en riant à la vicomtesse quand Eugène les eut quittés. Il va faire sauter la banque. (Balzac)
> „Ihr Vetter ist ja ganz verwandelt," sagte der Portugiese lachend zur Gräfin, nachdem Eugen sie verlassen hatte. „Er wird die Bank sprengen." (Schreiber 1993: 231)

In Bezug auf die Fachübersetzung im Sprachenpaar Spanisch-Deutsch erwähnt Christiane Nord die unterschiedliche Kennzeichnung von Zwischenüberschriften. Im folgenden Beispiel aus einer Packungsbeilage finden wir im Spanischen Punkt und Gedankenstrich (ohne Zeilenwechsel), im Deutschen dagegen einen Zeilenwechsel:

> **CONTRAINDICACIONES**. – Casos de hipersensibilidad a los componentes de la fórmula.
> **Gegenanzeigen**
> Bei Überempfindlichkeit gegen einen der in EGARONE enthaltenen Wirkstoffe darf das Präparat nicht angewendet werden. (Nord 2001: 125, 241)

In manchen Fällen gibt es zwar ähnliche Regeln, aber unterschiedliche Gebrauchshäufigkeiten. So empfehlen Pasotti und Sartirana (1993: 10) bei der Übersetzung von deutschen Bedienungsanleitungen ins Italienische die Ausrufezeichen nach Imperativen wegzulassen:

> Verwenden Sie nur Waschmittel für Waschautomaten!
> Utilizzate solo detersivi per lavatrici. (Pasotti/Sartirana 1993: 9, 137)

Allerdings ist das Ausrufezeichen hier auch im Deutschen keineswegs obligatorisch.

Abschließend noch kurz zu einem etwas ungewöhnlichen, graphisch bedingten Übersetzungsproblem. Georges Perecs „lipogrammatischer" Roman *La disparition* (dt. *Anton Voyls Fortgang*) zeichnet sich durch den Verzicht auf den Buchstaben <e> aus. Das führt in der deutschen Übersetzung z.T. zu inhaltlichen Verschiebungen: So wird aus „Un carillon sonna trois coups" in der Übersetzung „Vom Kirchturm schlugs zwomal" (Schreiber 1993: 152).

3.3 Morphologie und Morphosyntax

Ich verwende den Terminus *Morphologie* hier im Sinne von „Flexionslehre". Die Wortbildung wird in Kap. 3.4 behandelt. Auch der Terminus *Morphosyntax* soll in einer engen
Lesart verstanden werden: als Grenzgebiet zwischen Morphologie und Syntax.

Praktisch alle morphologisch gekennzeichneten grammatischen Kategorien können zu
Übersetzungsproblemen führen, sofern zwischen Ausgangs- und Zielsprache entsprechende
Inkongruenzen bestehen. Ich kann hier nur eine kleine Auswahl von morphologisch bedingten Übersetzungsproblemen besprechen. Ausgewählt habe ich eine nominale und eine
verbale Kategorie: Numerus (des Substantivs) und Tempus.

Zunächst kurz zur Kategorie *Numerus* (Singular / Plural): Käthe Henschelmann (1999:
32ff.) weist darauf hin, dass bei einigen Substantiven im Französischen eine Pluralisierung
möglich ist, im Deutschen jedoch nicht. Als Übersetzung empfiehlt sich oft ein Nominal-
kompositum. Dabei muss der Übersetzer interpretieren, welche Funktion die Pluralform im
Ausgangstext ausdrückt (z. B. Wiederholung oder Intensivierung): So kann *les neiges* je
nach Kontext mit *die Schneefälle* oder *die Schneemassen* übersetzt werden und *les silences*
mit *die Momente des Schweigens* oder *das eisige Schweigen*. Ähnliche Probleme ergeben
sich beim Übersetzen aus anderen romanischen Sprachen.

In umgekehrter Übersetzungsrichtung ist zu beachten, dass in den romanischen Sprachen mehr *pluralia tantum* (Substantive, die nur im Plural verwendet werden) existieren als
im Deutschen, vor allem bei Formen, die einen „Dual" ausdrücken. Bei der Wiedergabe
einer deutschen Pluralform muss man zuweilen auf Umschreibungen ausweichen: *zwei
Brillen – due paia di occhiali* (Reumuth/Winkelmann 1989: 39).

Die Kategorie *Tempus* kann vor allem dann Schwierigkeiten mit sich bringen, wenn
vom Deutschen in eine romanische Sprache übersetzt wird. Dies gilt besonders für die Vergangenheitstempora. Bei der deutsch-französischen Übersetzung ist bekanntlich bei jedem
Präteritum zu prüfen, ob es durch *imparfait* einerseits oder *passé simple* (bzw. *passé composé*) andererseits wiedergegeben werden muss. Entsprechendes gilt für Übersetzungen in
andere romanische Sprachen, z. B. ins Spanische:

Während wir Schach *spielten, klopfte* es an der Tür.
Mientras *jugábamos* al ajedrez, *llamaron* a la puerta. (Reumuth/Winkelmann 1991: 156)

Hier wird im Spanischen ein aspektueller Unterschied ausgedrückt, der im Deutschen aus
dem Kontext erschlossen werden muss. Für die umgekehrte Übersetzungsrichtung bedeutet
dies, dass es nicht notwendig ist, den Unterschied zwischen Imperfekt und Perfekt im Deutschen immer mit lexikalischen Mitteln nachzubilden. Dies ist zwar prinzipiell möglich
(z. B. „Wir spielten *gerade* Schach, als es *plötzlich* an der Tür klopfte"), in längeren Texten
wirkt es jedoch störend, wenn man jedes Imperfekt mit *gerade* und jedes Perfekt mit
plötzlich übersetzt. Eine lexikalische Wiedergabe ist jedoch dann notwendig, wenn die
Übersetzung ansonsten missverständlich wäre, wie im folgenden, französisch-deutschen
Beispiel:

Elle *trouva* son père qui *enlaçait* Mlle Protat.
Da *fand* sie ihren Vater, wie er Fräulein Protat *umarmt hielt*. (Blumenthal 1997: 63)

Durch das Verb *halten* wird hier im Deutschen der durative Aspekt des Imperfekts wieder-gegeben, *umarmte* würde eher man als punktuelle Handlung verstehen.

Obwohl die Tempussysteme der romanischen Sprachen einander sehr ähneln, kann es auch bei der innerromanischen Übersetzung vorkommen, dass auf ein anderes Tempus aus-gewichen wird, da die entsprechenden Tempora zwar meist ähnliche Grundbedeutungen aufweisen, aber nicht immer gleich verwendet werden. Inkongruenzen bestehen z. B. bei den Vergangenheitstempora im Spanischen und im Französischen. So wird ein spanisches *pretérito perfecto simple* oft durch ein französisches *passé composé* (statt *passé simple*) wiedergegeben, insbesondere in der gesprochenen Sprache:

Anoche, para selebralo [sic], *nos metimos* en Tropicana.
Hier soir pour fêter ça, *on a été* au Tropicana. (Barrera-Vidal 1971: 409)

Aus dem Gebiet der *Morphosyntax* (im oben definierten Sinn) greife ich ein Phänomen heraus, das in enger Verbindung zu der Kategorie Tempus (bzw. Aspekt) steht: die *Verbal-periphrasen*. Wendungen wie *im Begriff sein, etwas zu tun* existieren zwar auch im Deut-schen, sind dort jedoch wesentlich seltener als in den romanischen Sprachen (Dietrich 1973). Romanische Verbalperiphrasen werden daher im Deutschen oft durch Adverbien wiedergegeben. Es gibt allerdings auch innerromanische Unterschiede. Parallele Konstruk-tionen wie die folgenden sind eher selten:

Ils ne *tarderont* pas à arriver. – Non *tarderanno* a venire. – No *tardarán* en llegar.
Sie werden *bald* kommen.

Im folgenden Beispiel finden wir Verbalperiphrasen im Spanischen und Französischen (al-lerdings mit unterschiedlichen Verben) und Adverbien im Italienischen und Deutschen:

Ils *viennent* d'arriver. – *Acaban* de llegar.
Sono *appena* arrivati. – Sie sind *gerade* angekommen.

Bei der Übersetzung ist zu beachten, dass das romanische Verb in der Verbalperiphrase z.T. in einer anderen Lesart verwendet wird als in der freien Syntax. So ist it. *tornare* in der folgenden Konstruktion nicht lokal, sondern temporal zu verstehen:

Torna a far parlare di sé. – Er macht *wieder* von sich reden. (Brandmair Dallera 1984: 325)

Besonders häufig sind Verbalperiphrasen im Spanischen. Hinsichtlich der deutschen Ent-sprechungen weist Sánchez Nieto u. a. auf präfigierte Verben hin, die eine spezifische Ak-tionsart ausdrücken, z. B. den plötzlichen Beginn einer Handlung:

Gleich als man sich gerstern [sic] auf Wiedersehen gesagt hat, muss er *losgelaufen sein* und das ganze Ghetto verrückt gemacht haben. (J. Becker)
Apenas se despidió ayer, seguro que *echó a correr* y se puso a alborotar todo el ghetto. (Sánchez Nieto 2003: 198)

3.4 Wortbildung

Zu den wichtigsen Wortbildungsverfahren möchte ich jeweils einige typische Probleme herausgreifen. Ich beginne mit der *Suffigierung.* Hier liegt ein bekannter innerromanischer Kontrast im Bereich der *Diminutivbildungen,* die sich im heutigen Französisch weitgehend auf lexikalisierte Fälle beschränken, während sie im Spanischen und Italienischen ausgesprochen produktiv sind. Übliche französische Entsprechungen sind Adjektive, die die entsprechende Kontextbedeutung ausdrücken:

¡Pobrecita mía! – La pauvre petite! (Windisch 1995a: 389)

Ähnliche Übersetzungsverfahren finden sich bei der französischen Wiedergabe deutscher Diminutive:

„Es dürfte das beste sein, ihn zu Bette zu bringen... ein bißchen Kinderpulver, ein *Täßchen* Kamillentee zum Transpirieren..."
„Le mieux serait sans doute de le mettre au lit... un peu de poudre calmante... une *petite tasse* de camomille pour faire transpirer..." (Würstle 1992: 169)

Mit den Möglichkeiten der Diminutivbildung im Spanischen und Italienischen kann jedoch auch das Deutsche nicht immer mithalten, vor allem dann, wenn die Diminutivform eine Bewertung ausdrückt. Schwarze schlägt für die italienisch-deutsche Übersetzung z.T. explizierende Lösungen wie die folgenden vor:

francesina – nette junge Französin
ragazzuccio – kleiner schmächtiger Junge (Schwarze 1995: 512, 515)

Welche Konnotationen von der jeweiligen Diminutivform ausgedrückt werden, hängt im hohen Maße vom Kontext ab. Entsprechend breit gestreut ist das Spektrum der Übersetzungsmöglichkeiten. In Bezug auf die deutsche Wiedergabe spanischer Diminutivbildungen erwähnt Piñel López auch Adverbien als Übersetzungsverfahren:

Le propinó *una palmadita* en la espalda.
Er klopfte ihm *gnädig* auf die Schulter. (Piñel López 1993: 92)

Noch deutlichere Kontraste als bei den Diminutiven zeigen sich bei den *Augmentativbildungen.* Hier stehen das Spanische und das Italienische allein auf weiter Flur, wenngleich die Formenvielfalt geringer ist als bei den Diminutivbildungen. In französischen und deut-

schen Übersetzungen finden sich wiederum oft entsprechende Adjektive, wie in diesem
spanisch-französischen Beispiel:

una mujerona – une grosse femme (Lüdtke 1988: 375)

Für das Sprachenpaar Italienisch-Deutsch hat Costa noch weitere Übersetzungsverfahren
ausfindig gemacht. Manchmal hilft im Deutschen ein Kompositum weiter:

comunistone – Erzkommunist; successone – Bombenerfolg (Costa 2001: 484)

In bestimmten Fällen kann es sogar angebracht sein, die syntaktische Struktur im Deutschen zu ändern, um die Funktion des italienischen Augmentativs wiederzugeben:

Non guardatemi con quegli *occhioni* romantici.
Glotzt nicht so romantisch. (Costa 2001: 477)

Hier wird die Intensivierung im Deutschen nicht durch ein Substantiv, sondern durch ein
Verb ausgedrückt.

Ein häufig beschriebenes Problem der deutsch-romanischen Übersetzung begründet sich
in der Leichtigkeit, mit der im Deutschen Komposita und bestimmte Präfigierungen gebil-
det werden können. Manche *präfigierten* oder *zusammengesetzten Verben*[3] werden in
romanischen Sprachen mit einem einfachen Verb wiedergegeben. Dies gilt z. B. für bestimmte Bewegungsverben:

er geht hinaus – il sort – esce – sale (Wandruszka 1969: 460)

Diese Art der Wiedergabe ist unproblematisch, so lange die genaue Art der Bewegung im
Kontext keine entscheidende Rolle spielt. Verben mit einer spezifischeren Bedeutung können dagegen in den romanischen Sprachen oft nur durch explizierende Umschreibungen
wiedergegeben werden:

sie tanzt hinaus – elle sort en dansant – esce con passo di danza – sale como bailando
(Wandruszka 1969: 460)

Es gibt im Bereich der Bewegungsverben allerdings nicht nur deutsch-romanische, sondern
auch innerromanische Unterschiede. So finden sich im Italienischen einige Konstruktionen
mit adverbialen Zusätzen, die nicht wörtlich ins Französische übersetzt werden können:

sono venute fuori nuove idee – cela a fait naître des idées nouvelles (Borello 1999: 218)

---

[3] Die nicht immer leichte Abgrenzung zwischen Präfigierung und Komposition soll uns hier nicht
beschäftigen.

Die Vielfalt des Deutschen wird im Italienischen jedoch nicht erreicht. Dabei ist allerdings zu bedenken, dass die deutschen Verbzusätze manchmal pleonastisch sind, so dass bei der Übersetzung durch ein einzelnes Verb keine wesentlichen Informationen verloren gehen:

> Es unterhielt ihn, wenn milchweiße Nebelschleier [...] sich plötzlich vom dämmrigen Frühhimmel *herabsenkten*.
> Gli piaceva guardare le candide nebbie [...] *calare* ad un tratto dal cielo opaco. (Marx 1990: 48)

Ein weiteres Spezifikum der deutschen Wortbildung sind die relativ zahlreichen *Adjektivkomposita*. Auch diese müssen z.T. in den romanischen Sprachen umschrieben werden:

> dukatenschwer – fabuleusement riche (Schmitt 1991: 75)
> wasserarmes Garen – cocinar con poca aqua (Schmitt 1997: 24)
> wieselflink – svelto come uno scoiattolo (Catalani 2004: 35)

In manchen Fällen gibt es einfache, lexikalisierte Entsprechungen:

> wutentbrannt – furioso; sonnengebräunt – abbronzato (Esposito-Ressler/Furno-Weise 1999: 133)

Noch häufiger sind die deutschen *Nominalkomposita*, denen in den romanischen Sprachen oft Nominalsyntagmen mit Präpositionen gegenüberstehen. Die semantische Beziehung zwischen Grundwort und Bestimmungswort wird häufig genauer expliziert als im Deutschen:

> Lachreiz – stimolo a ridere; Lachfalten – rughe d'espressione (Catalani 2004: 35)

Handelt es sich im Deutschen um eine Ad-hoc-Bildung, ist manchmal nur eine umschreibende Wiedergabe möglich:

> ohne jeden Schummelversuch – sans chercher à tricher – sin tratar hacer trampa (Windisch 1995b: 406)

Umgekehrt kann es bei romanischen *Kopulativkomposita* notwendig sein, in der deutschen Übersetzung auf eine Periphrase zurückzugreifen, da dieser Kompositionstyp im Deutschen kaum produktiv ist:

> l'amour-amitié – l'amicizia-amore – el amor-amistad – eine Liebe, die zugleich Freundschaft war (Wandruszka 1969: 148)

Eine weitere romanische Besonderheit sind die zahlreichen Nominalsyntagmen mit *Relationsadjektiven*. Diese werden im Deutschen nur selten durch Bildungen mit Adjektiven wieder gegeben, häufiger durch Nominalkomposita, besonders bei feststehenden Ausdrücken:

unión económica y monetaria – Wirtschafts- und Währungsunion
comité económico y financiero – Wirtschafts- und Finanzausschuß (Holzer 1996: 181)

Manche romanischen Adjektive können je nach Kontext als Relationsadjektiv oder als qualifizierendes Adjektiv dienen. Entsprechend ändert sich die deutsche Übersetzung:

le système planétaire – das Planetensystem
le progrès planétaire – der weltweite Fortschritt (Henschelmann 1999: 64)

Im innerromanischen Vergleich fällt auf, dass die Relationsadjektive im Spanischen besonders häufig und im Französischen etwas weniger produktiv sind. Auch im Italienischen gibt es eine Reihe von Bildungen, die nicht wörtlich ins Französische übertragen werden können:

le spese notarili – les frais de notaire
l'industria calzaturiera – l'industrie de la chaussure (Borello 1999: 218)

3.5 Lexikalische Semantik

Da bei jeder Übersetzung Inhalte übermittelt werden, die letztendlich auf Wortbedeutungen zurückgehen und Wortbedeutungen sich in verschiedenen Sprachen selten eins zu eins entsprechen, sind Probleme der lexikalischen Semantik beim Übersetzen allgegenwärtig. Ich werde mich im Folgenden auf einige typische Probleme beschränken.

Die unterschiedliche *semantische Gliederung* der außersprachlichen Wirklichkeit in verschiedenen Sprachen kann insbesondere dann Übersetzungsprobleme mit sich bringen, wenn die Zielsprache Unterschiede macht, die in der Ausgangssprache nicht gemacht werden. So muss bekanntlich bei jeder Übersetzung aus dem Deutschen ins Spanische entschieden werden, ob das Verb *sein* mit *ser* oder mit *estar* wiederzugeben ist, wie in:

Alberto ist aus Madrid. – Alberto es de Madrid.
Alberto ist in Madrid. – Alberto está en Madrid.

Im Italienischen gibt es zwar auch zwei Verben für „sein" (*essere* und *stare*), im Gebrauch unterscheiden sie sich jedoch deutlich von *ser* und *estar*. Catalani weist darauf hin, dass es auch Konstruktionen gibt, in denen *estar* am idiomatischsten mit einem ganz anderen Verb übersetzt wird, z. B. *farsi* (im Sinne von „diventare"):

¡Qué está viejo! – Come si è fatto vecchio! (Catalani 2004: 129)

Im Französischen gibt es zwar nur ein Verb für „sein", dafür aber zahlreiche andere lexikalische Strukturunterschiede im Vergleich zum Deutschen. So muss man sich bei der Wiedergabe des Substantivs *Straße* immer fragen, ob *rue* oder *route* die geeignete Entsprechung ist. Die Übersetzung in umgekehrter Richtung ist in der Regel weniger problematisch. In den meisten Fällen kann *rue* und *route* unterschiedslos durch *Straße* wiedergegeben werden (entsprechendes gilt für andere Teiläquivalenzen). Schwieriger wird es erst dann, wenn beide Ausdrücke im Ausgangstext kontrastiert werden:

> La façade de briques était juste à l'alignement de la *rue*, ou de la *route* plutôt. (Flaubert)
> Die Backsteinfassade stand genau in der Fluchtlinie der *Straße* oder vielmehr der *Landstraße*. (Schreiber 1993: 39)

Unterschiede in der Gliederung der außersprachlichen Wirklichkeit gibt es jedoch nicht nur in der Gemeinsprache, sondern auch im Fachwortschatz, wie Sylvia Reinart am Beispiel des Sprachenpaars Französisch-Deutsch gezeigt hat:

> So ist bei der Wiedergabe von *la baisse* in französischen Wirtschaftstexten zu unterscheiden, ob der Terminus in seiner eher aktivischen oder seiner eher passivischen Bedeutung verwendet wird. Ist dem Kontext zu entnehmen, daß ein Entscheidungsträger (z. B. eine Regierung, Behörde, ein Kontrollorgan o.ä.) eine Maßnahme ergreift, so ist *la baisse* mit *die Senkung* zu übersetzen. Fehlt ein solcher Entscheidungsträger, so ist *la baisse* mit *das Sinken/der Rückgang* (der Zinsen) bzw. *der Wertverlust/der Kursrückgang* (einer Währung) wiederzugeben. (Reinart 1993: 58)

Eine vergleichbare Inkongruenz im Sprachenpaar Italienisch-Deutsch erläutert Eva Wiesmann, die Verfasserin einer terminologischen Datenbank zur Rechtsterminologie ist:

> So wird beispielsweise im italienischen Gesellschaftsrecht das Kapital einer jeden Gesellschaft, d.h. einer Kapital- wie einer Personengesellschaft als *capitale sociale* bezeichnet. Demgegenüber wird bei der deutschen Kapitalgesellschaft [...] gesellschaftsabhängig zwischen *Grund-* und *Stammkapital* unterschieden, während das deutsche Gesellschaftsrecht in Bezug auf das *Gesellschaftskapital* der Personengesellschaft [...] keine gesellschaftabhängige terminologische Unterscheidung trifft. (Wiesmann 2004: 440)

Der Eintrag *capitale sociale* in Wiesmanns Datenbank enthält daher Anmerkungen dazu, wann welche deutsche Entsprechung zu wählen ist, z. B. *Grundkapital* bei Bezug auf eine *società per azioni* und *Stammkapital* bei Bezug auf eine *società a responsabilità limitata* (Wiesmann 2004: 441).

Doch auch wenn in Ausgangs- und Zielsprache ähnliche lexikalische Strukturen vorliegen, kann es bei bestimmten Kontextbedeutungen übersetzungsrelevante Differenzen geben. Hierzu ein gemeinsprachliches Beispiel: Die Grundbedeutungen der Verben für „gehen" (Bewegung vom Sprecher weg) und „kommen" (Bewegung auf den Sprecher zu) sind im Deutschen, Französischen und Italienischen die gleichen. Unterschiede gibt es dann, wenn dt. *kommen* im Sinne einer „Deixis am Phantasma" verwendet wird (der Sprecher geht in der Vorstellung vom Zielpunkt der Bewegung aus, obwohl er gar nicht dort ist). Eine Wiedergabe durch *venir* bzw. *venire* ist dann nicht möglich:

> Wie willst du bei diesem Glatteis ins Büro *kommen*?
> Comment veux-tu *aller* au bureau par ce verglas? (Rösner 1993: 222)

Wer nicht sündigt, *kommt* in den Himmel.
Chi non pecca *va* in cielo. (Esposito-Ressler/Furno-Weise 1999: 85)

Ein bekanntes Sonderproblem des Wortschatzvergleichs sind die so genannten *falschen Freunde (faux amis)*. Ich beschränke mich hier auf die *semantischen* falschen Freunde, d.h. auf Wortpaare mit einem ähnlichen *signifiant*, aber unterschiedlichen *signifiés*. Innerhalb der semantischen falschen Freunde kann man noch zwischen *partiellen* und *totalen* falschen Freunden unterscheiden, je nachdem, ob sich die Bedeutungen überschneiden oder nicht. Historisch betrachtet handelt es sich bei partiellen falschen Freunden oft um Entlehnungen. *Tempo* wurde z. B. aus dem Italienischen zunächst als Fachausdruck der Musik ins Deutsche entlehnt. Die Grundbedeutung „Zeit" wurde nicht mit entlehnt. Die neue Bedeutung „Geschwindigkeit" entwickelte sich im Deutschen erst später aus einer Bedeutungsverschiebung.

Eine weitere Quelle für falsche Freunde sind Latinismen und Gräzismen. Frz. *gymnase*, sp. *gimnasio* (beide: „Turnhalle"), it. *ginnasio* („die ersten beiden Klassen des *liceo classico*") und dt. *Gymnasium* gehen alle auf griech. *gymnásion* („Übungs- und Ausbildungsstätte") zurück, haben aber in den verschiedenen Sprachen unterschiedliche Bedeutungsverengungen erfahren. Dabei sind nicht nur deutsch-romanische, sondern auch innerromanische falsche Freunde entstanden.

Es gibt aber auch falsche Freunde, die etymologisch nicht verwandt sind, also nur zufällig eine ähnliche oder die gleiche Form haben. In semantischer Hinsicht entstehen dabei meist totale falsche Freunde, wie it. *caldo* und dt. *kalt* oder it. *burro* und sp. *burro*, manchmal aber auch partielle falsche Freunde, wie frz. *gros* und dt. *groß*.

Ein weiteres lexikalisches Problem des Übersetzens liegt in der Wiedergabe von *Realienbezeichnungen*, also Bezeichnungen von Spezifika der Ausgangskultur, die es in der Zielkultur nicht in identischer Form gibt (z. B. Speisen und Getränke, Sitten und Gebräuche, historische Ereignisse oder politische Institutionen). Hier sind verschiedene Übersetzungsverfahren möglich. Die einfachste Lösung ist die *Entlehnung*, wie bei der Übernahme der Ausdrücke *bouillabaisse*, *flamenco* oder *Risorgimento* ins Deutsche. Eine Stufe komplexer ist die *Lehnübersetzung* (Glied-für-Glied-Übersetzung), wie bei *Assemblée nationale – Nationalversammlung*, *Brigate Rosse – Rote Brigaden* oder *Camino de Santiago – Jakobsweg*. Eine „freiere" Art der Wiedergabe ist die *Paraphrase* (erklärende Umschreibung), wie bei *Elysée – Amtssitz des französischen Staatspräsidenten*, *caffè lungo – verdünnter Espresso* oder *la Montaña – die Provinz Santander*.

Die Wahl des Übersetzungsverfahrens hängt von verschiedenen Faktoren ab. Eine Entlehnung ohne weitere Erklärung ist nur dann sinnvoll, wenn die entsprechende Realienbezeichnung bereits in der Zielkultur bekannt ist oder wenn deren Bedeutung aus dem Kontext erschlossen werden kann. Lehnübersetzungen sind *per definitionem* nur auf mehrgliedrige Ausdrücke anwendbar, aber auch dort nicht immer: Bei *Bundestag* ist z. B. keine Lehnübersetzung möglich, da die Konstituente *-tag* nicht mehr motiviert ist. Die Verwendung von Paraphrasen hängt vom Texttyp ab: In wissenschaftlichen Texten stören auch umfangreichere Erklärungen (z. B. in Fußnoten) nicht, in literarischen Übersetzungen werden sie dagegen von den Verlagen in der Regel nicht akzeptiert. Möglich ist aber eine kurze Ergänzung im Text selbst:

> – [...] Mon oncle est au fond un monarchiste impénitent [...] Par haine du drapeau tricolore, je crois qu'il se rangerait plutôt sous le torchon du *bonnet rouge*, qu'il prendrait de bonne foi pour le drapeau blanc. (Proust)
> „[...] Mein Onkel ist im Grund ein unverbesserlicher Monarchist [...] Aus Hass gegen die Trikolore würde er sich eher unter dem Lappen mit der *roten Mütze der Jakobiner* einreihen und ihn allen Ernstes für die weiße Fahne halten." (Schreiber i.Dr./c)

Ich komme nun zu einem Thema, das von der Übersetzungswissenschaft lange Zeit vernachlässigt wurde, wie Pirazzini (1997: 9) mit Recht bemerkt: der Übersetzung von *Metaphern*. Auch hier hängt die Wahl des Übersetzungsverfahrens in einem hohen Maße vom Texttyp ab. In der Übersetzung eines Fachtextes wird man eine Metapher, für die es keine lexikalisierte Entsprechung gibt, in der Zielsprache eher auflösen und sinngemäß wiedergeben als in einer literarischen Übersetzung. Ferner ist zu bedenken, dass es bei der Verwendung von Metaphern deutliche sprach- und kulturspezifische Unterschiede gibt. Zum Sprachenpaar Spanisch-Deutsch hat Ch. Nord darauf hingewiesen, dass die metaphernreiche Sprache mancher lateinamerikanischer Fachtexte auf deutsche Leser befremdlich wirkt, wenn man sie wörtlich übersetzt. Hierzu ein Beispiel aus einem Sachbuch zur Geschichte Lateinamerikas:

> Los pueblos del Continente han sacudido la letárgica hojarasca que cubría el amodorrado árbol de su nacionalismo.
> [Wörtlich:] Die Völker Lateinamerikas haben das welke Laub von dem schläfrigen Baum des Nationalismus abgeschüttelt.
> [Vorschlag Ch. Nord:] Die lateinamerikanischen Völker haben nach langer Lethargie endlich ihren überkommenen Nationalismus abgeschüttelt. (Nord 2003: 296)

Nords Übersetzungsvorschlag ist zwar metaphernärmer, aber für einen deutschen Leser verständlicher als die wörtliche Übersetzung. In einer Fachübersetzung ist dies eine adäquate Strategie. Von einer literarischen Übersetzung würde man dagegen eher erwarten, einen metaphernreichen Stil möglichst zu erhalten. Doch auch dies wird nicht immer so gehandhabt. In Bezug auf das Sprachenpaar Deutsch-Französisch hat B. Grünbeck festgestellt, dass französische Übersetzer Metaphern häufig abgeschwächt als Vergleich wiedergeben:

> Gehetzt verließ ich die Insel. (L. Rinser)
> *Comme* pourchassée, j'abandonnai l'île. (Grünbeck 1983: 261)

Dies ist ein Verfahren, das einer generellen Tendenz entspricht: Französische Übersetzer neigen auch heute noch oft dazu, Texte stilistisch einzuebnen (vgl. Kap. 1.2).

Als schwierigstes, zuweilen unlösbares Übersetzungsproblem im Bereich der lexikalischen Semantik gilt die Übersetzung von *Wortspielen*. Die Erhaltung eines Wortspiels ist dabei in innerromanischen Übersetzungen oft leichter als in einer romanisch-deutschen

Übersetzung. W. Schweickard zitiert hierzu das folgende Beispiel aus einem Astérix-Comic:

> Je souhaite que notre langue reste une langue vivante.
> Io mi auguro che la nostra lingua resti almeno una lingua viva.
> ¡Lo que deseo es que nuestra lengua quede viva!
> Ich wünsch' mir nur, daß wir unsere Zungenfertigkeit nicht verlieren. (Schweickard 1984: 83)

Hier wird mit der Polysemie von frz. *langue* gespielt, denn im Text bedeutet *langue* gleichzeitig „Zunge" (die Römer haben vom gallischen Zaubertrank getrunken, wodurch sich ihre Zunge verfärbt hat) und „Sprache" (Anspielung auf das Schicksal der lateinischen Sprache). In den anderen romanischen Sprachen bleibt das Wortspiel problemlos erhalten, da dort die gleiche Polysemie vorliegt. Der deutsche Übersetzer musste dagegen mehr Kreativität an den Tag legen, um ein vergleichbares Wortspiel zu produzieren.

Ein romanischsprachiger Übersetzer steht jedoch vor den gleichen Problemen wie ein deutscher, wenn im Ausgangstext mit einzelsprachlichen Spezifika des Französischen gespielt wird. Im folgenden Beispiel (ebenfalls aus *Astérix*) spielt der Autor mit der Homophonie von *guerre* und *guère* sowie mit der Paronymie von *machine* und *machin*:

> Regardez! Des machines de guerre!
> – Hmmm... je n'aime guère ces machins!

> Guardate! Delle macchine da guerra!
> – Hmmm! Quelle baracche non mi piacciono per niente!

> Seht mal! Kriegsmaschinen!
> – Meinen die etwa, damit könnten sie uns kriegen? (Schweickard 1984: 83f.)

Der italienische Übersetzer hat hier keine äquivalente Lösung gefunden, der deutsche Übersetzer hat durch Ausweichen auf eine andere Paronymie (*Krieg* – *kriegen*) immerhin einen Teil des Wortspiels erhalten. Die Übersetzbarkeit von Wortspielen hängt also einerseits vom Sprachenpaar ab, andererseits aber auch von der Kreativität des Übersetzers.

Geradezu unüberwindlich werden die Probleme, wenn ein Wortspiel unter dem Zeitdruck des Simultandolmetschens wiedergegeben werden soll, z. B. wenn der Redner einen Witz erzählt. Hier kann ein Dolmetscher zu einem Trick greifen, der gut funktioniert, so lange er nicht zu häufig angewandt wird – er bittet die Zuhörer ganz einfach zu lachen: „el delegado alemán está contando un chiste. Yo se los voy a contar después, pero ahora por favor rianse para ponerlo contento" (Bertone 1989: 92).

3.6 Onomastik

Auch die *Onomastik* (Namenkunde) hat ihre Relevanz für die sprachenpaarbezogene Übersetzungswissenschaft, denn Eigennamen finden sich in den meisten zu übersetzenden Texten. Im Folgenden werde ich exemplarisch auf den Umgang mit *Personennamen* und
Anredeformen in literarischen Übersetzungen eingehen. Dabei fällt auf, dass sich die Konventionen für den Umgang mit den verschiedenen Namensbestandteilen im Laufe der Zeit
gewandelt haben.

Zuerst zu den *Vornamen*: Diese werden heute bei Übersetzungen ins Deutsche in der
Regel unverändert beibehalten. Dies war nicht immer so. Wie ich in einer kleinen Studie
zur Übersetzung im Sprachenpaar Italienisch-Deutsch versucht habe zu zeigen, wird die
Beibehaltung der Vornamen erst im Laufe des 19. Jh. zur Regel. So zeigt sich bei der Wiedergabe des Namens *Francesca* in dem Buchtitel *Francesca da Rimini* ab Mitte des 19. Jh.
die Durchsetzung der italienischen Form:

> Franzisca (1818), Francesca (1834), Franziska (1835), Francesca (1850, 1870, 1903) (Schreiber
> 2000: 8)

Bei *Namenszusätzen* in Form von Präpositionen finden sich Eindeutschungen dagegen noch
das ganze 19. Jh. durch:

> Francesca *von* Rimini (1850, 1870), Francesca *da* Rimini (1903) (Schreiber 2000: 13)

Bei *Familiennamen* galt die unveränderte Beibehaltung schon früher als Regelfall. Aus-
nahmen gibt es bei so genannten *redenden Namen*. Hier hat sich noch keine eindeutige
Konvention herausgebildet, wie sich etwa bei den wechselnden Übersetzungen von Mo-
lières *Monsieur de Pourceaugnac* zeigt:

> Der Herr von *Pourceaugnac* (1750)
> Die Abenteuer des Herrn von *Schweinbach* (1899)
> *Pourceaugnac* auf Freiersfüßen (1921)
> Der Herr von *Schweinichen* (1947) (Schreiber 2001: 328)

Übersetzungsprobleme eigener Art ergeben sich bei den *Anredeformen*. Schwierigkeiten
bereitet im Deutschen vor allem die in den romanischen Sprachen mögliche Verwendung
einer Anredeform ohne jegliche Ergänzung. Eine Eindeutschung ist hier nur möglich bei
zusätzlicher Nennung von Name oder Beruf:

> „Oh oui! *Monsieur.* – „Oh sì, *signore!*" – „Oh, ¡sí!, *señor.*"
> „O ja! *Herr Staatsanwalt.*" (Albrecht 1971: 367)

In isolierter Verwendung ist die Beibehaltung der Anredeform geradezu obligatorisch:

– Impossibile, *signora*, mi scusi, ma lei sbaglia persona.
„Unmöglich, *Signora*, entschuldigen Sie, aber Sie verwechseln mich." (Schreiber 2000: 16)

Betrachtet man nun die verschiedenen Namensbestandteile in ihrer Gesamtheit, so ergibt sich das Problem der Entstehung hybrider Formen, sobald ein Bestandteil übersetzt wird, ein anderer jedoch nicht:

M. le chevalier Julien Sorel de La Vernaye (Stendhal)
Herrn Ritter Julian Sorel de la Vernaye (1907)
Herrn Chevalier *Julian* Sorel *von* La Vernaye (1947)
Herrn Ritter Julien Sorel de la Vernaye (1978) (Schreiber 2001: 329)

Soweit zu Übersetzungen ins Deutsche. Bei Übersetzungen in die romanischen Sprachen gibt es eine stärker ausgeprägte Tendenz zur Einbürgerung als im Deutschen. So lauten die üblichen Übersetzungen der Werkstitel „Wilhelm Tell" und „Michael Kohlhaas" im Französischen noch bis ins 20. Jh. hinein „*Guillaume* Tell" und „*Michel* Kohlhaas" (Schreiber 2001: 330). Besonders deutlich war die Neigung zur Übersetzung fremdsprachiger Eigennamen lange Zeit im Spanischen. Dies hat sich erst in der jüngsten Vergangenheit zu ändern begonnen. Doch auch in neueren Übersetzungen finden sich z.T. noch einbürgernde Tendenzen. So zitiert C. Adrada Rafael eine spanische Übersetzung von *Madame Bovary* aus dem Jahre 1994, in der die Vornamen übersetzt wurden. Die Familiennamen blieben allerdings erhalten, was wiederum zum Problem der Hybridisierung führt, m. E. dem Hauptproblem bei der Übersetzung von Eigennamen:

Charles Bovary – *Carlos* Bovary
Rodolphe Boulanger – *Rodolfo* Boulanger (Adrada Rafael 2000: 552)

3.7 Partikelforschung

Ein typisches Problem bei der Übersetzung aus dem Deutschen, insbesondere bei der Wiedergabe gesprochener Sprache, bilden die *Abtönungs-* oder *Modalpartikeln*, deren Funktion es ist, die „Stellung des Sprechers zum Gesagten" auszudrücken. P. Blumenthal hat versucht, für verschiedene Verwendungsweisen deutscher Abtönungspartikeln potenzielle französische Entsprechungen anzugeben. Wenn es eine vergleichbare Partikel oder ein funktionell äquivalentes Syntagma im Französischen gibt, klappt dies recht gut:

Sei *doch* nicht so griesgrämig! – Ne sois *donc* pas si morose!
Das haben wir *doch* neulich erst besprochen. – *Mais* nous en avons parlé il y a peu de temps.
Und ich *erst*! – Et moi *alors*!
Sag ihm *einfach* die Meinung! – Dis-lui *tout simplement* ce que tu penses.
Eigentlich habe ich keine Lust. – *A vrai dire*, je n'ai pas envie. (Blumenthal 1997: 94f.)

In anderen Fällen ist es zwar möglich, die jeweiligen Redebedeutungen der deutschen Partikeln im Französischen explizit wiederzugeben, jedoch z.T. nur relativ umständlich:

Haben Sie *auch* nichts vergessen? – Vous n'avez rien oublié, *n'est-ce pas?*
Wo habe ich *bloß* meine Brille? – *Où ai-je bien pu* mettre mes lunettes?
Das geht *eben* nicht anders. – *Oui, mais c'est qu'*on ne peut *vraiment* pas le faire autrement.
Was soll ich *nur* tun? – *Mais* qu'est-ce que je *pourrais bien* faire?
Ich krieg dich *schon!* – *N'aie pas peur*, je t'aurai. (Blumenthal 1997: 94f.)

Da eine Häufung von Formulierungen wie diesen in einem französischen Zieltext unidiomatisch wirken würde, bleiben in der Praxis viele Abtönungspartikeln ohne materielle Entsprechung. Für das Sprachenpaar Deutsch-Französisch bezeichnet C. Feyrer die „Null-Entsprechung" daher als „legitime Variante" direkter Entsprechungen (Feyrer 1998: 279). Untersuchungen zu anderen Sprachenpaaren kommen zu ganz ähnlichen Ergebnissen. Auch für das Spanische gilt nach Ansicht von Ch. Beerbom, dass der Zieltext durch die explizite Übersetzung aller deutschen Abtönungspartikeln „völlig überladen und unidiomatisch wirken würde. [...] In vielen Fällen ist also die Nullentsprechung die einzig adäquate Lösung" (Beerbom 1992: 461). Als Beispiel für einen Verwendungstyp, der im Spanischen in der Regel ohne Entsprechung bleibt, nennt Beerbom den Gebrauch der Partikel *schon* in auffordernden Deklarativsätzen:

Du mußt dir *schon* etwas anderes ausdenken, Max. – Tienes que imaginar otra cosa, Max. (Beerbom 1992: 235)

Weniger Probleme bereitet die Wiedergabe der Partikel *denn*, für die es je nach Kontext verschiedene spanische Entsprechungen gibt:

Ist er *denn* nicht ausgelernter Schuster? – ¿No es *acaso* zapatero profesional?
Wo ist er *denn*? – ¿*Pero* dónde está?
Wer hats *denn* geschrieben? – ¿*Y* quién lo ha escrito? (Cárdenes Melián 1997: 177)

Für das Sprachenpaar Deutsch-Italienisch hat S. Masi gezeigt, dass zwar auch im Italienischen Abtönungen ausgedrückt werden können, z. B. durch Adverbien und Konjunktionen sowie durch morphologische Mittel wie Tempus und Modus, dass von diesen Mitteln aber seltener Gebrauch gemacht wird als im Deutschen (Masi 1996: 191ff.). Mit der Übersetzungsrichtung Italienisch-Deutsch hat sich R. Buzzo Margari befasst. Hier fällt auf, dass in der deutschen Übersetzung nicht nur dann Abtönungspartikeln verwendet werden, wenn bereits im italienischen Ausgangstext Abtönungsphänomene zu finden sind, wie in:

Ma tu li scarti tutti! – Du schickst *ja* alle weg!
Vediamo *un po'*. – Schauen wir *mal*.
Sono *forse* un nemico pubblico? – Bin ich *vielleicht* ein Staatsfeind?
Non ti *sarai* sbagliata? – Hast du dich *auch* nicht geirrt? (Buzzo Margari 1997: 154f.)

Darüber hinaus werden im Deutschen oft schon allein aus Gründen der Idiomatizität Abtönungspartikeln hinzugefügt, auch wenn sich im Ausgangstext keine Anzeichen einer Modalisierung finden:

Perché piangi? – Warum weinst du *denn*?
Non mi stringere così forte! – Drück mich *doch* nicht so fest!
Vengo! – Ich komme *schon*! (Buzzo Margari 1997: 154f.)

Solche Beobachtungen können „Mut zur Hinzufügung" für Übersetzungen ins Deutsche und „Mut zur Lücke" für Übersetzungen aus dem Deutschen machen.

3.8 Syntax

Ich greife im Folgenden einige der wichtigsten syntaktischen Phänomene heraus, die Probleme beim Übersetzen und z.T. auch beim Dolmetschen zwischen den romanischen Sprachen und dem Deutschen bereiten können.

Partizipialkonstruktionen: Es ist eine altbekannte Tatsache, dass bei Übersetzungen aus den romanischen Sprachen ins Deutsche Konstruktionen mit dem *Partizip Perfekt* oft nicht nachgeahmt werden. Obligatorisch ist eine Auflösung der romanischen Konstruktion allerdings nur in wenigen Fällen, z. B. in Verbindung mit Konjunktionen:

La pizza, *se fatta bene*, mi piace.
Pizza schmeckt mir, *wenn sie gut gemacht ist*. (Reumuth/Winkelmann 1989: 172)

Vorangestellte Partizipialkonstruktionen ohne Konjunktion können zwar wörtlich wiedergegeben werden, sollten jedoch im Deutschen nach Ansicht verschiedener Autoren aus stilistischen Gründen vermieden werden:

Adosodas a la Meseta, se distinguen tres cuencas terciarias.
[Wörtlich:] *Angelehnt an die Meseta* finden sich drei tertiäre Beckenlandschaften.
[Vorschlag Ch. Nord:] *An die Meseta schließen sich* [...] *an*. (Nord 2003: 216)

Réduits à manger leur capital et à brader leurs stocks, les industriels ont été forcés de licencier.
Die Unternehmer, *die vom Eigenkapital leben und ihre Waren zu Dumpingpreisen verschleudern müssen*, sehen sich zu Entlassungen gezwungen. (Siepmann 2002: 8)

Es gibt allerdings auch Partizipialkonstruktionen, die in der umgekehrten Übersetzungsrichtung Schwierigkeiten bereiten können. Dies gilt insbesondere für Konstruktionen mit dem *Partizip Präsens*. Exemplarisch seien hier einige Möglichkeiten für die Wiedergabe des deutschen Partizip Präsens im Italienischen aufgeführt. Eine Beibehaltung des Partizips ist hier nur in lexikalisierten Einzelfällen möglich. Andere Übersetzungsmöglichkeiten sind z. B. Relativsatz, Gerundium und Präpositionalphrase:

ein aus der Romagna *stammender* Offizier – un ufficiale *proveniente* dalla Romagna
der in Bologna *lehrende* Kunsthistoriker – lo storico dell'arte *che insegna* a Bologna
Er erzählte *weinend* seine Geschichte. – Raccontò, *piangendo*, la sua storia.
ein *brennendes* Haus – una casa *in fiamme* (Angelini/Fontana 2002: 65f.)

Ein Gebiet, in dem es sowohl deutsch-romanische als auch innerromanische Unterschiede
gibt, sind die *Diathesen* (Aktiv-Passiv) und die *unpersönliche Konstruktionen*. Ich beginne
mit den deutsch-romanischen Kontrasten. Eine von P. Blumenthals Thesen zur vergleichenden Syntax des Französischen und des Deutschen besagt, dass „der französische Satz
in vielen für beide Sprachen typischen Konstruktionen einen höheren ‚Aktivitätsgrad' ausdrückt als der deutsche" (Blumenthal 1997: 17). Einige Entsprechungen in diesem Bereich
sind weitgehend lexikalisiert:

Es schlägt acht Uhr. – Huit heures sonnent.
Es wird getanzt. – On danse. (Blumenthal 1997: 18)

Häufig werden auch die im Französischen üblichen aktivischen Darstellungen von Kausal-
verhältnissen (mit Sachsubjekt) im Deutschen unpersönlich wiedergegeben:

Les graves incidents *ont fait* deux morts. – *Bei* den blutigen Zusammenstößen *gab es* zwei Tote.
(Blumenthal 1997: 20)

In semantischer Hinsicht handelt es sich hierbei um eine Personifizierung, da eine Sache als
Agens dargestellt wird. Das Italienische ähnelt in diesem Bereich dem Französischen, z. B.
bei Aktivsätzen des Typs „Sachsubjekt + *voir / vedere*", die im Deutschen nicht aktivisch
wiedergegeben werden können:

Cette époque *vit naître* un grand poète. – Questa epoca *ha visto nascere* un grande poeta.
Zu dieser Zeit *wurde* ein großer Dichter *geboren*. (Ross 1997: 137)

Auch im Spanischen sind Personifizierungen geläufig:

La vertiente institucional *nos enseña* que [...] – An den Institutionen *kann man erkennen*, dass [...]
(Nord 2003: 186)

Im Bereich der unpersönlichen und passivischen Konstruktionen gibt es jedoch auch erhebliche innerromanische Unterschiede. *Reflexivkonstruktionen* mit passivischer oder un-
persönlicher Funktion („SE-Diathese") sind typisch für die südromanischen Sprachen, denen eine Entsprechung für frz. *on* fehlt. Das Französische ähnelt hier dem Deutschen, wo
wir in entsprechenden Übersetzungen häufig *man* finden:

Non *si possono* risolvere i problemi ignorandoli. – *Man kann* die Probleme nicht lösen, indem
man sie ignoriert. (Reumuth/Winkelmann 1989: 230)

Se desean informaciones más detalladas. – *Man wünscht* nähere Informationen.
(Reumuth/Winkelmann 1991: 188)

Aber auch im Französischen und Deutschen gibt es Reflexivkonstruktionen mit passivischer Funktion, allerdings beschränkt auf bestimmte Verben:

Ces livres *se vendent* bien. – Diese Bücher *verkaufen sich* gut. (Albrecht 1997: 459)

Ein einheitlicheres Bild liefern die romanischen Sprachen im Hinblick auf die syntaktischen Mittel der *Hervorhebung*. Hier gibt es eine Reihe von Konstruktionen, die im Deutschen zwar ebenfalls möglich sind, aber weit weniger üblich. Bei der Übersetzung ins Deutsche kann es daher angebracht sein, eine syntaktische Form der Hervorhebung wie die französische *mise en relief* durch lexikalische Mittel wiederzugeben:

Le diachroniste [...] ne peut oublier que *c'est* dans ce domaine *que* se manifestent [...] les déséquilibres. (A. Martinet)
Der Diachroniker [...] kann nicht vergessen, daß sich *gerade* auf diesem Gebiet die Gleichgewichtsstörungen zeigen. (Thome 1976: 408)

Die Übersetzung eines solchen *Spaltsatzes* ins Italienische bereitet dagegen keine Schwierigkeiten:

Mais *c'est* toi *que* j'ai choisi. – Ma *sei* tu *che* ho scelto.
Aber *dich* habe ich erwählt. (Must 1972: 211)

Dem deutschen Übersetzer gelingt die Hervorhebung des Objektes hier durch einfache Voranstellung. Im folgenden Beispiel ist im deutschen Ausgangstext ein prädikatives Adjektiv vorangestellt, um den darauf folgenden Objektsatz zu betonen. Die französische Übersetzung weist einen vorangestellten Relativsatz auf, einen so genannten *Sperrsatz*:

Wichtiger ist, daß sie die tief in der russischen Tradition verwurzelte Ergebenheit gegenüber den Mächtigen und das Aufgehen in ein Kollektiv fördern.
Ce qui est plus important, c'est qu'ils mettent en avant le dévouement aux puissants et l'aspiration à la collectivité, sentiments profondément ancrés dans la tradition russe. (Schmitt 2004: 411)

Sperrsätze sind auch im Spanischen üblich:

Lo que necesito es una impresora. – *Einen Drucker* brauche ich. (Reumuth/Winkelmann 1991: 312)

Im Deutschen finden wir hier wiederum eine Hervorhebung allein durch die Wortstellung. Auch im Italienischen kann die Wortstellung zum Zwecke der Hervorhebung eingesetzt werden. Probleme bei der Übersetzung ins Deutsche kann es dann geben, wenn im Italienischen das hervorzuhebende Subjekt nachgestellt wird und der Satz mit einem Verb beginnt, da im deutschen Hauptsatz das Prädikat nicht an erster Stelle stehen darf. Dieses Problem kann man lösen, wenn man die Erststelle durch ein anderes Element besetzt, z. B. ein Adverb:

Arrivarono gli altri. – *Nun* kamen auch die anderen. (Schreiber 2002a: 425)

Nachdem bereits mehrmals von *Wortstellung* die Rede war, komme ich nun zu einer Translationsart, bei der entsprechende Unterschiede zwischen Ausgangs- und Zielsprache besondere Probleme bereiten: dem *Simultandolmetschen*. Die größten Schwierigkeiten gibt es hier beim Dolmetschen aus dem Deutschen. Wenn eine rhetorisch ausgefeilte Rede mit komplexen Sätzen in eine romanische Sprache gedolmetscht werden soll, muss der Dolmetscher bei Nebensätzen oder Klammerkonstruktionen das Verb in der Zielsprache oft vorwegnehmen, um nicht in einen zu großen zeitlichen Rückstand (*décalage*) zu geraten. Eine solche *Antizipation* hat vor allem bei häufig wiederkehrenden Routineformeln, z. B. Gruß- und Dankesformeln, Aussicht auf Erfolg. Manchmal scheitert eine Antizipation aber auch, nämlich wenn der Satz anders weitergeht als erwartet:

Am Beginn internationaler Veranstaltungen stehen traditionell die Begrüßungen. Damit rechnen natürlich auch die Dolmetscher. Der Präsident einer internationalen Tagung begann seine Eröffnungsrede so: „Meine Damen und Herren, zu Beginn unserer Tagung möchte ich den Herrn Oberbürgermeister dieser schönen Stadt, in welcher wir heute und morgen zu Gast sein dürfen, und in welcher wir vor 17 Jahren schon einmal zusammenkamen, der auch freundlicherweise die Schirmherrschaft über unseren Kongress übernommen hat...". Im gegebenen Fall war ins Englische, Französische und Italienische zu dolmetschen. Diese Sprachen verlangen, daß das Prädikat alsbald nach dem Subjekt („ich") auftaucht. Ein Warten auf das Verbum hätte eine lange und gerade in einer so zeremoniellen Phase eines internationalen Kongresses äußerst störende Pause nach dem Subjekt bedingt, die noch dazu völlig überflüssig erschien, denn der Fortgang des Satzes ließ sich vermeintlich einwandfrei absehen, die Mitteilungseinheit „begrüßen" schien zwangsläufig folgen zu müssen. Also wurde der Oberbürgermeister auf Englisch, Französisch und Italienisch begrüßt, in zwei der drei Versionen sogar herzlich. Dann allerdings fuhr der Tagungspräsident fort: „... bei Ihnen entschuldigen." Die Korrektur eines solchen Kunstfehlers ist zwar notwendig (der Oberbürgermeister war ja gar nicht anwesend), aber sie muß auf die Zuhörer befremdlich wirken, die sich der vertrackten Grammatik der deutschen Sprache natürlich nicht bewußt sind und nicht recht verstehen mögen, warum zunächst der Schirmherr begrüßt und dann um Verständnis für seine Abwesenheit gebeten wird. (Feldweg 1996: 48f.)

In dieser Anekdote eines erfahrenen Konferenzdolmetschers taucht neben der Antizipation eine andere wichtige Strategie des Simultandolmetschens auf: die *Korrektur*. Hierfür werden meist „Reformulierungsindikatoren" wie frz. *c'est-à-dire* eingesetzt.

Eine mit der Antizipation verwandte, aber stärker sprachenpaarabhängige Strategie ist die *Anteposition*, d.h. die Vorziehung von frei beweglichen Konstituenten (meist adverbialen Bestimmungen) vor das Subjekt, wodurch ebenfalls eine Klammerstruktur im Zieltext vermieden wird. Wie eine Heidelberger Diplomandin, A. Krogh, gezeigt hat, wird diese Strategie beim Dolmetschen ins Französische häufig angewandt, da das Französische aufgrund der möglichen Mehrfachbesetzung des Vorfeldes zahlreiche Möglichkeiten der Anteposition bietet:

Er wurde *im Alter von nicht einmal dreißig Jahren dank seiner unerschütterlichen Überzeugung, daß keine noch so gut gemeinte Hilfe wirksam sein kann, wenn ein Kind ohne Zuhause, ohne stabile soziale Rahmenbedingungen aufwachsen muß,* zum Begründer der SOS-Kinderdorf-Idee [...] *À l'âge de moins de tre- trente ans et grâce à sa conviction inébranlable que- qu'aucune aide ne peut être superflue s- si un enfant vit dans la misère* il est devenu le fondateur des villages d'enfants *SOS* [...] (Krogh 2000: 135)

Abschließend möchte ich ein Phänomen ansprechen, bei dem wir uns bereits im Grenzbereich zwischen Syntax und Textlinguistik bewegen: die Unterscheidung zwischen *Hypotaxe* (syntaktischer Unterordnung) und *Parataxe* (Nebenordnung mehrerer Hauptsätze). Es gibt zahlreiche Fälle, in denen einer parataktischen Struktur im Deutschen üblicherweise eine hypotaktische Konstruktion im Romanischen gegenübersteht. So können parataktische Verbindungen mit *und* oder ohne Konjunktion oft einer romanischen Infinitiv- oder Gerundialkonstruktion entsprechen:

Seien Sie so gut *und* geben Sie mir das Buch.
Ayez l'amabilité *de* me donner ce livre. (Truffaut 1983: 303)

Mein angetastetes Geheimnis krümmte sich schmerzhaft in mir zurück, *es wollte* nicht ans Licht.
Mi secreto, violado, se retorcía dolorosamente en mi interior, no *queriendo* salir a la luz.
(Cartagena/Gauger 1989, Bd. 1: 459)

An einem Dienstagmorgen [...] stürzte Wunsiedel in mein Zimmer *und rief* sein „Es muß etwas geschehen". (Böll)
Un martedì mattina [...] Wunsiedel si precipitò nella mia stanza *esclamando* il suo: „Deve succedere qualcosa!" (Esposito-Ressler/Furno-Weise 1999: 104f.)

Das umgekehrte Verfahren, die Aufspaltung eines Satzgefüges in mehrere einzelne Sätze ist insbesondere bei denjenigen Translationstypen angebracht, die aus Gründen der Verständlichkeit eine syntaktische Vereinfachung des Ausgangstextes verlangen. Ein prägnantes Beispiel hierfür ist die *Untertitelung*. In dem folgenden Beispiel aus einer Germersheimer Diplomarbeit zur deutschen Untertitelung eines französischen Spielfilms wird ein komplexer französischer Satz durch drei deutsche Sätze wiedergegeben, die sich zudem auf drei Untertitel verteilen (die Nummerierung bezieht sich auf die Untertitel):

Elle inspire profondément et la vie lui paraît si simple et si limpide, qu'un élan d'amour, comme un désir d'aider l'humanité entière la submerge tout à coup.
1 [...] Sie atmet tief ein.
2 Das Leben scheint so einfach und klar. Eine Anwandlung von Liebe überkommt sie
3 und das Verlangen, der gesamten Menschheit zu helfen. (Seitz 2004: 68)

3.9 Textlinguistik und Pragmatik

Drei Teilbereiche der *Textlinguistik* möchte ich in diesem Kapitel ansprechen: Text-grammatik, Textsemantik und Textsorten. Da ich im Zusammenhang mit den Textsorten auch die Übersetzung von Sprechakten behandeln möchte, wird hierbei die Grenze zur *Pragmatik* überschritten.

Zunächst zur *Textgrammatik*, und zwar zu den *Proformen*, welche zur Wiederaufnahme oder Vorwegnahme bestimmter Elemente im Text dienen. Hierzu zählen u. a. Pronomina. Übersetzungsprobleme im Zusammenhang mit Pronominalisierungen sind manchmal bereits durch das unterschiedliche Formeninventar bedingt. Im Inventar der romanischen Possessivpronomina gibt es bekanntlich keine Entsprechung für die Unterscheidung zwischen dt. *sein* und *ihr*. Bei der Übersetzung ins Deutsche muss diese Differenzierung dagegen getroffen werden. In dem folgenden französischen Beispiel finden sich ein Possessivpronomen und ein possessiv verwendeter Artikel; bei der deutschen Übersetzung müssen die richtigen Bezüge aufgrund des Kontextes hergestellt werden:

– Oh! Rodolphe!... fit lentement la jeune femme en se penchant sur son épaule.
Le drap de *sa* robe s'accrochait au velours de *l'*habit. (Flaubert)

„Ach, Rodolphe...!" flüsterte die junge Frau und lehnte sich an seine Schulter.
Das Tuch *ihres* Kleides lag dicht am Samt *seines* Rockes. (Schreiber 1999: 255)

Bei den Personalpronomina besteht ein wichtiger innerromanischer Unterschied darin, dass die Setzung der Subjektpronomina in den südromanischen Sprachen im Unterschied zum Französischen und Deutschen nicht obligatorisch ist. Bei der Übersetzung aus einer „Pro-Drop-Sprache" wie dem Spanischen müssen die entsprechenden Verbformen anhand des Kontextes interpretiert werden:

Una nueva etapa de prosperidad se abrió a raíz de la guerra de secesión [...], pero *duró* poco.
Eine neue Etappe der Prosperität hub infolge des Sezessionskrieges an [...], doch *sie dauerte* nur kurze Zeit. (Cartagena/Gauger 1989, Bd. 1: 454)

Bei der Verwendung des Pronomens *er* hätte sich hier ein grammatikalisch ebenfalls möglicher, aber im Kontext weniger plausibler Bezug ergeben.

In deutsch-romanischer Übersetzungsrichtung können u. a. die so genannten Pronominaladverbien zu Übersetzungsproblemen führen. Wenn diese dazu dienen, komplexe Inhalte wieder aufzunehmen, werden sie häufig durch nominale Formen der Wiederaufnahme übersetzt, vor allem im Französischen (die Wahl des Nomens hängt vom Kontext ab):

Dabei kam über ihn eine gewisse Behaglichkeit.
Il prenait *à ces méditations* un certain plaisir. (Malblanc 1968: 262)

Jens Lüdtke hat darauf hingewiesen, dass die stilistisch bedingte Tendenz zur nominalen Wiederaufnahme im schriftsprachlichen Französisch auch dann besteht, wenn eine Pronominalisierung ohne weiteres möglich wäre. So wird im nächsten Beispiel ein spanisches Demonstrativpronomen nominal wiedergegeben:

> Muestra *esto* cómo las empresas de unidad nacional van llegando a su hora del modo que los sones en una melodía. (Ortega)
> *Ces remarques* nous suggèrent que les entreprises d'unité nationale arrivent à leur heure comme les sons dans une mélodie. (Lüdtke 1984: 91)

Sprachübergreifend gilt die Bevorzugung der nominalen Wiederaufnahme insbesondere bei Fachtexten. Empfohlen wird hier aus Gründen der terminologischen Einheitlichkeit die Wiederholung des Bezugswortes. Im folgenden Beispiel aus einer Bedienungsanleitung wird diese Empfehlung im Deutschen und Französischen befolgt, der italienische Übersetzer verwendet dagegen ein Hyperonym in der gleichen Funktion, was stilistisch eleganter ist, aber einen gewissen Interpretationsaufwand verlangt:

> *Die Kombinationsdüse* ermöglicht die Saugarbeit auf Teppichen jeder Art sowie auf Glattböden.
> *Ce suceur combiné* permet d'aspirer sur les tapis, moquettes, ainsi que sur des sols lisses.
> Con *questo accessorio* è possibile operare su superfici lisce, su tappeti e moquette di ogni tipo. (Rega 2004: 97)

Dieses Beispiel illustriert darüber hinaus einen deutsch-romanischen Kontrast im Bereich der „Determinanten": Im Zusammenhang mit der nominalen Wiederaufnahme wird im Deutschen oft der bestimmte Artikel verwendet, im Französischen und in anderen romanischen Sprachen häufiger ein Demonstrativpronomen.

Neben Pronomina und Substantiven können auch Ellipsen als Proformen verwendet werden. So finden wir im gesprochenen Deutsch Konstruktionen, in denen am Satzbeginn an die Stelle eines Pronomens eine „Null-Proform" (im Folgenden symbolisiert durch ø) tritt:

> „Lassen Sie uns einen Kaffee trinken." [...]
> „Ausgezeichnet, ø machen wir." (J. Arjouni)
> – On pourrait aller prendre un café. [...]
> – Excellente idée, *c'est ce qu'*on va faire. (Schreiber 1999: 374)

Der französische Übersetzer, der diese Konstruktion nicht nachbilden konnte, hat zu einem Demonstrativpronomen gegriffen, hervorgehoben durch einen Spaltsatz (vgl. Kap. 3.8).

Neben den Proformen sind die *Konnektoren* (Konjunktionen, Adverbien und andere Mittel der Verknüpfung von Satzinhalten) ein weiterer wichtiger Bereich der Textgrammatik. Bei der Übersetzung ist zu bedenken, dass Konnektoren oft mehrere Funktionen erfüllen können. Dt. *schließlich* kann z. B. im Französischen unterschiedlichen Konnektoren entsprechen, z. B. *enfin* (in temporaler Funktion) oder *après tout* (in modaler Funktion):

> La chanteuse s'inclina, croulant sous les bravos et, entraînée par sa poitrine, qu'elle avait un peu abondante, parut ne plus pouvoir se redresser. *Enfin*, tout s'arrangea. (L. Malet)

Die Sängerin verbeugte sich unter dem tosenden Beifall und schien, da ihr Busen ein wenig zu üppig war, sich nicht mehr aufrichten zu können. *Schließlich* klappte es.

Die Mutter aber hängte sich ans Telefon und lud Cousine Astrid und Nellys Freundin Hella ein. Zum Kaffee. Damit sie Gesellschaft hat. *Schließlich* ist es ja ihr Fest. (Ch. Wolf)
Mais la mère décrocha le téléphone et invita la cousine Astrid et Hella, l'amie de Nelly. Pour le café. Pour qu'elle ne soit pas toute seule. C'est son anniversaire, *après tout*. (Dalmas 1999: 194f., 201)

Besonders polyfunktional ist der italienische Konnektor *magari*, der keine formale Entsprechung in den anderen romanischen Sprachen besitzt und daher auch innerromanisch Übersetzungsprobleme bereiten kann. *Magari* kann zudem nicht nur als Konnektor, sondern auch als allein stehendes Satzäquivalent verwendet werden:

Se leggessimo qualcosa? – *Magari*. (Arcaini 1997: 73)

Nach Arcainis Darstellung hat *magari* in dieser Verwendung zwar eine positive Grundbedeutung, welche Nuance dabei ausgedrückt werde (neutral, verstärkte Zustimmung, abgeschwächte Zustimmung), hänge jedoch von Kontext und Intonation ab. Je nach Lesart seien daher auch unterschiedliche französische Entsprechungen möglich: ‚J'aimerais bien', ‚Parfait. Excellente idée', ‚Oui, peut-être' (Arcaini 1997: 73).

Ich komme nun zur *Textsemantik*, die ich hier im Sinne von Coserius „Linguistik des Sinns" (1994) verstehen möchte. Aus den zahlreichen Relationen, die zur Entstehung des Textsinns beitragen können, greife ich lediglich eine heraus: die *Intertextualität*, d.h. den Verweis auf andere Texte, z. B. durch Zitat oder Anspielung.

Das folgende Beispiel aus einem deutschen Roman enthält eine Abwandlung eines berühmten Verses aus Goethes *Faust* im Rahmen der Beschreibung einer Beichte:

Was man unabsichtlich vergißt, nimmt Gott nicht übel, vergibt die Sünde einfach mit. Ob ich das vergessen kann? *Und bin so schwarz als wie zuvor.* (B. Arens)
Lo que se omite inintencionadamente Dios no lo toma a mal, sencillamente perdona este pecado junto a los otros. ¿Lo puedo omitir? *Y estoy tan impura como antes.* (Burfeid 1985: 219)

Die Anspielung auf Goethe ist für Leser der spanischen Übersetzung sicherlich nicht nachvollziehbar. Dafür hat der Übersetzer durch die Wahl des Adjektivs *impuro* (für *schwarz*) den Bezug auf den Beichtritus verdeutlicht, da dieses Adjektiv „in der Metaphorik der spanischen Beichtsprache eine ähnliche Funktion ausübt" (Burfeid 1985: 220).

Ein anderes Übersetzungsverfahren besteht in der Ersetzung eines ausgangssprachlichen Zitates durch ein bekanntes Zitat der Zielkultur. In einem Roman von U. Eco (*Il pendolo di Foucault*) findet sich eine Anspielung auf Leopardis „Infinito", die dazu beiträgt, die stets zitatenreiche Sprechweise der betreffenden Romanfigur zu charakterisieren. Der französische Übersetzer wählte als Entsprechung einen Baudelaire-Vers, der spanische Übersetzer eine Anspielung auf Góngora:

Ma tra picco e picco si aprivano orizzonti interminati – *al di là della siepe*, come osservava Diotallevi.

Mais entre un pic et l'autre s'ouvraient des horizons infinis – *au-dessus des étangs, au-dessus des vallées*, comme observait Diotallevi.

Pero entre pico y pico se abrían horizontes illimitados: *el sublime espacioso llano*, come observaba Diotallevi. (Eco 1995: 126f.)

Die Wahl eines adaptierenden Übersetzungsverfahrens ist hier kein Zufall: Eco hatte die Übersetzer auf die Anspielung hingewiesen und vorgeschlagen, ein zielsprachliches Zitat zu verwenden, um einen ähnlichen Effekt wie im Ausgangstext zu erzielen.

Kommen wir nun, wie anfangs angekündigt, zur Textsortenlehre: *Textsortenkonventionen*, also Normen für den Aufbau bestimmter Textsorten, sind zwar potenziell übereinzelsprachlich (man denke etwa an literarische Gattungen wie das Sonett), können aber auch sprach- und kulturspezifisch differieren. Bei juristischen Textsorten ist der Einfluss der Kultur (hier: der betreffenden Rechtsordnungen) evident. Ob und wie sich diese unterschiedlichen Textsortenkonventionen auch in der Übersetzung niederschlagen, hängt vom Zweck der Übersetzung ab: Eine vollständige Anpassung der Textsortenkonventionen ist nur dann angebracht, wenn für den Zieltext die Rechtsordnung der Zielkultur gilt. Wenn dagegen die Rechtsordnung der Ausgangskultur gilt, d.h. wenn die Übersetzung nur eine informative Funktion hat, sind nur begrenzte Anpassungen möglich (Wiesmann 1999: 174f.).

Am Beispiel der deutschen Übersetzung eines französischen Gerichtsurteils lässt sich dies folgendermaßen exemplifizieren: Für den Aufbau gelten in beiden Ländern unterschiedliche Konventionen. Die Urteilsformel kommt z. B. in einem deutschen Gerichtsurteil gleich nach dem Urteilseingang, in einem französischen und italienischen Urteil dagegen ganz am Schluss (Kupsch-Losereit 1998: 226). Außerdem bestehen französische Gerichtsurteile traditionell nur aus einem einzigen langen Satz, der durch textsortenspezifische Konnektoren wie *vu* (Verweis auf Rechtsvorschriften) und *considérant que* (Einleitung der Entscheidungsgründe) gegliedert wird. Bei der deutschen Übersetzung eines französischen Gerichtsurteils wird die Reihenfolge der einzelnen Textteile beibehalten, denn es handelt sich ja nicht um das Urteil eines deutschen Gerichts. Anpassungen kann es jedoch im syntaktischen und textgrammatischen Bereich geben: Der Text wird in der Regel in mehrere Sätze untergliedert. Bei der Aufzählung der Entscheidungsgründe kann man auf die Wiederholungen der Konnektoren verzichten, wenn man eine Zwischenüberschrift wie „Aus diesen Gründen" einfügt (Schlichting/Oellers-Frahm 2002: 176).

Ähnliche Probleme ergeben sich bei der Übersetzung italienischer Gerichtsurteile. Ein Sonderfall sind hierbei zweisprachige Urteile in Südtirol. Hier orientiert sich die deutsche Fassung in der Regel an der italienischen Makrostruktur. Die Ein-Satz-Struktur wird jedoch nicht unbedingt nachgeahmt:

Nella causa civile iscritta al n. [...] promossa
da A.A. [...]
contro C.C. [...]

In der Zivilsache Nr. [...]
Klagende Partei: A.A. [...]
Beklagte Parteien: C.C. [...] (Arntz 2001: 327)

Bei anderen juristischen Textsorten sind andere Konventionen zu beachten. Da z. B. in deutschen privatrechtlichen Verträgen Modalverben wie *müssen* zur Bezeichnung der Verpflichtungen der Vertragspartner gemieden werden, finden sich in Übersetzungen Umformulierungen mit den im Deutschen üblichen Infinitivkonstruktionen:

L'acheteur *doit* payer le prix comme prévu dans le contrat de vente.
Der Käufer *hat* den Preis vertragsgemäß *zu* zahlen. (Reinart 1999: 382)

Eine strukturelle Veränderung schlägt P. Holzer im Zusammenhang mit der Übersetzung spanischer Verträge für ein österreichisches Publikum vor. Da die in spanischen Verträgen zu findende Gliederung der Textteile nach *título* und *artículo* in österreichischen privatrechtlichen Verträgen unüblich sei und dort eine Gliederung nach römischen und arabischen Ziffern bevorzugt werde, empfiehlt Holzer für die Übersetzung eine entsprechende Anpassung: „Warum also nicht *título I* und *artículo 1* einfach als ‚I.‘ und ‚1.‘ in die ZS bringen und damit den Textkonventionen in der Zielsprache und -kultur gerechter werden?" (Holzer 2004: 155).

Wenn für eine Übersetzung dagegen die Rechtsordnung der Zielkultur gilt, kann es notwendig sein, nicht nur formale, sondern auch inhaltliche Anpassungen vorzunehmen. Ein typisches Beispiel hierfür sind juristisch bedingte Änderungen innerhalb technischer Texte. Das folgende Zitat aus der Übersetzung einer französischen Bedienungsanleitung enthält Anpassungen an die deutsche Rechtslage:

A partir du 1er octobre 1983, les bicyclettes neuves définies ci-après, doivent être équipées de deux catadioptres oranges.
Ab 1. Januar 1986 müssen alle Fahrräder mit vier orangefarbenen Speichenrückstrahlern ausgestattet sein. (Schreiber 1993: 251)

Sogar bei der Übersetzung einer so banal erscheinenden Textsorte wie der Aufschrift auf einem Joghurtbecher können aufgrund der Unterschiede im Lebensmittelrecht diverse Anpassungen notwendig werden:

DESSERT A BASE DI YOGURT E PREPARAZIONE DOLCIARIA ALLA FRUTTA
ingredienti: yogurt (latte parzialmente scremato, fermenti lattici vivi), preparazione dolciaria alla frutta (24%) (frutta*, zucchero amido modificato, gelificante: pectina, aromi) *vedi coperchio per la specificazione della frutta
da consumare entro: vedi coperchio
conservare in frigo a +4°C
prodotto in Germania

YAOURT AUX FRUITS
ingrédients: lait demi-écrémé, préparation de fruits 24% (soits fruits: 12%), sucre, arômes, ferments lactiques

à consommer jusqu'à (voir couvercle)
conservation à +6°C maximum.
Fabriqué en UE (Katan 1997: 36)

Sprachspezifische Unterschiede gibt es auch bei der Realisierung von *Sprechakten* in bestimmten Textsorten. Als Beispiel möchte ich die Ausdrucksformen für Anweisungen in Bedienungsanleitungen herausgreifen. Zwar sind in dieser Textsorte im Deutschen und den romanischen Sprachen prinzipiell Imperativ und Infinitiv zum Ausdruck einer Anweisung möglich, es gibt jedoch Unterschiede in der Verwendung beider Konstruktionen. In französischen Bedienungsanleitungen sind Imperativ und Infinitiv prinzipiell austauschbar. Hierzu Beispiele aus zwei verschiedenen Anleitungen, in denen an der gleichen Textstelle im deutschen Ausgangstext jeweils der Imperativ verwendet wurde:

Bitte *lesen Sie* diese Anleitung vor erstmaligen Gebrauch des Gerätes und *heben Sie* sie zu Nachschlagezwecken auf.
Lire cette notice d'utilisation avant usage et la *conserver* pour référence ultérieure.
Bewahren Sie die Gebrauchsanweisung sorgfältig auf und *geben Sie* diese gegebenenfalls an Nachbesitzer weiter.
Conservez soigneusement le mode d'emploi et *remettez*-le éventuellement au nouveau propriétaire de cet appareil. (Brumme 1999: 272)

Im Deutschen wird hier der Imperativ bevorzugt, da der Kunde an dieser Stelle direkt angesprochen werden soll. Bei Montageanweisungen findet sich dagegen meist der Infinitiv. Ähnlich sieht es im Italienischen und Spanischen aus. Einer Studie von Hempel (2004: 292f.) zufolge nimmt der Gebrauch von anweisenden Infinitiven in neueren italienischen Bedienungsanleitungen zu, während im Deutschen der Imperativ noch immer häufiger als der Infinitiv sei.

Übersetzungsprobleme kann es geben, wenn die Anweisung nur indirekt ausgedrückt wird. Dies gilt im Deutschen z. B. für die Konstruktion des Typs „*sein + zu* + Infinitiv", die im Sinne einer Anweisung, aber auch im Sinne einer Möglichkeit interpretiert werden kann. Dies zeigt sich im folgenden Beispiel, wo der spanische Übersetzer das Modalverb *deber* gewählt hat (was hier der plausibleren Interpretation entspricht), der französische Übersetzer dagegen das verneinte Modalverb *pouvoir*:

Das Auswechseln des Netzkabels und alle sonstigen Reparaturen *sind* nur vom autorisierten Melitta Kundendienst *durchzuführen*.
La reposición del cable de alimentación y cualquier reparación necesaria *deben ser realizadas* por los servicios técnicos autorizados por Melitta.
Le cordon d'alimentation *ne peut être remplacé que* par un professionnel [...] (Schreiber 2004b: 54)

Die Textsortenabhängigkeit der Realisierung von Anweisungen zeigt sich besonders deutlich, wenn man andere Textsorten zum Vergleich heranzieht. In deutschen Schulbüchern finden sich z. B. häufig Imperative der 2. Person Singular. Für die Übersetzung ins Italienische empfiehlt Marella Magris den Infinitiv oder eine reflexive Konstruktion mit Konjunktiv:

> *Berechne* die Leistung, die die Person dabei aufbringt!
> *Calcolare* la potenza che la persona vi impiega.
> *Si calcoli* la potenza necessaria alla persona per compiere questo lavoro. (Magris 2004: 202)

Gisela Thome, die sich mit der Übersetzung von Anweisungen in französischen Kochrezepten beschäftigt hat, weist darauf hin, dass die in den französischen Texten häufig zu findenden „nachträglichen Aufforderungen" (z. B. in Form von Partizipien) in der deutschen Übersetzung z.T. aufgelöst werden:

> Jeter dans de l'eau salée à point et bouillante les pointes d'asperges réunies en petits bottillons et la partie tendre des tiges divisées en tronçons d'un centimètre.
> Die Spitzen der Spargel abschneiden und zu kleinen Bündeln zusammenbinden. Den zarteren Teil der Stangen in 2 cm [sic] lange Abschnitte schneiden. Alle Spargel in gesalzenes, sprudelnd kochendes Wasser werfen und einige Minuten kochen. (Thome 1980: 71)

In Bezug auf kommerzielle Textsorten im Internet nennt Alberto Gil als Beispiel für unterschiedliche Konventionen im Sprachenpaar Spanisch-Französisch die häufigere direkte Ansprache des Benutzers im Spanischen. Hierzu ein Beispiel mit einer indirekten Anweisung im Französischen (in Form eines Ausrufs) und einer direkten Anweisung im Spanischen (mit Imperativ):

> Tout le site Scénic accessible en un clic!
> *Haga click* aquí para acceder al sumario. (Gil 1999: 88)

3.10 Varietätenlinguistik

Auch Unterschiede im Bereich der „Architektur" von Ausgangs- und Zielsprache, d.h. Unterschiede hinsichtlich der Gliederung in *diatopische* (regionale), *diastratische* (soziale) und *diaphasische* (situative) Varietäten, können zu Übersetzungsproblemen führen.

Besonders problematisch ist die Übersetzung *diatopischer* Merkmale, wenn diese in einem literarischen Text dazu eingesetzt werden, um Regionalität zu markieren. Als geradezu unlösbar gilt in diesem Zusammenhang die Übersetzung von *Dialekten*. Die Funktion, die z. B. der Berliner Dialekt in Döblins *Berlin Alexanderplatz* erfüllt, kann in einer Übersetzung höchstens ansatzweise wiedergegeben werden. Der französische Übersetzer hat das Berlinische im folgenden Beispiel durch Verwendung bestimmter Merkmale (Wegfall von *ne*, Elision von *je* vor Konsonant) in ein überregionales, gesprochenes Französisch umgewandelt:

„Da bin ich ja, Franzeken. Bin dir doch nich weggeloofen, ick bin noch da." „Loof doch weg, will dir ja gar nicht." (Döblin)
– Mais j'suis revenue, mon petit Franz. J'suis pas partie, me voilà chez toi.
– Va-t'en. J'veux pas de toi. (Detken 1997: 72)

Die Übersetzung liegt hier wesentlich näher an der Standardsprache als der Ausgangstext. Es wäre zwar möglich gewesen, durch Verwendung des Pariser *français populaire* bestimmte Konnotationen des Originals zu erhalten (z. B. „Großstadt" oder „Unterschicht"), aber *per definitionem* nicht die regionale Markierung „Berlinisch".

Nicht zu unterschätzen ist auch die Übersetzung regionaler *Akzente*. In verschiedenen Astérix-Bänden werden Arverner, d.h. die keltischen Bewohner der Auvergne, dadurch karikiert, das sie [s] und [ʒ] als [ʃ] realisieren, eine phonetische Eigenart, die heute in ähnlicher Form als typisch für Bewohner des Massif Central gilt. Die Übersetzer haben in der Regel versucht, diesen Akzent phonetisch nachzuahmen:

Moi *che ch*uis Arverne, des environs de *Ch*ergovie.
I*sch* bin Arverner. Au*sch* dem Krei*sch* Gergovia.
Io *sci*ono un averno dei pre*ssci* di *Sc*ergovia.
Yo ‚*choy*' arverno, de los alrededores de ‚*Ch*ergovia'. (Schweickard 1984: 89)

Problematisch ist hierbei, dass dieser „Akzent" in den Zielsprachen anders oder gar nicht funktioniert: *Isch* kann im Deutschen regional markiert sein (z. B. hessisch), *ausch* oder *Kreisch* könnten aber höchstens Sprachfehler sein. Auch in Regionen Italiens, z. B. in der Toskana, sind ähnliche phonetische Erscheinungen belegt, aber der Sprecher soll ja gerade nicht als italienischer Dialektsprecher, sondern als Bewohner der Auvergne charakterisiert werden. Die spanische Übersetzung wirkt besonders verwirrend, vor allem wegen der in einem Comic wenig sinnvollen Verwendung der Anführungszeichen. Lediglich der komische Effekt bleibt in den Übersetzungen erhalten. Aber das Problem ist auch nicht wirklich befriedigend lösbar: Es gibt nun einmal keinen regionalfranzösischen Akzent im Deutschen, Italienischen oder Spanischen.

Ähnliche Probleme treten bei ausländischen Akzenten auf, zumindest dann, wenn der Text in die Sprache übersetzt werden soll, die im Text karikiert wird. So tauchen in verschiedenen Romanen Balzacs Deutsche oder Elsässer auf, die mit einem mehr oder minder glaubhaften deutschen Akzent Französisch sprechen. In den deutschen Übersetzungen wird in der Regel Standarddeutsch verwendet, da es natürlich kein Deutsch mit deutschem Akzent gibt. Als Notlösung kann man die implizit gegebene Information „Akzent" in eine explizite Information umwandeln:

– *Puisqui matame fous encache*, dit le baron, épais Alsacien dont la figure ronde annonçait une dangereuse finesse, *fous êtes sir d'êdre pien ressi.* (Balzac)
„Da die Baronin Sie dazu auffordert," sagte der Gatte, ein schwerfälliger Elsässer, dessen rundes Gesicht einen Zug gefährlicher Schlauheit trug, *in seinem breiten Dialekt,* „so dürfen Sie auf einen liebenswürdigen Empfang rechnen". (Schreiber 1993: 192f.)

In einer Filmsynchronisation, in der ein solcher Zusatz natürlich nicht möglich ist, kann man versuchen, andere Verfahren einzusetzen, um einen ähnlichen Effekt zu erzielen. Ch. Heiss beschreibt im Folgenden die deutsche Synchronisation einer italienischen Filmkomödie:

> In *Bonnie e Clyde all'italiana* setzt Gavazzi den deutschen Akzent ein, um mit deutschen Touristen zu kommunizieren bzw. um sie einzuschüchtern. [...] In der Synchronfassung muß natürlich die Komik des deutschen Akzentes im Italienischen verloren gehen [...] Als Ersatzstrategie versucht man, über Lexik und Lautstärke Kasernenhofton zu reproduzieren. [...] Um das Deutsch von Villaggio von dem der Touristen zu unterscheiden, verleiht man diesen einen regionalen Akzent, man läßt sie Berlinerisch sprechen, womit das Stereotyp des militaristischen Deutschen in preußischer Ausprägung noch einmal unterstrichen wird. (Heiss 1996a: 173).

Handelt es sich dagegen bei dem zu übertragenden Akzent um Interferenzen aus einer dritten Sprache, so ist die Übersetzung viel weniger problematisch. Umberto Eco zitiert in diesem Zusammenhang seine eigene Übersetzung von Raymond Queneaus *Exercices de style*. Bei der Übersetzung des Textes „Anglicismes" verwendete er im Italienischen ähnliche phonetische und lexikalische Verfahren (es geht hierbei nicht nur um den Akzent, sondern auch um lexikalische Interferenzen) wie der Autor im französischen Original:

> Un dai vers middai, je tèque le beusse et je sie un jeugne manne avec une grète nèque [...]
> Un dèi, verso middèi, ho takato il bus and ho seen un yungo manno con uno greit necco [...] (Eco 2003: 301)

Ein heikler Fall ist die Übersetzung von *Regionalsprachen*, da deren Verwendung meist auch politische Implikationen hat. B. Bauske hat am Beispiel der Übersetzung aus dem Asturischen zwei entgegengesetzte Übersetzungsmethoden in die Praxis umgesetzt. Einen Text des asturischen Autors Milio R. Cueto hat er ins Standarddeutsche übersetzt. Damit wird Bauske nach eigenen Angaben zwar den Intentionen des Autors gerecht, für den Asturisch „eine Nationalsprache wie jede andere" sei, nicht jedoch den „pragmalinguistischen Verhältnissen im Spanischen Staat" (Bauske 2004: 40). Einen anderen Text des gleichen Autors, *Doce Cristianidade*, hat Bauske unter dem Titel *Süüße Grischdenhaid – (Hailigs Dordablechle)* in seinen eigenen Heimatdialekt, das Schwäbische des Mittleren Neckarraums, übersetzt. Diese Übersetzung sei jedoch notwendigerweise „doppelt inadäquat":

> Zum einen gibt es kein Standardschwäbisch, obwohl der Autor sehr wohl den Anspruch hat, Standardasturianisch zu schreiben. Zum anderen widerspricht die Konnotation „Dialekt" für das Schwäbische [...] seinen sprachnationalistischen Intentionen. (Bauske 2004: 45)

Ich komme nun zu den Problemen der Übersetzung *diastratisch* oder *diaphasisch* niedrig markierter Varietäten („Substandard") ins Deutsche. Da das Deutsche, wie auch das Italienische, eine immer noch relativ stark diatopisch gegliederte Sprache ist, die nicht über eine vollständig überregionale Umgangssprache verfügt, ist es bei der Übersetzung aus einer eher diastratisch-diaphasisch gegliederten Sprache wie dem Französischen nahezu unmög-

lich, im Substandard verfasste Texte stilistisch äquivalent zu übertragen. Es gibt hier prinzipiell zwei Übersetzungsverfahren: Entweder man versucht die Stilebene beizubehalten,
was jedoch kaum möglich ist, ohne auf regional markierte Elemente zurückzugreifen; oder
man weicht auf die Standardsprache aus, was stets mit einer Anhebung der Stilebene einhergeht. Noch schwieriger wird die Aufgabe des Übersetzers, wenn im Ausgangstext die
sozio-stilistische Variabilität der Ausgangssprache zu sprachspielerischen Zwecken genutzt
wird, wie etwa in *Zazie dans le métro* von R. Queneau. Zur Illustration ein Beispiel:

> [...] et elle lui *foutit* un bon coup de pied contre la cheville.
> E gli allungò una buona pedata in uno stinco.
> [...] und trat ihm mit dem Fuß kräftig gegen den *Enkel*. (Albrecht 1981: 315)

Der Witz besteht im Original darin, dass das grob umgangssprachliche Verb *foutre* im
passé simple verwendet wird, also einem literarisch konnotierten Tempus. Der italienische
Übersetzer hat dafür keine stilistisch äquivalente Übersetzung gefunden und ist auf die
Standardsprache ausgewichen. Der deutsche Übersetzer hat das Verb standardsprachlich
übersetzt und zum Ausgleich bei der Entsprechung für *cheville* ein umgangssprachliches,
allerdings regional (norddeutsch) markiertes Wort gewählt (*Enkel*), das vermutlich von
vielen Lesern nicht verstanden wird.

Auch bei Übersetzungen ins Spanische kann es Verständnisprobleme aufgrund der diatopischen Gliederung der spanischen Sprache geben, insbesondere wenn man Lateinamerika in den Blick nimmt. Der Argentinier E. Gudiño Kieffer zitiert in diesem Zusammenhang die spanische Übersetzung des Romans *Mort à crédit* von Céline. Diese enthalte
zahlreiche kastilische Substandardvokabeln, die für einen argentinischen Leser nicht ohne
weiteres verständlich seien (wie in „el *chavea* que me la *cascaba*"). Dies sei jedoch nicht
dem Übersetzer anzulasten, denn umgekehrt wäre eine Übersetzung in eine argentinische
Substandardvarietät in anderen Ländern unverständlich:

> Si el argot de *Mort à crédit* hubiese sido traducido en Buenos Aires y al lunfardo porteño, sería
> ininteligible para los peninsulares. Y probablemente también para mexicanos, colombianos, chi-
> lenos y casi todos los hispanohablantes. (Gudiño Kieffer 1988: 63)

Schwierigkeiten kann auch die Wiedergabe der Spezifika *gesprochener Sprache* bereiten.
V. Gerling zitiert in diesem Zusammenhang zwei deutsche Übersetzungen einer Kurz-
geschichte des kubanischen Autors Guillermo Cabrera Infante („Josefina, atiende a los se-
ñores"). Im Ausgangstext finden sich in der Rede der Ich-Erzählerin, der Inhaberin eines
Bordells, neben diatopischen und diastratischen Merkmalen (z. B. Seseo: „orisontal"; fehlerhafte Aussprache: „progliemas" für „problemas") mehrere typisch sprechsprachliche
Ausdrucksformen, wie z. B. Gliederungssignale oder Elisionen: „*Bueno, y uste* me ve"
(Gerling 2004: 163). In den beiden Übersetzungen kommen unterschiedliche Verfahren zur
Markierung des Textes als „gesprochen" zum Tragen. Die eine Übersetzung arbeitet z. B.
mit elidierten Formen des unbestimmten Artikels, die andere eher mit umgangssprachli-
chem Vokabular:

Das war wirklich *'n* Unglück, *'ne* Strafe Gottes. (Übers. Jelinek/Loschütz)
Ihr ist es wirklich *dreckig* gegangen. (Übers. Klein, zit. nach Gerling 2004: 165)

Insgesamt bewahren jedoch beide Übersetzungen „weit stärker den Charakter korrekter literarischer Sprache" (Gerling 2004: 164) als der Ausgangstext – was typisch ist für viele Übersetzungen von Texten mit Substandard-Merkmalen.

Zum Abschluss möchte ich kurz einen Sonderfall im Hinblick auf die Wiedergabe gesprochener Sprache erwähnen: die *Untertitelung*. Da diese grundsätzlich mit einer Transformation von gesprochener in geschriebene Sprache einhergeht, die durch Platzgründe noch verstärkt wird, werden typische Merkmale der gesprochenen Sprache, z. B. häufige Wiederholungen, in der Regel eliminiert oder zumindest reduziert. Hierzu je ein Beispiel aus der italienischen Untertitelung eines spanischen Films und der deutschen Untertitelung eines französischen Films:

¿Y ronca? – No, eso no, no ronca, no.
Russa? – Non russa. (Blini/Matte Bon 1996: 321)

Ah oui, oui. Ah ben, non, non, merci, non, eh non.
Ah ja. Nein, vielen Dank! Nein. (Seitz 2004: 78)

3.11 Bibliographische Hinweise

Da ich zu den verschiedenen sprachenpaarbedingten Übersetzungsproblemen bereits einige Spezialuntersuchungen zitiert habe (und viele weitere Titel aus Platzgründen gar nicht erwähnen konnte), werde ich mich im Folgenden auf wenige einführende Werke zu einzelnen Sprachenpaaren konzentrieren.

Ich beginne mit dem Sprachenpaar Französisch-Deutsch, zu dem es besonders viel Literatur gibt. Für die Übersetzung ins Deutsche kann ich das Arbeitsbuch von K. Henschelmann (1999) empfehlen, das neben kommentierten Übersetzungen nützliche Übersichtsdarstellungen zu sprachenpaarbedingen Übersetzungsproblemen enthält. Ein Arbeitsheft, das mit Gewinn für die entgegengesetzte Übersetzungsrichtung genutzt werden kann, ist der Band zum deutsch-französischen Sprachvergleich von P. Blumenthal (1997), in dem der Übersetzungsvergleich als Hilfsmittel der kontrastiven Linguistik fungiert. Der Klassiker zur *stylistique comparée* von Malblanc (1968), der sich speziell an ein französisches Publikum richtet, ist heute nur noch bedingt zu empfehlen. Neuer, aber recht knapp gehalten ist das Bändchen von M. Pérennec (1993).

Für das Sprachenpaar Italienisch-Deutsch gibt es eine Reihe von Lehrbüchern mit kommentierten Übersetzungen, die sich allerdings meist auf elementare grammatische oder lexikalische Schwierigkeiten konzentrieren. Zur Übersetzung ins Deutsche sei das Buch von Arend-Schwarz und Lieber (1991) erwähnt, zur Gegenrichtung die Bände von Esposito-Ressler/Furno-Weise (1999) und Angelini/Fontana (2002). Stärker linguistisch orientiert ist der Sammelband zum italienisch-deutschen Sprachvergleich von Bosco Colet-sos (1997), in dem einige Beiträge auch gezielt auf Übersetzungsprobleme eingehen.

Zur Übersetzungsrichtung Spanisch-Deutsch gibt es zwei empfehlenswerte, komple-mentäre Einführungen von Ch. Nord: In Nord (2001) geht es primär um allgemeine As-pekte der Übersetzungsmethodik (anhand spanisch-deutscher Beispiele), in Nord (2003) stehen dagegen sprachenpaarbedingte Übersetzungsprobleme im Vordergrund. Zur Über-setzung ins Spanische seien die kommentierten Übersetzungen von Gil und Banús (1988) erwähnt. Detaillierte Informationen zum Sprachvergleich mit punktuellen Hinweisen zu Übersetzungsproblemen finden sich in der zweibändigen vergleichenden Grammatik von Cartagena und Gauger (1989).

Was den innerromanischen und romanisch-deutschen Sprachvergleich mit Überset-zungsbezug angeht, so kann der umfangreiche Band von M. Wandruszka (1969) zum Sprachvergleich auf der Basis des multilateralen Übersetzungsvergleichs aufgrund seiner Beispielfülle immer noch mit Gewinn gelesen werden. Selektive Hinweise zu grammatisch bedingten, romanisch-deutschen Übersetzungsproblemen finden sich in den „praktischen Grammatiken" von Reumuth und Winkelmann (1989, 1991, 1994), die aufgrund ihrer pa-rallelen Konzeption auch zum Nachschlagen innerromanischer Kontraste verwendet wer-den können.

Eine differenzierte, sprachenpaarübergreifende Darstellung linguistischer Probleme der Übersetzung bietet das Arbeitsbuch von Albrecht (2005). Übersichtsartikel zu spezifischen Übersetzungsproblemen finden sich in den Handbüchern von Snell-Hornby et al. (1998) und Frank et al. (2004).

Aufgaben

1. Besorgen Sie sich eine DVD eines romanischsprachigen Films, die die Originalfassung und eine deutsche Synchronisation erhält, und analysieren Sie eine Szene im Hinblick auf die Lippen-synchronität. Welche sprachenpaarspezifischen Probleme treten auf? Vergleichen Sie mit der Studie von Herbst (1994), die sich auf das Sprachenpaar Englisch-Deutsch bezieht.
2. Nehmen Sie ein simultan gedolmetschtes Interview aus dem Fernsehen auf, hören Sie sich die Verdolmetschung mehrmals an und achten Sie dabei auf die Intonation. Können Sie die von Ahrens (2004) beschriebenen Merkmale wieder erkennen? Finden Sie weitere Besonderheiten?
3. Vergleichen Sie die graphische Kennzeichnung der direkten Rede in einigen französischen Roma-nen und deren deutschen Übersetzungen. Welche Kennzeichnungsmöglichkeiten gibt es? Wie wirken sich diese auf die Erzählperspektive aus?
4. Übersetzen Sie mehrere Kurztexte (z. B. Abbildungsbeschriftungen, Warnhinweise) aus dem Deutschen in eine romanische Sprache und versuchen Sie, möglichst wenig Platz zu verbrauchen. Welche Verfahren gibt es, um Platz zu sparen?
5. Vergleichen Sie romanische und deutsche Wetterberichte (z. B. aus Tageszeitungen) und achten Sie dabei auf besonders auf die Pluralformen der Substantive. Übersetzen Sie anschließend einen Wetterbericht aus einer romanischen Sprache ins Deutsche.
6. Informieren Sie sich anhand von Sánchez Prieto (2004) über spanisch-deutsche Unterschiede im Bereich der Vergangenheitstempora. Welche Ergebnisse dieser Untersuchung gelten analog für

die Sprachenpaare Französisch-Deutsch und Italienisch-Deutsch, welche nicht? Konsultieren Sie jeweils mehrere Grammatiken.

7. Werten Sie einen spanischen oder italienischen Roman im Hinblick auf die dort verwendeten Diminutiv- und Augmentativbildungen aus. Welche Funktionen können Sie aus dem Kontext erschließen? Vergleichen Sie anschließend Ihre Interpretation mit einer deutschen oder französischen Übersetzung.

8. Schlagen Sie in einem deutsch-französischen, deutsch-italienischen oder deutsch-spanischen Wörterbuch alle deutschen Komposita eines bestimmten Abschnitts nach. Machen Sie anschließend die Gegenprobe: Finden sich alle romanischen Entsprechungen auch in der umgekehrten Übersetzungsrichtung?

9. Verschaffen Sie sich mit Hilfe eines nicht zu umfangreichen *Faux-amis*-Wörterbuchs (vgl. z. B. die Reihe *Sprachfallen* aus dem Hueber-Verlag, die Bände zum Französischen, Italienischen und Spanischen enthält) einen Überblick über falsche Freunde eines Sprachenpaars. Informieren Sie sich anschließend über die Etymologie derjenigen Wörter, deren Bedeutungen Ihnen bisher nicht vertraut waren und vergleichen Sie die Bedeutungsentwicklung in den beiden betreffenden Sprachen.

10. Bereiten Sie einen romanischsprachigen Text mit landeskundlichem Bezug (z. B. ein Kapitel aus einem Reiseführer oder einem Geschichtsbuch) für eine Übersetzung ins Deutsche vor. Schlagen Sie Realienbezeichnungen in einem landeskundlichen Nachschlagewerk nach (z. B. *Kleines Frankreich-, Italien-* oder *Spanien-Lexikon* aus dem Verlag Beck). Vergleichen Sie die Ergebnisse mit denjenigen anderer Hilfsmittel (z. B. zweisprachiges Wörterbuch, Internet).

11. Verschaffen Sie sich anhand von deutschen und romanischsprachigen Zeitungsartikeln einen Überblick über den Umgang mit fremdsprachigen Regentennamen. Übersetzen Sie vor diesem Hintergrund einen Artikel über ein europäisches Königshaus aus einer romanischen Sprache ins Deutsche.

12. Untersuchen Sie die romanische Übersetzung eines deutschen Theaterstücks im Hinblick auf die Entsprechungen der deutschen Abtönungspartikeln. Machen Sie die Gegenprobe in der umgekehrten Übersetzungsrichtung und vergleichen Sie die Ergebnisse.

13. Werten Sie einige Zeitungskommentare aus einer romanischen Sprache und dem Deutschen im Hinblick auf die dort verwendeten Strukturen zur Hervorhebung aus. Übersetzen Sie vor diesem Hintergrund einen romanischen Kommentar ins Deutsche.

14. Sehen Sie sich die Rede eines deutschen Politikers im Fernsehen an. Versuchen Sie, bei längeren Sätzen das Verb möglichst früh zu „erraten". In welchen Fällen gelingt Ihnen dies am ehesten? Welche romanischen Entsprechungen fallen Ihnen dabei spontan ein?

15. Analysieren Sie eine deutsche Erzählung und deren Übersetzung in eine romanische Sprache im Hinblick auf die dort verwendeten Determinanten (Artikel, Demonstrativpronomen usw.). Informieren Sie sich anschließend anhand von Lavric (2001) über weitere Verwendungsmöglichkeiten der betreffenden Determinanten.

16. Untersuchen Sie deutsche und romanischsprachige Werbetexte im Hinblick auf potenzielle Übersetzungsprobleme. Vergleichen Sie die Ergebnisse Ihrer Analyse mit der Darstellung von Guidère (2000).

17. Lesen Sie Raymond Queneaus *Exercices de style*. Welche Varietäten werden dort verwendet? Vergleichen Sie den Ausgangstext mit der deutschen, italienischen oder spanischen Übersetzung.

18. Informieren Sie sich anhand von Koch/Oesterreicher (1990) über einzelsprachliche und übereinzelsprache Merkmale der gesprochenen Sprache. Lesen Sie vor diesem Hintergrund die Studie von B. Apfelbaum (2004) zur Gesprächsdynamik beim Dolmetschen.

19. Haben Sie Fragen oder Anregungen zu dem vorliegenden Arbeitsheft? Dann schreiben Sie doch dem Autor einfach eine E-Mail (schreibm@uni-mainz.de).

4. Literatur

Adrada Rafael, Cristina (2000): La traducción de los nombres propios en *Madame Bovary*. In: Vega/Martín-Gaitero (edd.), 549–555.

Agorni, Mirella (ed., 2005): La traduzione. Teorie e metodologie a confronto. Milano, LED.

Agost, Rosa (1999): Traducción y doblaje. Barcelona, Ariel.

Ahrens, Barbara (2004): Prosodie beim Simultandolmetschen. Frankfurt a.M., Lang.

Albrecht, Jörn (1971): *Monsieur, vous avez perdu vos gants!* Zum Problem der Anredeformen im Deutschen und einigen benachbarten Sprachen. In: Bausch/Gauger (edd.), 355–370.

– (1973): Linguistik und Übersetzung. Tübingen, Niemeyer.

– (1981): *Zazie dans le métro* italienisch und deutsch. Zum Problem der Übersetzung von Texten großer sozio-stilistischer Variabilität. In: Pöckl, Wolfgang (ed.): Europäische Mehrsprachigkeit. Festschrift zum 70. Geburtstag von Mario Wandruszka. Tübingen, Niemeyer, 311–327.

– (1990): Invarianz, Äquivalenz, Adäquatheit. In: Arntz/Thome (edd.), 71–81.

– (1995a): Der Einfluß der frühen Übersetzertätigkeit auf die Herausbildung der romanischen Literatursprachen. In: Schmitt/Schweickard (edd.), 1–37.

– (1995b): Typologische Ähnlichkeit als ‚Übersetzungshilfe‘. In: Dahmen et al. (edd.), 287–303.

– (1997): Reflexivkonstruktionen in einigen romanischen und germanischen Sprachen. In: Wotjak (ed.), 453–468.

– (1998): Literarische Übersetzung. Darmstadt, Wissenschaftliche Buchgesellschaft.

– (2004): Der Beitrag der Sprachwissenschaft zur Übersetzungsforschung. In: id. et al. (edd.), Übersetzung – Translation – Traduction. Festschrift für Werner Koller. Tübingen, Narr, 1–21.

– (2005): Übersetzung und Linguistik. Tübingen, Narr (Grundlagen der Übersetzungsforschung, Bd. 2).

– (2006): Übersetzungen ins Französische und Okzitanische. In: Ernst et al. (edd.), 1386-1403.

– /Gauger, Hans-Martin (edd., 2001): Sprachvergleich und Übersetzungsvergleich. Frankfurt a.M., Lang.

Andres, Dörte (2001): Notation: gute Zeichen – schlechte Zeichen. In: Kelletat (ed.), 243–265.

– (2002): Konsekutivdolmetschen und Notation. Frankfurt a.M., Lang.

Angelini, Giulia/Fontana, Elisabetta (2002): Letteralmente – Liberamente. Deutsch-italienische Übersetzungsübungen für Fortgeschrittene. Wilhelmsfeld, Egert.

Apfelbaum, Birgit (2004): Gesprächsdynamik in Dolmetsch-Interaktionen. Radolfzell, Verlag für Gesprächsforschung.

Arcaini, Enrico (1986): Analisi linguistica e traduzione. Bologna, Patron.

– (1997): Le connecteur *magari* dans une perspective comparative. In: Wotjak (ed.), 59–76.

Arend-Schwarz, Elisabeth/Lieber, Maria (1991): Übersetzung Italienisch-Deutsch. Ismaning, Hueber.

Arntz, Reiner (2001): Fachbezogene Mehrsprachigkeit in Recht und Technik. Hildesheim, Olms.

– /Thome, Gisela (edd., 1990): Übersetzungswissenschaft: Ergebnisse und Perspektiven. Festschrift für Wolfram Wilss zum 65. Geburtstag. Tübingen, Narr.

Aschenberg, Heidi (1994): Imitatio und Übersetzung: Joachim du Bellay und Jacques Peletier du Mans. In: Baum, Richard et al. (edd.): Lingua et Traditio. Festschrift für Hans Helmut Christmann zum 65. Geburtstag. Tübingen, Narr, 133–142.

– /Aschenberg, Reinhold (1998): Probleme der philosophischen Übersetzung. In: Archiv für das Studium der neueren Sprachen und Literaturen, 235, 77–109.

Austermühl, Frank (2001): Electronic Tools for Translators. Manchester, St. Jerome.

Ávila, Alejandro (1997): La censura del doblaje cinematográfico en España. Barcelona, CIMS.

Baccolini, Raffaella et al. (edd., 1994): Il doppiaggio. Bologna, Clueb.

Baigorri Jalón, Jesús (2000): La interpretación de conferencias: el nacimiento de una profesión. Granada, Comares.

112

Baker, Mona (ed., 1998): Routledge Encyclopedia of Translation Studies. London/New York, Routledge.

Ballard, Michel (ed., 1990): La traduction plurielle. Lille, Presses Universitaires de Lille.

- (1992): De Cicéron à Benjamin. Lille, Presses Universitaires de Lille.

- (1999): Paul-Louis Courier: un traducteur atypique? In: Delisle, Jean (ed.): Portraits de traducteurs. Ottawa, Presses de l'Université d'Ottawa, 171–205.

- (ed., 1998): Europe et traduction. Arras, Artois Presses Université.

- /D'hulst, Lieven (edd., 1996): La traduction en France à l'âge classique. Lille, Presses Universitaires de Lille.

Balliu, Christian (2002): Les traducteurs transparents. La traduction en France à l'époque classique. Bruxelles, Hazard.

Balzani, Maurizio (1990): Le contact visuel en interprétation simultanée: résultats d'une expérience (français-italien). In: Gran/Taylor (edd.), 93–100.

Bandia, Paul (1998): African Tradition. In: Baker (ed.), 295–305.

Barrera-Vidal, Alberto (1971): La traduction en français moderne du prétérit simple et du prétérit composé espagnols. In: Bausch/Gauger (edd.), 395–415.

Barret-Ducrocq, Françoise (ed., 1992): Traduire l'Europe. Paris, Payot.

Bastin, Georges (1993): La notion d'adaptation en traduction. In: Meta, 38, 473–478.

- (1998): Latin American Tradition. In: Baker (ed.), 505–512.

Baum, Richard (1995): Die Geburt des Französischen aus dem Geist der Übersetzung. In: Hirdt, Willi (ed.): Übersetzen im Wandel der Zeit. Tübingen, Stauffenburg, 21–63.

Bausch, Karl-Richard/Gauger, Hans-Martin (edd., 1971): Interlinguistica. Festschrift zum 60. Geburtstag von Mario Wandruszka. Tübingen, Niemeyer.

Bauske, Bernd B. (2004): Small is zwar beautiful, aber adäquat übersetzbar ist es deswegen noch lange nicht! oder Über die Unmöglichkeit der Übertragung ikonisierter romanischer Minderheitensprachen ins Deutsche. In: Kohlmayer/Pöckl (edd.), 31–56.

Beerbom, Christiane (1992): Modalpartikeln als Übersetzungsproblem. Eine kontrastive Studie zum Sprachenpaar Deutsch-Spanisch. Frankfurt a.M., Lang.

Benelli, Graziano (1997): Il dibattito sulla traduzione nell'Ottocento francese. In: Ulrych (ed.), 249–262.

Berger, Roger/Brasseur, Anne (2004): Les séquences de Sainte Eulalie. Genève, Droz.

Berman, Antoine (1984): L'épreuve de l'étranger. Culture et traduction dans l'Allemagne romantique. Paris, Gallimard.

Berschin, Walter (1980): Griechisch-lateinisches Mittelalter. Bern/München, Francke.

Bertone, Laura (1989): En torno de Babel. Estrategias de la interpretación simultánea. Buenos Aires, Hachette.

Best, Joanna/Kalina, Sylvia (edd., 2002): Übersetzen und Dolmetschen. Tübingen/Basel, Francke.

Bihl, Liselotte/Epting, Karl (1987): Bibliographie französischer Übersetzungen aus dem Deutschen. Tübingen, Niemeyer (2 Bde.).

Blini, Lorenzo/Matte Bon, Francisco (1996): Osservazioni sui meccanismi di formazione dei sottotitoli. In: Heiss/Bollettieri Bosinelli (edd.), 317–332.

Blumenthal, Peter (²1997): Sprachvergleich Deutsch-Französisch. Tübingen, Niemeyer.

Bonino, Antonio (1988–89): Il traduttore. Druento, Alessio (2 Bde.).

Borello, Enrico (1999): Teorie della traduzione. Glottodidattica e scienze della comunicazione. Urbino, QuattroVenti.

Bosco Coletsos, Sandra (ed., 1997): Italiano e tedesco: un confronto. Alessandria, Orso.

Bowen, Margareta (1998): Geschichte des Dolmetschens. In: Snell-Hornby et al. (edd.), 43–46.

Brandmair Dallera, Ilsemarie (1984): Problemi di sintassi nella traduzione italiano-tedesco. In: La traduzione nell'insegnamento delle lingue straniere. Brescia, La Scuola, 311–349.

Brumme, Jenny (1999): Kontrastive Textologie und Korpusanalyse. Am Beispiel von Bedienungs-anleitungen. In: Reinart/Schreiber (edd.), 261–280.

Brunel, Pierre et al. (1983): Qu'est-ce que la littérature comparée? Paris, Colin.

Buck, August/Pfister, Max (1978): Studien zu den „volgarizzamenti" in der italienischen Literatur des 13. und 14. Jahrhunderts. München, Fink.

Buffoni, Franco (ed., 1989): La traduzione del testo poetico. Milano, Guerini.

– (1989a): Leopardi in lingua inglese come paradigma della simbolicità del compito di un poeta tra-duttore. In: Buffoni (ed.), 107–114.

Burfeid, Hans-Peter (1985): Die deutsch-spanische Übersetzung literarischer Prosa. Köln, DME.

Buridant, Claude (1983): Translatio medievalis. Théorie et pratique de la traduction médiévale. In: Travaux de linguistique et de littérature, 21, 81–136.

Bußmann, Hadumod (ed., ³2002): Lexikon der Sprachwissenschaft. Stuttgart, Kröner.

Buzzo Margari, Renata (1997): Considerazioni sulle particelle modali tedesche e sulle corrispondenti espressioni italiane. In: Bosco Coletsos (ed.), 139–171.

Cabrera, Ileana et al. (1990): Investigación en traducción: plantamientos y perspectivas. Santiago de Chile, Pontificia Universidad Católica de Chile.

Cáceres Würsig, Ingrid (2003): El servicio de traducción diplomática y administrativa en la península: un proyecto pionero. In: Pöckl, Wolfgang/Prill, Ulrich (edd.): Übersetzung und Kulturwandel. Wien, Praesens, 17–30.

Caminade, Monique/Pym, Anthony (1995): Les formations en traduction et interprétation. Essai de recensement mondial. Paris: Société Française des Traducteurs.

Cárdenes Melián, José (1997): *Aber, denn, doch, eben* und ihre spanischen Entsprechungen. Münster, Waxmann.

Carillo Zeiter, Katja (2002): Übersetzung zwischen Bildung und Ästhetik bei Andrés Bello. In: Scharlau (ed.), 71–85.

Cartagena, Nelson (1993/94): Funciones lingüísticas básicas y traducción. In: Boletín de Filología de la Universidad de Chile, 36, 33–61.

– /Gauger, Hans-Martin (1989): Vergleichende Grammatik Spanisch-Deutsch. Mannheim, Bibliographisches Institut (2 Bde.).

Cary, Edmond (1956): La traduction dans le monde moderne. Genève, Georg.

– (1963): Les grands traducteurs français. Genève, Librairie de l'Université.

Catalani, Luigi (2004): Deutsch, Französisch und Spanisch im Kontrast mit dem Italienischen. Frank-furt a.M., Lang.

Chavy, Paul (1988): Traducteurs d'autrefois. Dictionnaire des traducteurs et de la littérature traduite en ancien et moyen français. Paris, Champion.

Chaume, Federico (1994): El canal de comunicación en la traducción audiovisual. In: Eguíluz et al. (edd.), 139–147.

Collados Aís, Ángela (1998): La evaluación de la calidad en interpretación simultánea. La impor-tancia de la comunicación no verbal. Peligros, Comares.

– /Fernández Sánchez, María Manuela (edd., 2001): Manual de interpretación bilateral. Granada, Comares.

Cordonnier, Jean-Louis (1995): Traduction et culture. Paris, Didier.

Coseriu, Eugenio (1971): Das Problem des Übersetzens bei Juan Luis Vives. In: Bausch/Gauger (edd.), 571–582.

– (³1994): Textlinguistik. Herausgegeben und bearbeitet von Jörn Albrecht. Tübingen/Basel, Francke.

Costa, Marcella (2001): *Non guardatemi con quegli occhioni romantici / Glotzt nicht so romantisch –* Bemerkungen zur Übersetzung der italienischen Augmentativformen ins Deutsche. In: Wotjak (ed.), 477–488.

Croce, Benedetto (1902): Estetica come scienza dell'espressione e linguistica generale. Bari, Laterza.

114

- (1993) [1936]: L'intraducibilità della rievocazione. In: Nergaard (ed.), 215–220.
Cronin, Michael (2003): Translation and Globalization. London/New York, Routledge.
Dahmen, Wolfgang et al. (edd., 1995): Konvergenz und Divergenz in den romanischen Sprachen. Tübingen, Narr.
Dalmas, Martine (1999): Ende gut, alles gut. Die französischen Konnektoren *enfin* und *finalement* im Sprachvergleich. In: Reinart/Schreiber (edd.), 189–208.
Dancette, Jeanne (1995): Parcours de traduction. Étude expérimentale du processus de compréhension. Lille, Presses Universitaires de Lille.
De Agostini, Fabio (2000): Appunti per un'estetica del doppiaggio. In: Castellano, Alberto (ed.): Il doppiaggio. Roma, Aidac, 124–125.
DeLater, James Albert (2002): Translation Theory in the Age of Louis XIV. The 1683 De optimo genere interpretandi (On the best kind of translating) of Pierre-Daniel Huet. Manchester, St. Jerome.
Delisle, Jean (1980): L'analyse du discours comme méthode de traduction. Ottawa, Presses de l'Université d'Ottawa.
- (1987): La traduction au Canada 1534–1984. Ottawa, Presses de l'Université d'Ottawa.
- (1998): Canadian Tradition. In: Baker (ed.), 356–365.
- /Lafond, Gilbert (2001): Histoire de la traduction. Université d'Ottawa (CD-ROM).
- /Lee-Jahnke, Hannelore (edd., 1998): Enseignement de la traduction et traduction dans l'enseignement. Ottawa, Presses de l'Université d'Ottawa.
- /Woodsworth, Judith (edd., 1995): Les traducteurs dans l'histoire. Ottawa, Presses de l'Université d'Ottawa (engl. Übers.: Translators through History. Amsterdam/Philadelphia, Benjamins, 1995).
- et al. (edd., 1999): Terminologie de la traduction – Translation Terminology – Terminologie der Übersetzung – Terminología de la traducción. Amsterdam/Philadelphia, Benjamins (ital. Übers.: Terminologia della traduzione. Milano, Hoepli, 2002).
Derrida, Jacques (1985): Des tours de Babel. In: Graham, Joseph F. (ed.): Différence in Translation. Ithaca, Cornell University Press, 209–248.
- (2004): Qu'est-ce qu'une traduction „relevante"? In: Mallet, Marie-Louise/Michaud, Ginette (edd): Jacques Derrida. Paris, L'Herne, 561–576.
Detken, Anne (1997): Döblins „Berlin Alexanderplatz" übersetzt. Göttingen, Vandenhoeck und Ruprecht.
D'hulst, Lieven (1990): Cent ans de théorie française de la traduction. De Batteux à Littré. Lille, Presses Universitaires de Lille.
- (1998): Traduire l'Europe en France entre 1810 et 1840. In: Ballard (ed.), 137–157.
Dietrich, Wolf (1973): Der periphrastische Verbalaspekt in den romanischen Sprachen. Tübingen, Niemeyer.
Dodds, John/Avirović, Ljiljana (edd.. 1995): La traduzione in scena. Roma, Libreria dello Stato.
Donaire, Maria Luisa/Lafarga, Francisco (edd., 1991): Traducción y adaptación cultural: España-Francia. Oviedo, Universidad de Oviedo.
Dotoli, Giovanni et al. (ed., 2001): Les traductions de l'italien en français au XVIIᵉ siècle. Fasano, Schena (= Bibliothèque des traductions de l'italien en français du XVIᵉ au XXᵉ siècle, 1).
Dupuy-Engelhard, Hiltraud (2001): Wie man in den Wald hereinruft, schallt's so auch heraus? Deutsche und französische Texte und ihre Übersetzungen. In: Wotjak (ed.), 605–614.
Duranti, Riccardo (1998): Italian Tradition. In: Baker (ed.), 474–484.
Durieux, Christine (1988): Fondement didactique de la traduction technique. Paris, Didier.
D'Ydewalle, Gary/Pavakanun, Ubowanna (1996): Les sous-titrage à la télévision facilite-t-il l'apprentissage des langues? In: Gambier (ed.), 217–223.
Eco, Umberto (1995): Riflessioni teorico-pratiche sulla traduzione. In: Nergaard (ed.), 121–146.
- (2003): Dire quasi la stessa cosa. Esperienze di traduzione. Milano, Bompiani.

Elena, Pilar (1990): Aspectos teóricos y prácticos de la traducción (alemán – español). Salamanca, Universidad de Salamanca.

– et al. (edd., 2003): II Simposio sobre la traducción/interpretación del/al alemán. Salamanca, Universidad de Salamanca.

Eguíluz, Federico et al. (edd., 1994): Transvases culturales. Literatura – cine – traducción. Vitoria, Universidad del País Vasco.

Ernst, Gerhard et al. (edd., 2006): Romanische Sprachgeschichte. Berlin/New York, De Gruyter, Bd 2.

Esposito-Ressler, Maria Antonia/Furno-Weise, Ilaria (1999): Arbeitsbuch Übersetzung: Deutsch-Italienisch. Tübingen, Narr.

Etkind, Efim (1982): Un art en crise. Essai de poétique de la traduction poétique. Lausanne, L'Age d'homme.

Even-Zohar, Itamar (1978): The Position of Translated Literature within the Literary Polysystem. In: Holmes, James S. et al. (edd.): Literature and Translation. Leuven, Acco, 117–127.

Fanti, Claudia (1980): Teorie della traduzione nel Settecento italiano. Bologna, Compositori.

Feldweg, Erich (1996): Der Konferenzdolmetscher im internationalen Kommunikationsprozeß. Heidelberg, Groos.

Ferme, Valerio (2002): Tradurre è tradire. La traduzione come sovversione culturale sotto il Fascismo. Ravenna, Longo.

Fernández-Rodríguez, Aurea (1997): La fonction de la traduction et les premières règles établies en France et en Espagne. In: L'histoire et les théories de la traduction. Berne, ASTTI/Genève, ETI, 143–158.

Feyrer, Cornelia (1998): Modalität im Kontrast. Ein Beitrag zur übersetzungsorientierten Modalpartikelforschung anhand des Deutschen und des Französischen. Frankfurt a.M., Lang.

Filippi, Raimondo (1987): La théorie de la traduction en Italie au XIXe siècle. In: Equivalences, 15, 25–38.

– (1993): La théorie de la traduction en Italie au XXe siècle. In: Equivalences, 21, 31–77.

Flotow, Luise von (1998): Feministische Aspekte. In: Snell-Hornby et al. (edd.), 129–131.

Folena, Gianfranco (1991): Volgarizzare e tradurre. Torino, Einaudi.

Folkart, Barbara (1991): Le conflit des énonciations. Traduction et discours rapporté. Québec, Balzac.

Forstner, Martin (ed., 1995): Translation and Interpreting Studies. Germersheim: C.I.U.T.I.

Foz, Clara (1998): Le traducteur, l'église et le roi (Espagne, XIIe et XIIIe siècle). Ottawa. Presses de l'Université d'Ottawa.

Frank, Armin Paul et al. (edd., 2004): Übersetzung – Translation – Traduction. Berlin/New York, De Gruyter (1. Teilbd.).

Fromm, Hans (1950–53): Bibliographie deutscher Übersetzungen aus dem Französischen. Baden-Baden, Verlag für Kunst und Wissenschaft (6 Bde.).

Fukari, Alexandra (2005): „Es können diese persönlichen Beziehungen sein..." – Zur Rolle deutschsprachiger Verlage in Österreich im Entstehungsprozess von Übersetzungen ins Französische. Universität Graz (Dissertation).

Fusco, Maria Antonetta (1990): Quality in Conference Interpreting between Cognate Languages. In: The Interpreters' Newsletter, 3, 93–97.

Gallego Roca, Miguel (1994): Traducción y literatura. Madrid, Jucar.

Gambier, Yves (1992): Adaptation: une ambiguïté à interroger. In: Meta, 37, 421–425.

– (ed., 1996): Les transferts linguistiques dans les médias audiovisuels. Villeneuve d'Ascq, Presses Universitaires du Septentrion.

– /Gottlieb, Henrik (edd., 2001): (Multi)media Translation. Amsterdam/Philadelphia, Benjamins.

García, Antonio Marco (1997): La difusión del pensamiento traductológico de Batteux en la España del siglo XVIII. In: L'histoire et les théories de la traduction. Berne, ASTTI/Genève, ETI, 259–271.

García Gavín, Santiago (2003): La localización de software alemán-español. In: Elena et al. (edd.), 80–90.

García Yebra, Valentín (1982): Teoría y práctica de la traducción. Madrid, Gredos (2 Bde.).

– (1983): En torno a la traducción. Madrid, Gredos.

– (1994): Traducción: historia y teoría. Madrid, Gredos.

Garnier, Georges (1985): Linguistique et traduction. Caen, Paradigme.

Garzone, Giuliana et al. (1990): La „terza lingua". Metodo di stesura degli appunti e traduzione consecutiva. Milano, Cisalpino.

Genette, Gérard (1982): Palimpsestes. La littératture au second degré. Paris, Seuil.

Gentzler, Edwin (²2001): Contemporary Translation Theories. Clevedon, Multilingual Matters.

Gerling, Vera Elisabeth (2004): Lateinamerika: So fern und doch so nah? Übersetzungsanthologien und Kulturvermittlung. Tübingen, Narr.

Gerzymisch-Arbogast, Heidrun/Mudersbach, Klaus (1998): Methoden des wissenschaftlichen Übersetzens. Tübingen/Basel, Francke.

Gil, Alberto (1999): Übersetzen im Internet: der mehrsprachige elektronische Text. In: id. et al. (edd.), Modelle der Translation. Frankfurt a.M., Lang, 79–96.

– /Banús, Enrique (1988): Kommentierte Übersetzungen Deutsch-Spanisch. Bonn, Romanistischer Verlag.

Gil, José S. (1985): La Escuela de traductores de Toledo y sus colaboradores judíos. Toledo, Instituto Provincial de Investigaciones y Estudios Toledanos.

Gile, Daniel (1990): L'évaluation de la qualité de l'interprétation par les délégués: une étude de cas. In: The Interpreters' Newsletter 3, 66–71.

– (1995): Regards sur la recherche en interprétation de conférence. Lille, Presses Universitaires de Lille.

– (2002): Conference Interpreting as a Cognitive Management Problem. In: Pöchhacker/Shlesinger (edd.), 163–176.

Glinz, Hans (1994): Grammatiken im Vergleich. Deutsch – Französisch – Englisch – Latein. Tübingen, Niemeyer.

Göpferich, Susanne (1998): Interkulturelles Technical Writing. Tübingen, Narr.

– (2002): Textproduktion im Zeitalter der Globalisierung. Tübingen, Stauffenburg.

Gorlée, Dinda L. (1997): Cartografia e traduzione: per un'analisi lessico-semiotica. In: Ulrych (ed.), 149–173.

Gouadec, Daniel (2002): Profession: traducteur. Paris, La Maison du Dictionnaire.

Gouanvic, Jean-Marc (1999): Sociologie de la traduction. La science-fiction américaine dans l'espace culturel français des années 1950. Arras, Artois Presses Université.

Gran, Laura (1992): Aspetti dell'organizzazione cerebrale del linguaggio. Dal monolinguismo all'interpretazione simultanea. Udine, Campanotto.

– /Dodds, John (edd., 1989): The Theoretical and Practical Aspects of Teaching Conference Interpretation. Udine, Campanotto.

– /Taylor, Christopher (edd., 1990): Aspects of Applied and Experimental Research on Conference Interpretation. Udine, Campanotto.

Grbić, Nadja et al. (2004): Zeichen setzen. Gebärdensprache als wissenschaftliche und gesellschaftspolitische Herausforderung. Universität Graz, Institut für Translationswissenschaft.

– /Wolf, Michaela (1999): Von den „belles infidèles" zu den „rebelles infidèles". Zum Stand der feministischen Translationswissenschaft in Österreich. In: Hey, Barbara (ed.): Innovationen: Standpunkte feministischer Forschung und Lehre. Wien, Print Media Austria, 263–286.

Greiner, Norbert (2004): Übersetzung und Literaturwissenschaft. Tübingen, Narr (Grundlagen der Übersetzungsforschung, Bd. 1).

Grünbeck, Bernhard (1976/1983): Moderne deutsch-französische Stilistik auf der Basis des Übersetzungsvergleichs. Heidelberg, Winter (2 Bde.).

Gudiño Kieffer, Eduardo (1988): La relación entre el escritor y el traductor. In: Hörmann Villagrán, Patricia/Diéguez Morales, María Isabel (edd.): Sobre la traducción literaria en Hispanoamérica. Santiago, Pontificia Universidad Católica de Chile, 61–69.

Guidère, Mathieu (2000): Publicité et traduction. Paris, L'Harmattan.

Guthmüller, Bodo (1989): Die volgarizzamenti. In: Grundriß der romanischen Literaturen des Mittelalters, 10/2, 201–254.

Gutiérrez Lanza, María del Camino (2000): Leyes y criterios de censura en la España franquista. Traducción y recepción de textos literarios. In: Vega/Martín-Gaitero (edd.), 283–290.

Hansen, Gyde et al. (edd., 2004): Claims, Changes and Challenges in Translation Studies. Amsterdam/Philadelphia, Benjamins.

Hart, Margaret (1994): Subtítulos o doblaje: ¿Cuál cumple mejor con el transvase cultural? In: Eguíluz et al. (edd.), 261–268.

Hausmann, Frank-Rutger (1992): Bibliographie der deutschen Übersetzungen aus dem Italienischen. Bd. 1: Von den Anfängen bis 1730. Tübingen: Niemeyer (2 Teilbde.).

Heilbron, Johan/Sapiro, Gisèle (2002): La traduction littéraire, un objet sociologique. In: Actes de la recherche en sciences sociales, 144, 3–5.

Heiss, Christine (1996a): Die commedia all'italiana auf deutsch. In: Heiss/Bollettieri Bosinelli (edd.), 169–183.

– (1996b): Il testo in un contesto multimediale. In: Heiss/Bollettieri Bosinelli (edd.), 13–16.

– /Bollettieri Bosinelli, Rosa Maria (edd., 1996): Traduzione multimediale per il cinema, la televisione e la scena. Bologna, Clueb.

Hempel, Karl Gerhard (2004): La traduzione tecnica italiano-tedesco: brevetti e manuali d'uso. In: Cusato, Domenico Antonio et al. (edd.): Atti del III Convegno su Testo, Metodo, Elaborazione elettronica. Messina, Lippolis, 269–304.

Henschelmann, Käthe (1999): Problem-bewußtes Übersetzen: Französisch-Deutsch. Tübingen, Narr.

– (2004): Übersetzungsverfahren. In: Frank et al. (edd.), 388–406.

Herbst, Thomas (1994): Linguistische Aspekte der Synchronisation von Fernsehserien. Tübingen, Niemeyer.

Herbert, Jean (1952): Manuel de l'interprète. Genève, Georg.

Hersant, Yves (2000): (N. d. T.). In: Athanor, X/2, 251–256.

Hieronymus (1973): Brief an Pammachius. In: Störig (ed.), pp.1–13.

Hönig, Hans G. (²1997): Konstruktives Übersetzen. Tübingen, Stauffenburg.

Holmes, James S. (1988): Translated! Amsterdam, Rodopi.

Holzer, Peter (1996): Das Relationsadjektiv in der spanischen und deutschen Gegenwartssprache. Wilhelmsfeld, Egert.

– (2004): Funktionale Übersetzungstheorie und Rechtsübersetzen. In: Müller, Ina (ed.): Und sie bewegt sich doch... Festschrift für Heidemarie Salevsky zum 60. Geburtstag. Frankfurt a.M., Lang, 149–162.

Holz-Mänttäri, Justa (1984): Translatorisches Handeln. Helsinki, Suomalainen Tiedeakatemia.

– /Nord, Christiane (edd., 1993): Traducere navem. Festschrift für Katharina Reiß zum 70. Geburtstag. Tampere, Tampereen Yliopisto.

Horguelin, Paul A. (ed., 1981): Anthologie de la manière de traduire. Montréal, Linguatech.

Hurtado Albir, Amparo (2001): Traducción y traductología. Madrid, Cátedra.

Ilg, Gérard/Lambert, Sylvia (1996): Teaching Consecutive Interpreting. In: Interpreting, 1, 69–99.

Index translationum (1948ff.) Paris, UNESCO.

Ineichen, Gustav (1997): Arabisch-orientalische Sprachkontakte in der Romania. Tübingen, Niemeyer.

Ivarsson, Jan/Carroll, Mary (1998): Subtitling. Simrishamn, TransEdit.

Jäger, Gert (1975): Translation und Translationslinguistik. Halle, Niemeyer.

Jakobson, Roman (1959): On Linguistic Aspects of Translation, In: Brower, Reuben A. (ed.): On Translation. Cambridge (Mass.), Harvard University Press, 232–239.

Kadric, Mira (2001): Dolmetschen bei Gericht. Wien, WUV.

– et al. (2005): Translatorische Methodik. Wien, Facultas.

Kaindl, Klaus (1997): Translatorische Kompetenz mit beschränkter Haftung? Zur Konzeption(slosigkeit) des universitären Fremdsprachenunterrichts. In: Stegu, Martin/de Cillia, Rudolf (edd.): Fremdsprachendidaktik und Übersetzungswissenschaft. Frankfurt a.M., Lang, 91–105.

– (2004): Übersetzungswissenschaft im interdisziplinären Dialog. Am Beispiel der Comicübersetzung. Tübingen, Stauffenburg.

Kalina, Sylvia (1998): Strategische Prozesse beim Dolmetschen. Tübingen, Narr.

– (2000): Zu den Grundlagen einer Didaktik des Dolmetschens. In: Kalina et al. (edd.), 161–189.

– (2004): Stegreifübersetzen – eine translatorische Übungsform. In: Nord, Britta/Schmitt, Peter A. (edd.): Traducta Navis. Festschrift zum 60. Geburtstag von Christiane Nord. Tübingen, Stauffenburg., 103–117.

– et al. (edd., 2000): Dolmetschen: Theorie – Praxis – Didaktik. St. Ingbert, Röhrig.

Kapp, Volker et al. (2004): Bibliographie der deutschen Übersetzungen aus dem Italienischen. Bd. 2: Von 1730 bis 1990. Tübingen, Niemeyer (2 Teilbde.).

Katan, David (1997): L'importanza della cultura nella traduzione. In: Ulrych (ed.), 31–74.

Kautz, Ulrich (2000): Handbuch Didaktik des Übersetzens und Dolmetschens. München, Iudicium.

Kelletat, Andreas F. (ed., 2001): Dolmetschen. Frankfurt a.M., Lang.

– (2004): Ohrenschmaus? Dolmetschen in den Organen der Europäischen Union nach der Osterweiterung. In: Forstner, Martin/Lee-Jahnke, Hannelore (edd.): Internationales CIUTI-Forum: Marktorientierte Translationsausbildung. Bern, Lang, 135–147.

Kelly, Louis G. (1998): Latin Tradition. In: Baker (ed.), 495–505.

Kiraly, Don (2000): A Social Constructivist Approach to Translator Education. Empowerment from Theory to Practice. Manchester, St. Jerome.

Kloepfer, Rolf (1967): Die Theorie der literarischen Übersetzung. München, Fink.

Knauer, Gabriele (1998): Grundkurs Übersetzungswissenschaft Französisch. Stuttgart, Klett.

Koch, Peter/Oesterreicher, Wulf (1990): Gesprochene Sprache in der Romania. Tübingen, Niemeyer.

Kohlmayer, Rainer/Pöckl, Wolfgang (edd., 2004): Literarisches und mediales Übersetzen. Frankfurt a.M., Lang.

Koller, Werner (⁴1992) [1979]: Einführung in die Übersetzungswissenschaft. Heidelberg/Wiesbaden, Quelle & Meyer.

Konopik, Iris (1997): Leserbilder in französischen und deutschen Übersetzungskonzeptionen des 18. Jahrhunderts. Tübingen, Stauffenburg.

Krings, Hans P. (1986): Was in den Köpfen von Übersetzern vorgeht. Eine empirische Untersuchung zur Struktur des Übersetzungsprozesses an fortgeschrittenen Französischlernern. Tübingen, Narr.

Krogh, Anja (2000): Warten auf das Verb. Empirische Untersuchung über Verbklammern als Problem beim Simultandolmetschen am Beispiel des Sprachenpaares Deutsch-Französisch. Universität Heidelberg, Institut für Übersetzen und Dolmetschen (Diplomarbeit).

Kupsch-Losereit, Sigrid (1998): Gerichtsurteile. In: Snell-Hornby et al. (edd.), 225–228.

Kurz, Ingrid (1986): Dolmetschen im alten Rom. In: Babel, 32, 215–220.

– (1997): Getting the Message across. Simultaneous Interpreting for the Media. In: Snell-Hornby, Mary et al. (edd.): Translation as Intercultural Communication. Amsterdam/Philadelphia, Benjamins, 195–205.

– /Moisl, Angela (edd., ²2002): Berufsbilder für Übersetzer und Dolmetscher. Wien, WUV.

Kußmaul, Paul (2000): Kreatives Übersetzen. Tübingen, Stauffenburg.

– /Hönig, Hans G. (1998): Einblicke in mentale Prozesse beim Übersetzen. In: Snell-Hornby et al. (edd.), 170–178.

Ladmiral, Jean-René (1979): Traduire: théorèmes pour la traduction. Paris, Payot.

- (1981): Éléments de traduction philosophique. In: Langue française, 51, 19–34.
- (1993): Sourciers et ciblistes. In: Holz-Mänttäri/Nord (edd.), 287–300.
- (1997): Les 4 âges de la traductologie. In: L'histoire et les théories de la traduction. Berne, ASTTI/Genève, ETI, 11–42.
- (1999): De la théorie traductologique à la pratique de la traduction. In: Reinart/Schreiber (edd.), 33–48.

Lambert, José (1978): Echanges littéraires et traduction ou: études théoriques vs. études descriptives. In: Grähs, Lillebill et al. (edd.): Theory and Practice of Translation. Stockholm, Lang, 237–250.
- (1990): Le sous-titrage et la question des traductions. In: Arntz/Thome (edd.), 228–238.
- /Delabastita, Dirk (1996): La traduction des textes audiovisuels. In: Gambier (ed.), 33–58.

Lapucci, Carlo (1983): Dal volgarizzamento alla traduzione. Firenze, Valmartina.

Larose, Robert (²1992): Théories contemporaines de la traduction. Québec, Presses de l'Université.

Lauterbach, Stefan (ed., 1996): Übersetzen und Dolmetschen in Lateinamerika. Studienführer, Bibliographie und Modellcurriculum für Deutsch. München, Iudicium.

Lavric, Eva (2001): Fülle und Klarheit. Eine Determinantensemantik. Tübingen, Stauffenburg (2 Bde.).

Lederer, Marianne (1994): La traduction aujourd'hui. Le modèle interprétatif. Paris, Hachette.

Lépinette, Brigitte (1998): La traduction de textes scientifiques français au XVIIIᵉ siècle en Espagne. In: Ballard (ed.), 117–136.

Levý, Jiří (1969): Die literarische Übersetzung. Theorie einer Kunstgattung. Ins Deutsche übertragen von Walter Schamschula. Frankfurt a.M., Athenäum.

Lieber, Maria (1992): Die Bedeutung der literarischen Übersetzung bei der Herausbildung des Katalanischen. In: Pöckl, Wolfgang (ed.): Literarische Übersetzung. Bonn, Romanistischer Verlag, 33–56.

Loffler-Laurian, Anne-Marie (1990): La traduction automatique: bref historique. In: Ballard (ed.), 143–152.
- (1996): La traduction automatique. Villeneuve d'Ascq, Presses Universitaires du Septentrion.

López Folgado, Vicente (1998): „La sangre del espíritu": Ideas de Unamuno sobre la lengua y la traducción. In: Vega (ed.), 65–72.

Lorenz, Sabine (1996): Übersetzungstheorie, Übersetzungswissenschaft, Übersetzungsforschung. In: Arnold, Heinz Ludwig/Detering, Heinrich (edd.): Grundzüge der Literaturwissenschaft. München, dtv, 555–569.

Lotbinière-Harwood, Susanne de (1991): Re-belle et infidèle. La traduction comme pratique de réécriture au féminin. Montréal, Remue-Ménage.

Lüdtke, Jens (1984): Sprache und Interpretation. Tübingen, Narr.
- (1988): Kontrastive Typologie, Übersetzung und Didaktik. In: Albrecht, Jörn et al. (edd.): Energeia und Ergon, Tübingen, Narr, Bd. 3, 371–384.

Macheiner, Judith (1996): Übersetzen. Ein Vademecum. Frankfurt a.M., Eichborn.

Magris, Marella (2004): L'analisi degli errori nella didattica della traduzione specializzata. In: Rega/Magris (edd.), 199–214.

Malblanc, Alfred (⁵1968): Stylistique comparée du français et de l'allemand. Paris, Didier.

Margot, Jean-Claude (1979): Traduire sans trahir. La théorie de la traduction et son application aux textes bibliques. Lausanne, L'Age d'homme.

Mari, Michele (1994): Momenti della traduzione fra Settecento e Ottocento. Milano, Propaganda.

Martín-Gaitero, Rafael (1998): Vientos de fuera. Los traductores españoles del 98. In: Vega (ed.), 73–87.

Marx, Sonia (1990): Tradurre italiano e tedesco. Due lessici a confronto. Padova, Unipress.

Masi, Stefania (1996): Deutsche Modalpartikeln und ihre Entsprechungen im Italienischen. Frankfurt a.M., Lang.

Masiola Rosini, Rosanna (1988): Questioni traduttive. Udine: Campanotto.

Mattioli, Emilio (1983): Storia della traduzione e poetiche del tradurre. In: Copioli, Rosita (ed.): Tradurre poesia. Brescia, Paideia, 25–42.

Matyssek, Heinz (1989): Handbuch der Notizentechnik für Dolmetscher. Heidelberg, Groos.

Mehrez, Samia (1992): Translation and the Postcolonial Experience: The Francophone North African Text. In: Venuti (ed.), 120–138.

Meschonnic, Henri (1973): Pour la poétique II. Paris, Gallimard.

Michel, Andreas (1996): Für eine textlinguistische Interpretation der *Placiti campani*. In: Gil, Alberto/Schmitt, Christian (edd.): Kohäsion, Kohärenz, Modalität in Texten romanischer Sprachen. Bonn, Romanistischer Verlag, 271–309.

– (1999): Die sprachliche Anomalie in der philosophischen Fachsprache und die französischen Heidegger-Übersetzungen. In: Reinart/Schreiber (edd.), 359–367.

Milani, Celestina (1989): Note sui problemi linguistici della traduzione. In: Profeti et al., 93–112.

Möller Runge, Julia (2001): Necesidades lingüísticas de un traductor/intérprete. Granada, Alhulia.

Mounin, Georges (1955): Les belles infidèles. Paris, Cahiers du Sud.

– (1963): Les problèmes théoriques de la traduction. Paris, Gallimard.

– (1965): Teoria e storia della traduzione. Torino, Einaudi (dt. Übers.: Die Übersetzung. Geschichte – Theorie – Anwendung. München, Nymphenburger Verlagshandlung, 1967).

– (1976): Linguistique et traduction. Bruxelles, Mardaga.

Müller, Bodo (1967): Die Rezeption der deutschen Literatur in Spanien. In: Arcadia, 2, 257–276.

Münzberg, Martina (2003): Die Darstellungsfunktion der Übersetzung. Zur Rekonstruktion von Übersetzungsmodellen aus dem 18. Jahrhundert. Frankfurt a.M., Lang.

Munday, Jeremy (2001): Introducing Translation Studies. London/New York, Routledge.

Must, Heinrich (1972): Der Relativsatz im Französischen, Deutschen, Englischen und Italienischen. Göppingen, Kümmerle.

Neff, Jacquy (2001): Deutsch als Konferenzsprache in den Ländern der Europäischen Union. Ergebnisse einer empirischen Studie. In: Kelletat (ed.), 121–143.

Nergaard, Siri (ed., 1993): La teoria della traduzione nella storia. Milano, Bompiani.

– (ed., 1995): Teorie contemporanee della traduzione. Milano, Bompiani.

Nida, Eugene A. (1964): Toward a Science of Translating. With Special Reference to Principles and Procedures Involved in Bible Translation. Leiden, Brill.

Nocera Avila, Carmela (1984): Storia della traduzione nella glottodidattica moderna. In: La traduzione nell'insegnamento delle lingue straniere. Brescia, La Scuola, 99–118.

Noll, Volker (2001): Das amerikanische Spanisch. Tübingen, Niemeyer.

Nord, Christiane (1989): Loyalität statt Treue. Vorschläge zu einer funktionalen Übersetzungstypologie. In: Lebende Sprachen, 24, 100–105.

– (1990): 7 Thesen als Einleitung. In: Ammann, Margret/Vermeer, Hans J.: Entwurf eines Curriculums für einen Studiengang Translatologie und Translatorik. Heidelberg, Universitätsdruckerei, 9–13.

– (³1995): Textanalyse und Übersetzen. Heidelberg, Groos.

– (2001): Lernziel: Professionelles Übersetzen Spanisch-Deutsch. Wilhelmsfeld, Egert.

– (2003): Kommunikativ handeln auf Spanisch und Deutsch. Wilhelmsfeld, Egert.

Norton, Glyn P. (1984): The Ideology and Language of Translation in Renaissance France and their Humanist Antecedents. Geneva, Droz.

Olschki, Leonardo (1919–27): Geschichte der neusprachlichen wissenschaftlichen Literatur. Heidelberg, Winter/Leipzig, Olschki/Halle, Niemeyer (3 Bde.).

Ortega Arjonilla, Emilio (1998): El legado de Ortega y Gasset a la teoría de la traducción en España. In: Vega (ed.), 101–116.

Ortega y Gasset, José (1957): Miseria y esplendor de la traducción. Elend und Glanz der Übersetzung. München, Langewiesche-Brandt.

Osimo, Bruno (2001): Traduzione e nuove tecnologie. Milano, Hoepli.

Pasotti, Paola/Sartirana, Luisa (1993): Tradurre senza tradire. Guida alla traduzione dal tedesco. Firenze, Sansoni.

Peeters, Jean (1999): La médiation de l'étranger. Une sociolinguistique de la traduction. Arras, Artois Presses Université.

Pérennec, Marcel (1993): Éléments de traduction comparée français-allemand. Paris, Nathan.

Pergnier, Maurice (1978): Les fondements sociolinguistiques de la traduction. Paris, Champion.

- (1998): Préface. In: Delisle/Lee-Jahnke (edd.), IX–XVI.

Perrot d'Ablancourt, Nicolas (1972): Lettres et préfaces critiques. Paris, Didier.

Pfister, Max (1978): Die Bedeutung der „volgarizzamenti" lateinischer Texte für die Herausbildung der literarischen Prosasprache. In: Buck/Pfister, 45–86.

Piñel López, Rosa María (1993): La traducción de los diversos valores del diminutivo español al alemán. In: Raders, Margrit/Sevilla, Julia (edd.): III Encuentros Complutenses en torno a la traducción. Madrid, Complutense, 85–95.

Pirazzini, Daniela (1997): Cinque miti della metafora nella Übersetzungswissenschaft. Frankfurt a.M., Lang.

Pöchhacker, Franz (2000): Dolmetschen. Tübingen, Stauffenburg.

- (2004): Introducing Interpreting Studies. London/New York, Routledge.

- /Shlesinger, Miriam (edd., 2002): The Interpreting Studies Reader. London/New York, Routledge.

Pöckl, Wolfgang (2006): Übersetzungen ins Spanische. In: Ernst et al. (edd.), 1403-1410.

- /Pögl, Johann (2006): Übersetzungen ins Italienische und Sardische. In: Ernst et al. (edd.), 1373-1386.

Pöllabauer, Sonja/Prunč, Erich (edd., 2003): Brücken bauen statt Barrieren. Sprach- und Kulturmittlung im sozialen, medizinischen und therapeutischen Bereich. Universität Graz, Institut für Translationswissenschaft.

Profeti, Maria Grazia et al. (1989): Muratori di Babele. Milano, Franco Angeli.

Prunč, Erich (1997): Translationskultur. In: TextConText, 11, 99–127.

- (2001): Einführung in die Translationswissenschaft. Bd. 1: Orientierungsrahmen. Universität Graz, Institut für Translationswissenschaft.

Pym, Anthony (1997): Pour une éthique du traducteur. Arras, Artois Presses Université.

- (1998a): Ausbildungssituation in aller Welt. In: Snell-Hornby et al. (edd.), 33–36.

- (1998b): Spanish Tradition. In: Baker (ed.), 552–563.

Raccanello, Manuela (1997): La traduttologia in Francia. In: Ulrych (ed.), 263–289.

Rega, Lorenza (2001): La traduzione letteraria. Torino, UTET.

- (2004): La figura del traduttore e il problema del miglioramento del testo. In: Rega/Magris (edd.), 87–101.

- /Magris, Marella (edd., 2004): Übersetzen in der Fachkommunikation. Tübingen, Narr.

Reinart, Sylvia (1993): Terminologie und Einzelsprache. Vergleichende Untersuchung zu einzelsprachlichen Besonderheiten der fachsprachlichen Lexik mit Schwerpunkt auf dem Sprachenpaar Deutsch-Französisch. Frankfurt a.M., Lang.

- (1999): Einige typische Probleme der Übersetzung französischer Wirtschaftsfachtexte. In: Reinart/Schreiber (edd.), 369–392.

- (2004): Zu Theorie und Praxis von Untertitelung und Synchronisation. In: Kohlmayer/Pöckl (edd.), 73–112.

- /Schreiber, Michael (edd., 1999): Sprachvergleich und Übersetzen: Französisch und Deutsch. Bonn, Romanistischer Verlag.

Reineke, Detlef/Schmitz, Klaus-Dirk (2005): Einführung in die Softwarelokalisierung. Tübingen, Narr.

Reinke, Uwe (2004): Translation Memories. Frankfurt a.M., Lang.

Reiß, Katharina (1971): Möglichkeiten und Grenzen der Übersetzungskritik. München, Hueber.

- /Vermeer, Hans J. (1984): Grundlegung einer allgemeinen Translationstheorie. Tübingen: Niemeyer.
- Reumuth, Wolfgang/Winkelmann, Otto (1989): Praktische Grammatik der italienischen Sprache. Wilhelmsfeld, Egert.
- /Winkelmann, Otto (1991): Praktische Grammatik der spanischen Sprache. Wilhelmsfeld, Egert.
- /Winkelmann, Otto (1994): Praktische Grammatik der französischen Sprache. Wilhelmsfeld, Egert.
- Riccardi, Alessandra (1996): Language-specific Strategies in Simultaneous Interpreting. In: Dollerup, Cay/Appel, Vibeke (edd.): Teaching Translation and Interpreting 3. Amsterdam/Philadelphia, Benjamins, 213–222.
- (2000): Die Rolle des Dolmetschers in der globalisierten Gesellschaft. In: Kalina et al. (edd.), 75–87.
- (2003): Dalla traduzione all'interpretazione. Studi sull'interpretazione simultanea. Milano, LED.
- Ricœur, Paul (2004): Sur la traduction. Paris, Bayard.
- Robinson, Douglas (ed., 1997): Western Translation Theory from Herodotus to Nietzsche. Manchester, St Jerome.
- Robyns, Clem (1990): The Normative Model of Twentieth Century *Belles Infidèles*. Detective Novels in French Translation. In: Target, 2, 23–42.
- Rösner, Jutta (1993): KOMMEN und GEHEN im Deutschen und Französischen. In: Rovere, Giovanni/Wotjak, Gerd (edd.): Studien zum romanisch-deutschen Sprachvergleich. Tübingen, Niemeyer, 215–228.
- Rössig, Wolfgang (1997): Literaturen der Welt in deutscher Übersetzung. Stuttgart/Weimar, Metzler.
- Ross, Dolores (1997): Il ruolo della tipologia linguistica nello studio della traduzione. In: Ulrych (ed.), 119–147.
- Rowe, Thomas L. (1960): The English Dubbing Text. In: Babel, 6, 116–120.
- Rozan, Jean-François (1956): La prise de notes en interprétation consécutive. Genève, Georg.
- Ruiz Casanova, José Francisco (2000): Aproximación a una historia de la traducción en España. Madrid, Cátedra.
- Russell, Peter (1985): Traducciones y traductores en la península ibérica (1400–1550). Bellaterra, Universitat Autónoma de Barcelona.
- Sáez Hermosilla, Teodoro (1987): Percepto mental y estructura rítmica. Prolegómenos para una traductología del sentido. Cáceres, Universidad de la Extremadura.
- Salama-Carr, Myriam (1998): French Tradition. In: Baker (ed.), 409–417.
- Salevsky, Heidemarie (2002): Translationswissenschaft. Ein Kompendium. Bd. 1. Frankfurt a.M., Lang.
- Sánchez Nieto, María Teresa (2003): Espresión de la fase inicial de la situación: Un estudio contrastivo unilateral (español-alemán). In: Elena et al. (edd.), 193–203.
- Sánchez Prieto, Raúl (2004): Estudio contrastivo de los tiempos de pasado en indicativo en español y alemán. Frankfurt a.M., Lang.
- Sansone, Giuseppe (1989): Traduzione ritmica e traduzione metrica. In: Buffoni (ed.), 13–28.
- Santoyo, Julio-César (1989): Aspectos de la reflexión traductora en el Siglo de Oro español. In: Profeti et al., 263–278.
- (1996): Bibliografía de la traducción (en español, catalán, gallego y vasco). León, Universidad de León.
- (1998): Unamuno, traductor: luces y sombras. In: Vega (ed.), 155–172.
- et al. (edd., 1989): Fidus interpres. León, Universidad de León (2 Bde.).
- Scarpa, Federica (2001): La traduzione specializzata. Milano, Hoepli.
- Schäfer, Falko (2002): Die maschinelle Übersetzung von Wirtschaftsfachtexten. Frankfurt a.M., Lang.

Schäffner, Christina (1995): Editorial. In: Schäffner, Christina/Kelly-Holmes, Helen (edd.): Cultural Functions of Translation. Clevedon, Multilingual Matters, 1–8.

Scharlau, Birgit (ed., 2002): Übersetzen in Lateinamerika. Tübingen, Narr.

– (2002a): Übersetzungsforschung zu Lateinamerika. In: ead. (ed.), 9–26.

Scheffel, Helmut (1991): Übersetzen heißt Interpretieren. In: Roloff, Volker (ed.): Werkstattberichte. Literarische Übersetzer bei der Arbeit (I). Tübingen, Narr, 89–104.

Schlichting, Alain de/Oellers-Frahm, Karin (^{2}2002): Introduction au français juridique. München, Beck.

Schmitt, Christian (1991): Übersetzen und kontrastive Linguistik. In: id. (ed.): Neue Methoden der Sprachmittlung. Wilhelmsfeld, Egert, 49–83.

– (1997): Prinzipien, Methoden und empirische Anwendung der kontrastiven Linguistik für das Sprachenpaar Deutsch/Spanisch. In: Wotjak (ed.), 9–30.

– /Schweickard, Wolfgang (edd., 1995): Die romanischen Sprachen im Vergleich. Bonn, Romanistischer Verlag.

Schmitt, Peter A. (1998): Marktsituation der Übersetzer. In: Snell-Hornby et al. (edd.), 5–13.

Schmitt, Uta (2004): Diskurspragmatik und Syntax. Die Funktionale Satzperspektive in der französischen und deutschen Tagespresse. Frankfurt a.M., Lang.

Schmitz, Klaus-Dirk/Wahle, Kirsten (edd., 2000): Softwarelokalisierung. Tübingen, Stauffenburg.

Schneiders, Hans-Wolfgang (1995): Die Ambivalenz des Fremden. Übersetzungstheorie im Zeitalter der Aufklärung (Frankreich und Italien). Bonn, Romanistischer Verlag.

Schopp, Jürgen F. (1998): Typographie und Layout. In: Snell-Hornby et al. (edd.), 199–204.

Schreiber, Michael (1993): Übersetzung und Bearbeitung. Tübingen, Narr.

– (1997): Übersetzungsverfahren: Klassifikation und didaktische Anwendung. In: Fleischmann, Eberhard et al. (edd.): Translationsdidaktik. Tübingen, Narr, 219–226.

– (1999): Textgrammatik – Gesprochene Sprache – Sprachvergleich. Frankfurt a.M., Lang.

– (2000): Orlando und Roland. Personennamen in literarischen Übersetzungen. In: Horizonte, 5, 7–23.

– (2001a): Translation. In: Lexikon der Romanistischen Linguistik, Bd. I/2, 107–146.

– (2001b): Zum Umgang mit fremdsprachigen Eigennamen im Französischen und Deutschen. In: Albrecht/Gauger (edd.), 314–339.

– (2002a): Thema-Rhema-Gliederung im Italienischen und Deutschen. In: Zybatow, Lew (ed.): Translation zwischen Theorie und Praxis. Frankfurt a.M., Lang, 421–436.

– (2002b): Zur Methodik des Übersetzens im Fremdsprachenunterricht. In: Französisch heute, 33, 408–418.

– (2003): Romanistik und Übersetzungswissenschaft: Abgrenzung oder Entgrenzung? In: Estelmann, Frank et al. (edd.): Traditionen der Entgrenzung. Beiträge zur romanistischen Wissenschaftsgeschichte. Frankfurt a.M., Lang, 185–196.

– (2004a): Kontrastive Linguistik und sprachenpaarbezogene Translationswissenschaft. In: Hansen et al. (edd.), 83–98.

– (2004b): Sprechakte in Bedienungsanleitungen aus sprachvergleichender Sicht. In: Lebende Sprachen, 49, 52–55.

– (i.Dr./a): La notion d'emprunt en linguistique et en traductologie. Erscheint in: Transfer(t). Travaux de traductologie franco-allemands.

– (i.Dr./b): A Prototypical Model of Translation Types. Erscheint in: Gerzymisch-Arbogast, Heidrun/Heine, Carmen (edd.): Translation Theory and Methodology.

– (i.Dr./c): Transfert culturel et procédés de traduction: l'exemple des *realia*. Erscheint in: Kulessa, Rotraud von/Lombez, Christine (edd.): De la traduction et des transferts culturels.

Schwarze, Christoph (^{2}1995): Grammatik der italienischen Sprache. Tübingen, Niemeyer.

Schwarze, Sabine (2004): Sprachreflexion zwischen nationaler Identifikation und Entgrenzung. Der italienische Übersetzungsdiskurs im 18. und 19. Jahrhundert. Münster, Nodus.

Schweickard, Wolfgang (1984): Sprachliche Varietäten in Astérix. In: Holtus, Günter/Radtke, Edgar (edd.): Umgangssprache in der Iberoromania. Tübingen, Narr, 81–96.

Seele, Astrid (1995): Römische Übersetzer. Darmstadt, Wissenschaftliche Buchgesellschaft.

Seitz, Nadine (2004): Probleme und Möglichkeiten der Untertitelung anhand des Films *Le fabuleux destin d'Amélie Poulain*. Universität Mainz, Fachbereich Angewandte Sprach- und Kulturwissenschaft in Germersheim (Diplomarbeit).

Seleskovitch, Danica (1968): L'interprète dans les conférences internationales. Paris, Minard (dt. Übersetzung: Der Konferenzdolmetscher. Heidelberg, Groos, 1988).

– /Lederer, Marianne (1984): Interpréter pour traduire. Paris, Didier.

– /Lederer, Marianne (²2002): Pédagogie raisonnée de l'interprétation. Paris, Didier.

Siepmann, Dirk (2002): Traduire la presse. Entraînement au thème allemand. Paris, Ellipses.

Simon, Sherry (1992): The Language of Cultural Difference: Figures of Alterity in Canadian Translation. In: Venuti (ed.), 159–176.

– (2000): Introduction. In: ead./St-Pierre, Paul (edd.): Changing the Terms. Translating in the Postcolonial Era. Ottawa, University of Ottawa Press, 9–29.

Snell-Hornby, Mary (1993): Der Text als Partitur. Möglichkeiten und Grenzen der multimedialen Übersetzung. In: Holz-Mänttäri/Nord (edd.), 335–350.

– (1996): Translationswissenschaft – Braucht die Universität das Fach? In: Salevsky, Heidemarie (ed.): Dolmetscher- und Übersetzerausbildung gestern, heute und morgen. Frankfurt a.M., Lang, 57–68.

– et al. (edd., 1998): Handbuch Translation. Tübingen, Stauffenburg.

Stackelberg, Jürgen von (1971): Das Ende der „belles infidèles". In: Bausch/Gauger (edd.), 583–596.

– (1972): Literarische Rezeptionsformen. Frankfurt a.M., Athenäum.

– (1984): Übersetzungen aus zweiter Hand. Berlin/New York, De Gruyter.

– (1997): Fünfzig romanische Klassiker in deutscher Übersetzung. Bonn, Romanistischer Verlag.

Störig, Hans Joachim (ed., ³1973): Das Problem des Übersetzens. Darmstadt, Wissenschaftliche Buchgesellschaft.

Stolze, Radegundis (1999): Die Fachübersetzung. Eine Einführung. Tübingen, Narr.

– (³2001): Übersetzungstheorien. Eine Einführung. Tübingen, Narr.

Thiéry, Christopher (1981): Pour comprendre vite... la vue ou l'ouïe? In: Barbizet, Jacques et al. (edd.): Comprendre le langage. Paris, Didier, 120–122.

Thome, Gisela (1976): *La mise en relief* und ihre Wiedergabe im Deutschen. In: Proceedings of the Fourth International Congress of Applied Linguistics. Stuttgart, Hochschul-Verlag, Bd. 2, 399–411.

– (1980): Die Aufforderung in der französisch-deutschen Übersetzung. In: Wilss, Wolfram/Poulsen, Sven-Olaf (edd.): Angewandte Übersetzungswissenschaft. Århus, Wirtschaftsuniversität, 58–81.

Torre, Esteban (1994): Teoría de la traducción literaria. Madrid, Síntesis.

Toury, Gideon (1995): Descriptive Translation Studies and Beyond. Amsterdam/Philadelphia, Benjamins.

Truffaut, Louis (1983): Problèmes linguistiques de traduction. München, Hueber.

– (1997): Traducteur tu seras. Dix commandements librements argumentés. Bruxelles, Hazard.

Ulrych, Margherita (ed., 1997): Tradurre. Un approccio multidisciplinare. Torino, UTET.

Valero Garcés, Carmen (2003): Traducción e interpretación en los servicios públicos. In: Ortega Arjonilla, Emilio (ed.): Panorama actual de la investigación en traducción e interpretación. Granada, Atrio, 455–466.

Valin, Danièle (2001): Bibliographie des traductions françaises de la littérature italienne du 20ᵉ siècle. Paris, Université de la Sorbonne Nouvelle.

Van Bragt, Katrin et al. (1995/1996): Bibliographie des traductions françaises (1810–1840). Louvain, Presses Universitaires de Louvain.

Van den Broeck, Raymond (1997): Francesco Algarotti. An Eightteenth-century Translation Critic. In: L'histoire et les théories de la traduction. Berne, ASTTI/Genève, ETI, 273–285.

Van Hoof, Henri (1991): Histoire de la traduction en occident. Paris/Louvain-la-Neuve, Duculot.

Vázquez-Ayora, Gerardo (1977): Introducción a la traductología. Washington, Georgetown University Press.

Vega, Miguel Ángel (ed., 1994): Textos clásicos de teoría de la traducción. Madrid, Cátedra.

– (ed., 1998): La traducción en torno al 98. Madrid, Complutense.

– /Martín-Gaitero, Rafael (edd., 2000): La palabra vertida. Investigaciones en torno a la traducción. Madrid, Complutense.

Venuti, Lawrence (ed., 1992): Rethinking Translation. London/New York, Routledge.

– (1995): The Translator's Invisibility. London/New York, Routledge.

– (ed., 2000): The Translation Studies Reader. London/New York, Routledge.

Vermeer, Hans J. (1987): Literarische Übersetzung als Versuch interkultureller Kommunikation. In: Wierlacher, Alois (ed.): Perspektiven und Verfahren interkultureller Germanistik. München, Iudicium, 541–549.

– (1992): Skizzen zu einer Geschichte der Translation. Frankfurt, IKO (2 Bde.).

– (1996): Das Übersetzen im Mittelalter. Heidelberg, TcT (3 Bde.).

– (2000): Das Übersetzen in Renaissance und Humanismus. Heidelberg, TcT (2 Bde.).

Viezzi, Maurizio (1989): Information Retention as a Parameter for the Comparison of Sight Translation and Simultaneous Interpretation. In: The Interpreters' Newsletter 2, 65–69.

Vinay, Jean-Paul/Darbelnet, Jean (1958): Stylistique comparée du français et de l'anglais. Paris, Didier.

Vollenweider, Alice (1967): Eine Lanze für die Prosaversion. In: Sprache im technischen Zeitalter, 6, 376–378.

Vreck, Françoise (1990): Traduire la résonance. In: Ballard (ed.), 109–124.

Wandruszka, Mario (1969): Sprachen – vergleichbar und unvergleichlich. München, Piper.

Wetzel, Ute Felicitas (2002): Catulle francisé. Untersuchungen zu französischen Catullübersetzungen des 17. und 18. Jahrhunderts. Sankt Augustin, Gardez.

Wiesmann, Eva (1999): Berücksichtigung von Textsortenkonventionen bei der Übersetzung von Rechtstexten am Beispiel der Übersetzung italienischer *Atti di citazione* ins Deutsche. In: Sandrini, Peter (ed.): Übersetzen von Rechtstexten. Tübingen, Narr, 155–182.

– (2004): Rechtsübersetzung und Hilfsmittel zur Translation. Tübingen, Narr.

Wilss, Wolfram (1977): Übersetzungswissenschaft. Probleme und Methoden. Stuttgart, Klett.

Windisch, Rudolf (1995a): Spanische Diminutivbildungen als Übersetzungsproblem des Französischen. In: Dahmen et al. (edd.), 381–394.

– (1995b): Der Übersetzer – ein Wortbildungsspezialist? Die Wiedergabe deutscher Nominalkomposita vom Typ „Verbalstamm + Nomen" im Französischen und Spanischen. In: Schmitt/Schweickard (edd.), 398–425.

Wolf, Michaela (ed., 1997): Übersetzungswissenschaft in Brasilien. Tübingen, Stauffenburg.

– (1998): Postkolonialismus. In: Snell-Hornby et al. (edd.), 102–104.

– (1999): Zum „sozialen Sinn" in der Translation. In: Arcadia, 34, 262–275.

– (2005): Die vielsprachige Seele Kakaniens. Translation als soziale und kulturelle Praxis in der Habsburgermonarchie 1848 bis 1918. Universität Graz (Habilitationsschrift).

Wotjak, Gerd (ed., 1997): Studien zum romanisch-deutschen und innerromanischen Sprachvergleich. Frankfurt a.M., Lang.

Wotjak, Gerd (ed., 2001): Studien zum romanisch-deutschen und innerromanischen Sprachvergleich. Frankfurt a.M., Lang.

Würstle, Regine (1992): Überangebot und Defizit in der Wortbildung. Eine kontrastive Studie zur Diminutivbildung im Deutschen, Französischen und Englischen. Frankfurt a.M., Lang.

Zabalbeascoa, Patrick et al. (2001): Disentangling Audiovisual Translation into Catalan from the Spanish Media Mesh. In: Gambier/Gottlieb (edd.), 101–112.

Zimmer, Rudolf (1981): Probleme der Übersetzung formbetonter Sprache. Tübingen, Niemeyer.

Zuber, Roger (1968): Les „Belles Infidèles" et la formation du goût classique. Paris, Colin.

Zuschlag, Katrin (2002): Narrativik und literarisches Übersetzen. Tübingen, Narr.

Zybatow, Lew N. (2004): Quo vadis, Translationswissenschaft? In: Fleischmann, Eberhard et al. (edd.): Translationskompetenz. Tübingen, Stauffenburg, 287–308.

Internetquellen

http://europa.eu.int/eucodicautom (Eurodicautom [Terminologiedatenbank der EU-Kommission])

http://perso.wanadoo.fr/daniel.gile (CIRIN Bulletin [Zeitschrift zur Dolmetschwissenschaft])

http://www.ciuti.org (Conférence Internationale Permanente d'Instituts Universitaires de Traducteurs et Interprètes)

http://www.dgud.de (Deutsche Gesellschaft für Übersetzungs- und Dolmetschwissenschaft)

http://www.est-translationstudies.org (European Society for Translation Studies)

http://www.iatis.org (International Association for Translation and Intercultural Studies)

http://www.ice.urv.es/trans/future/tti/tti.htm (List of Translator-Training Institutions by Country)

http://www.fask.uni-mainz.de/inet/inet.html (Internetrecherche für Übersetzer)

http://www.unesco.org/culture/xtrans (Index translationum)

http://www.yourdictionary.com (Online-Wörterbücher)

http://www.xlatio.de (Informationsportal für Übersetzer und Dolmetscher)